新教育

新教育实验
New Education in China

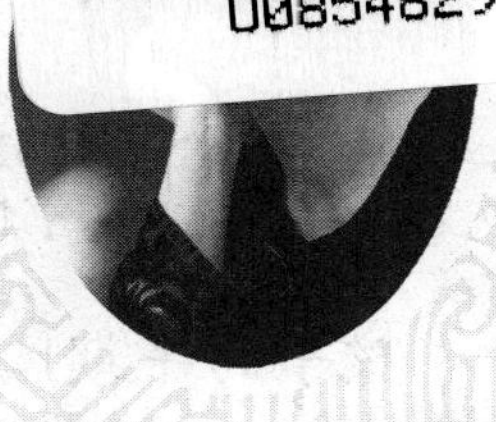

全国教育科学“十五”“十一五”规划重点课题

孩子的早期阅读课

——新教育实验儿童课程“读写绘”项目用书

马玲 编著

漓江出版社
·桂林·

图书在版编目（CIP）数据

孩子的早期阅读课：新教育实验儿童课程“读写绘”项目用书 / 马玲编著．—2 版．—桂林：漓江出版社，2019.11（2024.10 重印）
ISBN 978-7-5407-8648-9

Ⅰ．①孩…　Ⅱ．①马…　Ⅲ．①阅读课—学前教育—教学参考资料 ②阅读课—小学—教学参考资料　Ⅳ．① G613.2 ② G624.233

中国版本图书馆 CIP 数据核字（2019）第 233287 号

孩子的早期阅读课
——新教育实验儿童课程“读写绘”项目月书

编 著 者　马　玲

出 版 人　刘迪才
策划组稿　文龙玉
责任编辑　文龙玉
封面设计　石绍康
责任监印　黄菲菲

出版发行　漓江出版社有限公司
社　　址　广西桂林市南环路 22 号
邮　　编　541002
发行电话　010-85891290　0773-2582200
邮购热线　0773-2582200
网　　址　www.lijiangbooks.com
微信公众号　lijiangpress

印　　制　大厂回族自治县聚鑫印刷有限责任公司
开　　本　710 mm × 960 mm　1/16
印　　张　18.5
字　　数　280 千字
版　　次　2019 年 11 月第 2 版
印　　次　2024 年 10 月第 4 次印刷
书　　号　ISBN 978-7-5407-8648-9
定　　价　39.80 元

《孩子的早期阅读课》

新教育实验儿童课程“读写绘”项目用书

目　录

第一章　帮你了解读写绘

第一章　帮你了解读写绘

孩子早期学习的意义是深远的。它将我们的未来之箭引入特定的轨道，也许好，或许糟。

附：儿童生命要素发展表

<table>
<tr><td rowspan="2"></td><td rowspan="2">发展
年龄</td><td colspan="2">智力发展</td><td colspan="2">道德发展</td><td colspan="2">语言发展</td></tr>
<tr><td colspan="2">皮亚杰儿童认知理论</td><td colspan="2">皮亚杰道德发展理论</td><td colspan="2">维果茨基语言发展理论</td></tr>
<tr><td></td><td>0岁</td><td rowspan="3">感觉运动阶段</td><td rowspan="3">从物我不分的混沌状态，开始用身体进行探索，到2岁左右语言发展进入第一个爆发期。</td><td rowspan="2" colspan="2"></td><td rowspan="4">外部言语</td><td rowspan="4">从通过哭泣等语音和身体活动开始表达简单的思想与感情。</td></tr>
<tr><td></td><td>1岁</td></tr>
<tr><td></td><td>2岁</td><td rowspan="4">自我中心阶段</td><td rowspan="4">游戏规则或成人的要求对他们还没有约束力，只按照自己的意愿去执行游戏规则。</td></tr>
<tr><td></td><td>3岁</td><td rowspan="5">前运算阶段</td><td rowspan="5">以自我为中心的思维，用直觉而不是用逻辑的思维方式。</td></tr>
<tr><td rowspan="6">读写绘阶段</td><td>4岁</td><td rowspan="4">以自我为中心的言语</td><td rowspan="4">内心行为仍需要大声说出，如一边说出要画内容一边画出。</td></tr>
<tr><td>5岁</td></tr>
<tr><td>6岁</td><td rowspan="3">权威阶段</td><td rowspan="3">绝对遵从成人、权威者的命令及周围环境对他们所规定的规则或提出的要求。</td></tr>
<tr><td>7岁</td></tr>
<tr><td>8岁</td><td rowspan="5">具体运算阶段</td><td rowspan="5">建立“守恒”的概念；开始由具体事物的思维，慢慢发展到抽象逻辑思维。</td><td rowspan="8">内部言语</td><td rowspan="8">自我谈话使思想与行为具有方向，产生意识，然后开始涉及所有高级心理机能的活动。</td></tr>
<tr><td>9岁</td><td rowspan="2">可逆阶段</td><td rowspan="2">判断好坏的标准不是权威而是以是否公平作为判断行为好坏的标准。</td></tr>
<tr><td></td><td>10岁</td></tr>
<tr><td></td><td>11岁</td><td rowspan="5">公正阶段</td><td rowspan="5">依据规则判断时能考虑一些具体情况，从关心和同情出发去判断。</td></tr>
<tr><td></td><td>12岁</td></tr>
<tr><td></td><td>13岁</td><td rowspan="3">形式运算阶段</td><td rowspan="3">抽象运算，具有处理假设性情况或高度唯心色彩问题的能力。</td></tr>
<tr><td></td><td>14岁</td></tr>
<tr><td></td><td>15岁</td></tr>
</table>

附：儿童生命要素发展表

<table>
<tr><th rowspan="2"></th><th rowspan="2">发展
年龄</th><th colspan="2">精神人格发展</th><th colspan="2">图画发展</th><th colspan="2">新教育儿童课程</th></tr>
<tr><th colspan="2">埃里克森心理发展理论</th><th colspan="2">罗恩菲尔德儿童绘画发展理论</th><th>年级</th><th>课程内容</th></tr>
<tr><td rowspan="4"></td><td>0岁</td><td rowspan="2">基本信任——基本不信任</td><td rowspan="2">母亲的爱建立对这个世界的信任。</td><td rowspan="3">涂鸦前期</td><td rowspan="3">通过触摸、感受、看、抚弄、听、嗅等身体行动进入涂鸦前期。</td><td rowspan="5"></td><td rowspan="5"></td></tr>
<tr><td>1岁</td></tr>
<tr><td>2岁</td><td rowspan="2">自主性——害羞与怀疑</td><td rowspan="2">发展对行为的控制感，认识到能够将目的与意图付诸行动。</td></tr>
<tr><td>3岁</td><td rowspan="2">涂鸦期</td><td rowspan="2">各种各样的涂鸦：无序乱涂、纵向乱涂和画圈；后期为自己的涂鸦命名。</td></tr>
<tr><td rowspan="6">读写绘阶段</td><td>4岁</td><td rowspan="3">主动性——内疚</td><td rowspan="3">通过与父母认同的行为以及对自己行为的责任感而发展“自我”的意义。</td></tr>
<tr><td>5岁</td><td rowspan="3">图式前期</td><td rowspan="3">出现表现人物的基本造型。</td><td>幼</td><td rowspan="3">读写绘
儿歌童谣
故事</td></tr>
<tr><td>6岁</td><td>一</td></tr>
<tr><td>7岁</td><td rowspan="5">勤奋——自卑</td><td rowspan="5">通过与同伴之间的交流而发展自我价值感。
来自学校、教师对于学习与教育的鼓励尤为重要。</td><td>二</td></tr>
<tr><td>8岁</td><td rowspan="2">图式期</td><td rowspan="2">使用基底线，出现人物、事物、构图和颜色方面的图式，这是绘画发展黄金时期。</td><td>三</td><td rowspan="2">童话经典
儿童诗
自由阅读</td></tr>
<tr><td>9岁</td><td>四</td></tr>
<tr><td rowspan="6"></td><td>10岁</td><td rowspan="2">写实主义期</td><td rowspan="2">注重写实，作品表现刻板。</td><td>五</td><td rowspan="2">古典诗词
神话经典
成长小说
综合课程</td></tr>
<tr><td>11岁</td><td>六</td></tr>
<tr><td>12岁</td><td rowspan="4">同一性——角色混乱</td><td rowspan="4">发展对同一性的强烈感觉，在各种潜在的自我中进行选择。</td><td rowspan="2">假现实主义期</td><td rowspan="2">对人物和环境更具批判意识，更注重细节描画；美术表现中的刻板性增强；画漫画。</td><td>七</td><td rowspan="4">长篇小说
名人传记
文学名著
经典诗词</td></tr>
<tr><td>13岁</td><td>八</td></tr>
<tr><td>14岁</td><td rowspan="2">决定期</td><td rowspan="2">绘画表现更为复杂和细致。若无特别境遇，一般人的绘画能力发展不到这个阶段。</td><td rowspan="2">九</td></tr>
<tr><td>15岁</td></tr>
</table>

第一节 新教育儿童课程的三个特质

一 生命的故事就此展开

一个人的生命就是一个故事。每个人都是他故事中的第一主角，所有他经历过的，包括他所读故事中的伟大人物，都只是这个故事中的配角。

这个故事不只用一种语言写成，事实上，从一颗小小的心脏开始跳动，到他的肉体消逝，就有许多种语言，在传播生命的故事，每一种语言都有着完全不同的词汇。

最初，这个主角的语言是哭泣和微笑，是牙牙学语。

然后，他用手舞动着，用手脚爬行着，他用整个身体诉说着他内心的渴望与快乐。

再后来，如果有幸，他抓住了一种叫做笔，或者更有幸，是一种叫做蜡笔的神奇之物的话，他将开始一种“涂鸦”的快乐游戏。

与此同时，他的“呀呀”的喊叫已经被赋予了一些有人类社会意义的词汇——“妈妈”、“爸爸”、“我要吃”、“尿尿”……

与此同时，他开始用布偶，用一切可以象征的物品，重复他看到过的故事。

再接下去，他就进入一个非常特殊的阶段，他开始用画笔加上自己的话语，甚至配上几个他刚刚开始认得的词语，来表达他所看到的、读到的、想到的。

如果你要求他用文字表达，以为只有文字表达才是成熟的高级表达，那么你真是不明白生命的神奇。

如果你只欣赏他绚丽的画面，以为这只是一个美学的画面营构，那么你真是不明白生命的丰富。

只有你欣赏着他的一切涂鸦——一切色彩与线条，而不要求他以达·芬奇或者李可染的方法，只有你真诚地向他询问这画面背后的完整故事（请记住，是故事，不是画画）；只有你确实是偶尔建议一种他可能接受的创意……你才能够真正领会到生命的丰富与神奇，领会到眼前这个孩子身上被生命所赋予的神秘。

如果他有幸这样成长，伴随着经典的童话故事——格林的，安徒生的，中国民间的，伴随着朗朗上口的童谣和儿歌，度过这样大约三年的美好时光。那么他在进入下一种语言阶段的时候，进入一生中不同阶段的时候，就会保持着一种源自生命的丰富性。

然后就是文字，再后来是议论性的，与更为精确的口语了。先是叙述性的，慢慢地成了描述性与抒情性的。

而他的议论、他对事物的看法，其实总是他曾读过的某本书，听过的某个故事，或是他所喜爱的、景仰的某个人物的观点。

所以，虽然语言方式不一样了，但是生命总是一个整体，它在慢慢地扩展、延伸。

不同的生命有着不同的词汇。道家的自然和逍遥、儒家的担当与坚毅、基督徒的虔诚与敬畏、佛家的清净与慈悲，还有安徒生《丑小鸭》中的梦想、李白诗歌中的奔放、李清照词中的婉约与清丽……

他在童年中，偶然地获得了这些词汇，选择了其中的某一些（请记住，他的选择总是取决于他前面已经选择的），而它们就成了他一生的词语、一生的思想与精神的底子。

再然后，他也许用行动，用种植的方式，用制造的方式，用谋划的方式，或者用诗歌与艺术的方式去体现这些思想，这种精神，形成了活生生的，属于他自己的创造品。

一垄青郁的庄稼，一个完美的物品，一件美妙的事情，一首诗，一个传奇……

最后，如果他有幸，他会进入最后的诗歌与哲学阶段，在“道可道非常道”的永恒中，获得最后的语言与词汇。这是不朽的语言。

这神奇故事的完成，也就是每个人一生的教育和自我教育。

二　儿童课程的三个特质

新教育认为，儿童教育有自身的特质，遵循着三个最基本的命题：

命题一：教育不能逾越儿童的身心发展。儿童的身心发展（生物性）是教育必须遵守的一条铁律，任何一厢情愿地想要逾越这条底线的教育，都是对儿童身心的摧残，无论它可能打着培养神童、塑造道德模范或者其他什么堂皇名号，其实质都是一种对生命本质的损害。

命题二：任何教育都是对生命的刻写。不同的语言，不同的文化，同一文化中不同故事的讲述，不同的书籍与课程，不同人格的教育者与孩子的接触，都是对儿童生命的一种不可重复、不可涂改的刻写。生命是一个持久的多重刻写的结果。教育纵然可以被看成是对生命的唤醒，但在生命内部，除了对光明的渴望，并没有任何既定的知识。所以，教育的刻写，是伟大而又冒险的活动、不可不慎。人生庸俗还是高尚，坚强还是软弱，都取决于生命的早期——童年的教育。

命题三：任何良好的教育，都是命题一和命题二的平衡。命题一是全人类的教育都必须遵循的消极面，命题二是不同的文化有着不同的理解（这个不同的理解就是对超越标准的不同理解），但都会是在教育中有所作为的积极面。良好的教育就是在遵守规律与积极刻写的双重要求中，寻求到一种艺术的平衡。

新教育儿童阶梯阅读，“阶梯”这两个字，就是对命题一的认识，而在每个阶段读物的选择上，仍然坚定不移地遵守着命题二的原则，强调经典性、文化性，以及必要的中国性、汉语汉字性。

三　儿童生命要素发展表

从毛虫到蝴蝶，这个漫长的蜕变，是一条成长的规律。

为此，我们拟出儿童生命要素发展表（见 p2—p3），我们可以了解儿童在各阶段的成长要素。

第二节 什么是读写绘

哪些优秀读物可以提供给孩子们？

这些书籍是否通过认真地筛选？

是最优秀和最适宜儿童的吗？

对各个具体的儿童来说，他能够读什么书？

为了孩子更好地成长，他应该读什么书？

儿童该怎样开始阅读活动？

……

根据儿童的生命需要，自2002年开始，新教育实验就开始关注儿童的阅读问题，并且从2006年起，开发了“毛虫与蝴蝶——新教育儿童阶梯阅读研究”项目。这个项目研究认为：

童年不是一个静止的房间，它是一段由浪漫到精确，由粉红到天蓝的彩色阶梯。二年级和四年级，不是相近的两个教室，而是隔了几重天地的两个截然不同的世界。因此，每一年所选的阅读内容，也就应该是符合儿童各自的不同特点的。

在低年级（2—3年级）倡导读写绘结合，用阅读图画书、讲故事、用图画表达与创造相结合的办法，让低龄段儿童的学习力与创造力得到自由发挥。中年级（3—4年级）开始逐步从绘画中淡出，而加大文字阅读，结合讲故事，加大整本书的主题探讨，并开始进行历史故事与人物传记的阅读。高年级，则主张在共读方面以主题探讨为主，加大自由阅读的量，加入自然科学方面的阅读，将阅读与儿童文学创作相结合。

“低段读写绘”项目就是专为4—9岁儿童开发的整合了儿童阅读、情感、思维、表达一体的特别的课程。目前主要在小学一、二年级进行。自2006年开始后的三年里，低龄段读写绘实验已经在全国各地数千个教室里得到了印证，发生了许多感人的故事，有效地改善了师生、家校关系，改变了孩子的学习状态。

一 童年：一段彩色阶梯

童年是一段由浪漫到精确，从粉红到天蓝的彩色阶梯。

教育哲学家怀特海有一个重要的论断：人认识事物的规律与学习的规律都是：

浪漫 —— 精确 —— 综合

（整体） （部分） （整体的精确、精确的整体）

怀特海特别指出："如果没有前面的浪漫阶段，精确阶段是无结果的：如果对事实的一般规律缺乏模糊的理解，前面的分析就是一种毫无意义的分析。它不过是一系列关于单纯事实的无意义的陈述，是人为制造出来的，没有任何更多的意义。"而最后的综合运用阶段不是简单的综合，是进行了精确（部分）的认识之后，又重返浪漫（整体），是承认事物相区分又相关联的辩证统一的综合，也就是说，整体的精确，精确的整体，而不再是分割的精确，这是最后的成功。

新教育实验认为，人的生命阶段，也是由浪漫期到精确期再到综合期。一般而言，儿童在整个小学阶段乃至初中初期都是浪漫期，从小学高年级开始进入到精确期，一直到初中、高中和大学。

怀特海指出，"浪漫期——精确期——综合期"既是人生智力发展的重要阶段，同时在每个阶段也同样有"浪漫——精确——综合"的循环。因此，结合皮亚杰等儿童心理学家的论述，可以这么说，就0—12岁整个幼年、童年浪漫期也可分为浪漫期（出生到二三年级）——精确期（三四年级及以后）。我们可以用同样代表心理状态的颜色来区分：粉红（浪漫期：学前到一二年级）——浅绿（精确前期：三四年级）——天蓝（精确期：五六年级）。在小学阶段还不曾达到更多的综合。因此，我们认为童年就是一段由浪漫到精确，由粉红到天蓝的彩色阶梯。

在小学三年级（9岁左右）之前，儿童都处于粉红浪漫期，根据皮亚杰的论述，我们可以得知，儿童早期（换牙之前），是浪漫、混沌、整体、我与世界不相分离的，这一阶段儿童有这一特定时期的思维方式、认识方式、生命方式。而到二三年级后，随着“自我概念”和“他人概念”同时出现，世界概念的相伴而生，儿童对于这个世界就需要既分离又整合的认识了。

因此，与此相适应的，就要对儿童进行既符合规律又能引领他们身心发展的特殊课程：以特殊的阅读为核心的读写绘。

二　儿童时期精神的最佳营养

读写绘项目的核心首先是“读”，人类的经验证明：绘本、故事、儿歌童谣，是儿童在这个生命特定阶段的最佳营养。通过绘本、故事、儿歌童谣，孩子们可以从一开始就整体地学习，包括语言、文字、图画语言、情感、思想、人类故事……

1. 绘本

为什么要选择绘本呢？绘本对于儿童的学习又意味着什么呢？

假使你没有任何凭借，去给一个孩子讲故事，你绘声绘色，声情并茂，使出浑身解数。你说：“在一个黑夜里，黑色的大海上，一条大船撞到了岩石上，船长和大副很幸运地活了下来，来到一个岛上……”之后有一连串惊心动魄的故事，你讲得浑身冒汗，却发现孩子并不专心，他一会儿看看窗外，一会儿数数手指头，一会儿研究墙上偶尔爬过的一只蜘蛛。你停下来，叫他注意听讲，他安静了一阵子，然后又被墙角的一块污渍吸引了注意力。终于你不耐烦了，放弃了那个故事。

你会觉得这个孩子不乖吗？没有想象力吗？还是真好动，注意力一点儿也不集中？

如果你产生了这样的想法的话，那么这个孩子真是冤枉！他其实完全是个富有想象力的孩子，墙角的那块污渍在他的小脑袋中变成了兔子，还发生了一连串有趣的故事，比你讲的船长和大副要有趣得多。

可是，“船长”是什么？“大副”是什么？也许是那块被撞到的大岩石吧，要么是两条大鱼。后来那两个不知是大岩石还是大鱼的东西来到了一个叫“岛”的东西上。“岛”是什么？他们在那里似乎找到了一些吃的，那么，“岛”是一个冰箱吗？……

假如你能够钻进孩子的大脑，你会发现在你讲故事时，那里简直是混沌一片。他努力以他少得可怜的经验来理解、想象他听到的语句，使你的故事变得荒诞不经，最终无法连缀成片，终于，他也只能放弃了。

对孩子来说，他脑子中如果没有那些事物，你如何让他建构，你讲什么北极，讲什么海洋生物，对孩子来说，他没有看见过，自然也无从建构故事。

而其实，那时你要做的就是：拿起一张纸，把那两个倒霉的人物画下来，把那个岛画下来。瞧，就是图中的那样。孩子马上会通过他现有的经验理解那两个词，他会恍然大悟：哦，船长和大副原来是两个人呀！

这就是绘本的妙处。通过绘画，不但让城市的孩子可以看到什么是“农场”，农村的孩子也可以看到什么是“芭蕾舞”，城市的孩子可以看到兔子的耳朵鸟的眼睛，看见飞翔也看见爬行；农村的孩子也可以看见剧场的盛大舞姿。而且更重要的是，绘本是用颜色画出来的童话和故事。它还让孩子们看见了“农场中的热热闹闹”，看见了暴风雨来临前动物们的恐惧，也看见龙卷风后所有动物的齐心合力；还看见了大脚女孩儿贝琳达绝妙舞姿背后的热情、艰辛与执着……

那么，另一个引发我们思考的关键就是：在这个听（看）绘本的过程中，孩子究竟在学习什么？一个小小的一二年级的儿童，他在学习什么？

（1）经历。

——他同时在听一个故事，经历别人所经历过的。

有一个绘本叫《你很特别》，讲了一个木头人胖哥的故事。胖哥浑身被贴满了灰点点，在任何人面前都抬不起头来，没有人为他贴星星，他很沮丧。最后创造他的人告诉他，你不要在乎这些话，你只要心里想着，你是创造你的那个人创造的就够了，所有人的评价都不足以评价你。这不就是一个高度典型化的人类故事吗？人的整整一生不就要去面对这一问题吗？

还有一个绘本叫《活了一百万次的猫》，一只跟过国王、小偷、小女孩、老太太、马戏团的猫，它活过一百万次，又死了一百万次，终于，它不愿意再做别人的猫了，它要成为自己。在它成为一只自由自在的野猫之后，却又爱上了同样一只自由高贵的白猫，而当和白猫相携相契一生之后，这只猫死去，再也不愿活过来了。这不就是今天及以后要面对的事情吗？做你自己，做怎样的自己？做别人的宠物，某个单位的一个工具，还是成为自己？要成为自己够不够，不够还需要什么？还需要真正的爱一次！那么什么是爱呢？

你看，儿童在听木头人的故事，在听猫的故事吗？是的，但又不都是，他是在听高度典型化的人类故事。他经历过这个故事，他就经历了别人所经历过的，也就是说他活过了一次。而这些故事，就因为在他的童年被听到，所以进入到生命的经验中，在有一天生命遭遇到类似的场景时，故事将被重新唤醒。

（2）选择。

——他同时在思考自己将要遭遇到的一些问题，这些问题告诉他我们该如何正确地做出道德上的选择。

一个绘本叫《我是霸王龙》，书中有这样一个故事：一只小翼龙出生了，妈妈教他要心地善良，做一只好龙；爸爸教他要强壮，要学成本领，这样你看到霸王龙就不害怕了。在故事讲到这里的时候，老师就会问：你觉得爸爸妈妈谁说的对呢？学生众说纷纭不重要，然后老师就继续往下讲故事：接下去，霸王龙要来吃小翼龙了，结果火山爆发，霸王龙受伤了，这时候小翼龙该怎么办？因为妈妈说过要做一只善良的翼龙，爸爸说过遇到霸王龙别害怕。你觉得这时候是听爸爸的，飞翔离开，还是听妈妈的，做一只善良的恐龙？你该怎么选择？老师再让孩子们做出选择，而孩子今天做出的选择将会影响到他每天在教室里面的选择，甚至影响他一生的选择。

（3）思考。

——他同时在高效率地思考：故事逻辑、人物逻辑、道德逻辑。

有一个经典的绘本《爷爷一定有办法》，说约瑟出生的时候，爷爷为他缝制了一条小毯子，随着约瑟渐渐长大，小毯子也慢慢地旧了、破了。妈妈要把小毯子扔掉，而约瑟却相信——爷爷一定有办法。于是爷爷就把它改成了一件漂亮的外套。后来随着约瑟的渐渐长大，外套又变成了背心、领带、手帕、纽扣……但最后纽扣却在约瑟玩的时候不小心弄丢了，这可怎么办？爷爷也没有办法了啊……呵呵，故事的最后结果，却是约瑟“从无到有”。

就在这样的故事中，就在这样的画面中，什么是“坚持”，什么是“相信”，什么是“愿望”，什么是“爱”，什么是“思念”，就都被孩子们看到了。这些用颜色画出来的童话和故事，知识、品质、美好的事物，诗的味道，一直到深深浅浅的生活哲学，生命哲学，就都这样被孩子们看到了。不但看到，而且是在愉快的心情下看到，变成了愉快的吸收，变成了身体的一部分。

到这里，你或许会产生这样的一个疑问：电视不是更适合孩子吗？绘本和电视之间最大的区别还是在于是否启迪想象力上。

绘本最能启迪想象力，因为绘本给你部分东西，而不给你全部东西，给你现有的东西，让你通过想象去拼凑出完整的东西，以及其他的部分。

而电视则最能扼杀想象力，因为电视中每分钟会出现几十幅画面，你的大脑始终是接受者，你来不及想象，电视就已经把一切答案全部告诉了你。

所以，这两者表面上看好像是一样的，实际则是完全不同，一个人长久看电视，结果会很糟糕，他的想象能力、抽象能力、独立学习的能力都会被扼杀。

语言形式与想象力

电视	不需要想象力（太软）
绘本	启迪想象力
纯文字	完全的想象力（太硬，不适合学前及低段儿童）

绘本既是图画与文字的结合物，也是从图画到文字的过渡物，是很必要的过渡。读写绘是很重要的过渡期，结束读写绘的阶段，孩子会纯粹地和文字读物亲密接触，在这之前孩子几乎不能进行文字的阅读。那么读写绘是不是只有绘本呢？不是。

2. 经典民间童话故事

凡是给儿童讲过故事的成年人都会发现，世界各地的儿童们——无论正常的和不正常的，以及无论处在何种智力水平上——都更加喜欢《小红帽》、《三只小猪》、《灰姑娘》、《白雪公主》等传统民间童话故事。这是为什么呢？

因为这些故事是从儿童的真实心理和情感存在状态出发展开的。它们以一种儿童不知不觉就能明白的方式谈论他们严重的精神压力，提供暂时的和持久解决紧迫困难的样板，但并不忽略成长所必需的最重要的内心斗争。

对于结束了婴儿期，已经开始更加自由探索的儿童来说，他所面临的问题不是“我想做个好人吗”，而是“我想做一个像谁一样的人”。

可是，在儿童成长的过程中，每一阶段都要伴随着相应的心理危机：摆脱自恋的失重，恋母情结窘境和兄弟（姐妹）间的竞争；变得有能力终止童年期的依赖；获得自我中心和自我价值感，道德义务感——儿童需要了解他的自我意识中正在发生的事情，以便能够应付无意识中发生的事情。

而传统童话故事就是这样，它们简明扼要、直截了当地陈述了一种现存的困境。这困境就是儿童成长中所时时遭受的心理困境，童话以象征的形式给予儿童暗示，暗示他可以怎样处理这些问题，怎样平安地过渡到成熟期。童话通过暗示告诉儿童：同生活中的严重困难作斗争是不可避免的，是人类生存的固有部分——但如果一个人不是躲避，而是坚定地面对出乎意料而又常常是不公正的艰难困苦，他就能战胜重重障碍，取得最后胜利。

在童话故事中，有一个有意思的现象，就是几乎所有的主人公都没有名字，想想看，丑小鸭、三只小猪、灰姑娘……还有很多的主人公都是家里最小最弱最愚笨的孩子，但是最后的结果，却都是幸福美满的，不是最愚笨的孩子当上了“国王”，就是灰姑娘嫁给了王子，“从此以后，过着幸福的生活”。总之，所有的童话结局都是完美的。

这样，就给儿童以无比的信心与希望，由于听故事中的自居作用，儿童想象他同主人公一起遭受痛苦和忧伤，一起勇敢坚强地面对，最终又同主人公一起获胜。儿童完全是独自地做这种鉴别，主人公的内心和外部斗争给他打上了道德的烙印。

甚至连那些最最没有信心，认为自己无能的孩子，也同样能够在童话中找到希望。《穿靴子的小猫》用诡计安排主人公的胜利；《杰克偷了巨人的财宝》，这样的故事或类型人物，不是通过促进好与坏的选择，而是通过给儿童以希望——甚至最弱小的人也能在生活中获得成功——来塑造性格。归根到底，当一个人感到自己微不足道，害怕将来一事无成时，选择做一个好人又有什么用呢？在这些故事中重要的问题不是道德，而是一个人能获得成功的信念。一个人是带着能够战胜生活中的困难的信念面对生活，还是听天由命，自暴自弃，这仍然是现存的一个十分重要的问题。

因此，这些已经在人类社会中被一代代传承，人们讲述过无数次的童话故事，才应该真正成为孩子们童年要阅读的经典，而传递这些故事最好的方式就是——父母和老师的声音。

3. 儿歌与童谣等

与绘本、民间童话故事一样，儿歌与童谣同样也是儿童这个生命阶段的最佳营养。儿歌童谣最适合儿童的，就是它的韵律，它特殊的韵律，以及它的形象性。

声响、运动、旋律，这些音乐的基本因素，远在出生之前就已随着母亲的关爱印入胎儿的感觉器官。

而当婴儿出生，脐带拿走以后，乳房、乳汁、皮肤、体温、微笑（对于微笑，胎儿早已从母亲因微笑而发生的生物化学反应中熟悉了它），还有他也早已熟悉了的母亲的身体和呼吸的节奏；另外，就是声音。所有这些都在帮助新生儿，帮助他或她从情感的角度，从认识的角度，从社会的角度认识自己的世界。而母亲给孩子哼唱的歌谣，则给孩子以刺激，引导他开始“对话”，开始与这个世界正式交流。

在与母亲的“交谈”中，婴儿用难以置信的速度学会用各种方式使用自己的声音。这也是幼儿学习语言的浪漫阶段。而当幼儿学会语言之后，儿歌童谣会伴随他的游戏为他的成长发挥重要作用。

虫虫虫虫飞，虫虫虫虫飞，飞到南山喝露水。

妈妈一边唱着歌谣，一边把怀里宝宝的两个小食指对接起来。

拉大锯，扯大锯，姥姥家门前唱大戏……

宝宝坐在妈妈的腿上，一边随妈妈哼唱儿歌，一边有节奏地摆动着身体。

而到后来，我们就看到，小孩子可以一边跳着皮筋，一边唱着：

马兰开花二十一，二五六，二五七，二八二九三十一……

节奏、韵律、歌唱，使她拥有了一种极好的平衡，对她来说，这不是两件事，而是一件事了。她的生命，整个地和谐地与哼唱、运动、节奏、韵律融为一体了。

儿童从幼年到少年早期正是用这样的方式来体验世界的。游戏如此，绘画也是如此：一个小女孩全神贯注地趴在一张纸上，正在画一张“画”。她手中铅笔不规则地转来转去，但是却有着一定的节奏。手在纸上画的同时，她的心灵歌声也应和着手的运动。旋律、语词、动作组成了一个整体，在这个整体中，歌声是手臂运动的声音反映，也是纸上所画的标记。动作、视觉和听觉在这个感觉整体中相互回应，保持着极好的平衡。她不是为她画画这件事而唱，而是唱着画的动作；正是通过这样的整体感觉，儿童聚集着力量，稳步地达到更高水平的理解，越来越实现着他们自己。

因此，在儿童进入学校，开始由儿童文化走向成人文化的过渡时期，也开始了儿童的口语与成人书面语的冲突时期，为了更好地完成过渡，新教育实验特别提出，“儿歌童谣”仍然作为一年级重要的晨诵内容，在保持学生这种整体的、感受的、理解的基础上再缓步展开新内容的学习。

除了绘本、民间故事、儿歌童谣作为读写绘的主体内容之外，经典的儿童电影（动画片），还有一些初级的文字读物以及拼音读物，都可以作为“读”的内容。

而作为专门设立的课程，读写绘要求在学校内有一定的课时安排，比如一周一节写绘课，一周若干次的儿歌童谣晨诵，二年级就开始儿童诗的晨诵了。这样，两年下来，我们就可以看到：

读写绘项目，首先就是“读好书”！

仅仅通过“读”，便可以让学生有这些收获——

（1）大量地阅读人类最优秀的读物，且质量远远在当前任何教材之上，这是其他途径极难达到的，也是为以后的学业构筑丰厚的智力背景。

（2）整个形式是儿童喜闻乐见的，会产生对学习、学校、教师、思考的喜爱。

（3）以举三反一的隐性课程，实现文字、语法、文章的学习。培养学生整体、灵活的思维方式。

（4）通过读物的主题，以最佳的方式，实现思想道德、情感方面的教育。

而在实验班级中，无数个孩子的经历证明，读写绘实验一年后，孩子的识字能力和阅读力大大增强，对于阅读充满兴趣，所以这些孩子们，在二年级结束的时候，就真的像饥饿的人扑到面包上一样，如饥似渴地开始阅读整本文字的书了，这就像大量的海水漫过他的头脑，文字、语言、语法，终有一些微妙的东西积淀下来。这是他自己小小的处理器，经验在处理，不是由你所决定的，即使对于汉字教学、汉语教学，这都是一种极为可取的教学方式。孩子在大量阅读的过程中会去“会意”，低年级会意的是情节，中年级会意人物的形象，高年级会意思想。在不同的阶段，儿童所会意的内容是不一样的。但是在不同的阶段，提供适合他读的书是重要前提。

如果一个孩子单独和一堆书或者阅读材料待在一起，他所读的内容有95%都在进入大脑后马上又溜出来。这情形就如同化工厂从海水里提取镁，几十亿加仑的海水在这里进出着、处理着。从每一加仑海水里并不能提炼到多少镁，但是从数量庞大的海水里提取，情形就不一样了。我认为这和发生在孩子身上的事情完全一样。

三　写绘：生命在儿童时期的完整表述

通过绘本、故事、儿歌童谣，儿童在生命的特定阶段吸收到最佳营养，而通过写绘，儿童从一开始就在表述自己，讲述他自己的故事、想法、情感。

读写绘项目是这样进行的，老师和孩子一起共“读”绘本、故事、儿歌童谣，孩子手中有一个专门的晨诵本和写绘本，在晨诵本上他为这首儿歌配画。而听到的故事，他则要回去复述或者再续编故事给爸爸妈妈听，然后在写绘本上画下来，家长帮他把讲述的故事记录在旁边（随着孩子的学习进程，慢慢过渡到孩子自己书写）。写绘本上呈现的就是孩子的写绘作品。

所以，写绘作品是一个整合了图画、语言、文字的特殊作品，严格意义上，它不是一幅画，而是一个“故事”——模仿故事、原创故事和生活真实故事。

一个完整的读写绘作品由三部分组成：

（1）绘画语言：画面（一幅或者多幅）。

（2）口头语言：孩子的讲述。（这一点很重要，因为对于学龄儿童来说，口语的发展已经到了一个相当熟练的阶段，要多种途径训练孩子综合运用，提高口语表达能力。所以即使因为家长外出打工等种种原因，也要努力让孩子讲给长辈听。他必须要讲述他的画面，可能是解释，可能是讲故事，一定有个口头的语言表述。）

（3）文字语言：画面上的相关文字（对白、解释，相关情节）。我们不是创作儿童画，而是创作故事，故事就一定有它的文字解释。从一开始就写，写错了也不打紧，用一些拼音也无妨。不要在乎美不美，让孩子大胆地写。

这三种语言让儿童有机会能更整体地表达自己的思想和情感。三种语言中，因为口头语言是被家长用文字记录下来的，而绘画语言，则因为一二年级的孩子处于绘画的“黄金时期”。这时候的孩子，几乎人人都可以称为小画家，所以只要经过一段时间的写绘，就可以创作出五彩斑斓、创意无限的图画来。因此，也容易造成“一叶障目”的结果，让很多老师把目光聚焦到“画”的好坏优劣上来，从而影响了对其他学生写绘作品的判断。

实验班级一年级学生写绘作品，文字为孩子口述父母记录。

实验班级二年级学生写绘作品，文字为孩子自己书写。

澄清一个最大的误区：写绘不是画画。

写绘作品不是画画，而且它同画画是完全不同的，这两者差别非常之大。

儿童画与读写绘作品的比较

相同点	既不是临摹实物，也不临摹成品，而是一种真正的原创，是儿童探索绘画语言，并以它进行创作的活动。	
不同点	儿童画	纯用绘画语言，作品以美的创作为主要目的。
	读写绘	以画为媒介，三种语言的综合运用。重点在阅读。写绘作品则以丰富完整的讲述为主要目的。

写绘作品在教育上的最大意义在于——

它提供一扇让我们观察、理解儿童的最佳窗户，因为我们无法透过纯文字、较难透过纯语言观察。这一点老师们要切记，儿童的语言结结巴巴，说过就散了，就溜走了，不固化，无从分析，所以很难观察。但我们可以通过写绘作品，通过三种语言的固化呈现，来达到对儿童的理解。

1. 怎样理解儿童画

（1）画即孩子

我们不能简单地用画面漂亮与否来评判写绘作品，或评判儿童，因为我们首先要做的是通过它理解儿童。

如果我们通过写绘作品窥到儿童的心理、情感、道德、身体的问题，错的也不是写绘作品，而且我们也无法通过写绘作品的修改来实现这些问题的解决（我们不能批评一张清晰地照出疾病的 X 光片）。但通过写绘，孩子不仅表达着自己，而且修正着自己。

我们要通过写绘作品知道儿童发展到哪个阶段了，他怎样看待这个世界，他是怎样进行道德选择的，他的情感态度是朝着哪个方向发展的，而知道了这些，以后就能对症下药。所以，我们要感激这些画，要珍惜这些画，聆听这些画，阅读这些画，进而去理解儿童，才能更好地教育儿童。

如果细看这幅画，你会发现源自儿童生命本能的创造力，在这幅写绘作品中，有几点特别令人赞叹。

①他将故事中毛毛虫七天的穿越以及破茧成蝶的经过罗列在一张画面上，通过七条基底线（画面最下面的边也是一条），完成了连续的绘画叙事。

②在最上面“太阳”的形象中，有了自己的创意与故事，据他后来讲述：一只小毛毛虫钻了出来，太阳看到了，指着他说（太阳的手很长，拟人化很强）：“这么一只又瘦又小的毛毛虫啊！”

作品名称：《好饿好饿的毛毛虫》

作者：母文涛　7岁

绵阳八一帐篷小学一（2）班

③下面是毛毛虫寻找食物，发现苹果的时候，他为了表现“发现”，把毛毛虫的眼睛通过长长的、突出来的进行强调，这是他对事物关系的一种思考及具体处理。这也是儿童画的重大特点，他们为了突显图形的意义，细节部分可以省略不计，只突出强调重点部分。

（2）切忌临摹，不强调技法

即使是画画，也不能一味强调技法，有一本叫《美术，另一种学习的语言》的书说得很好：不要一味强调美术中的“基本技能”，强调技术，所回答的是怎样做，而不是做什么或为什么做的问题。在创作中，应该注重和强调思想情感的表达。除了关注审美理解力外，我们主要关注的是这种认识个性、建立自信和帮助学生思考的潜力。因此，在读写绘实验中，我们特别强调，不要强调技法，尤其不要为了让孩子“画”得“像”或者“画”得“好看”，而鼓励孩子临摹。

很多刚刚开始实验的一年级孩子在老师让写绘的时候都说：“老师，我不会画。”然后老师也说“我们的孩子不会画”，这不是真相。没有孩子不敢画，不会画，他之所以这样说是因为以前老师这样告诉他：“你画得不像，你要照着这样画。”我们幼儿园很多绘画特长班就是这样教学的，结果孩子不会画，恐惧画画。临摹会让孩子丧失探索绘画语言，形成自己独特的语言的机会。临摹的成品是无法满足儿童自己的故事以及故事中人物需要的，因为那个都是被框定的，最终临摹会让孩子恐惧创作。

另外，临摹作品遮蔽我们观察儿童的目光，让我们看不到真实的具体的独一无二的儿童。本来我们是透过读写绘，发现一个活生生的儿童的，但是你现在看到的是什么？你看到的是谁的作品？你都不知道你看到的是谁的作品，你看不到儿童了。所以临摹就遮住了我们的眼睛。

达·芬奇曾经说过：“画家如果拿旁人的作品做自己的标准或典范，他画出来的画就没有什么价值，如果努力从自然事物中学习，他们就会得到很好的结果。”我们说：“每一个儿童，都是一个画家！”这什么意思？并不是说儿童会临摹，就临摹水平而言，儿童比不过爸爸、妈妈、老师，我们临摹得比儿童好。但是如果不临摹我们画不过孩子，差别就是这样，你因为只会临摹，教给孩子临摹，结果孩子恐惧，他就不会画了。

所以写绘作品想让他可持续发展就不要临摹。临摹是杀鸡取卵的方法。同样，也不要把现成的绘画作品中的卡通形象搬进写绘作品，因为这也同样是一种临摹。

正是尝试的愿望和发现的兴奋引导着儿童及其教师在艺术以及所有领域中的学习，一旦我们不让孩子去尝试，不让孩子去发现，而只是画出一张漂亮的画，读写绘就死亡了。所以读写绘一定要让儿童的绘画语言、口头语言、文字语言协同发展。

阅读后的回忆不是临摹，而是高超的模仿。模仿不是临摹，这两者差别很大，所以我们鼓励故事的模仿以及形象的模仿，但是反对临摹。

2. 如何评价写绘作品

(1) 不以画得像或者画得好为评价标准

请记住，孩子在给你看他的画时，你必须重视和尊重他自己的观点。不论年龄多大的孩子在把画给你看时，都是在期待你的肯定和赞赏的。因此，当他展示出一只羊站在田野里的画时，你要控制住你可能说“天，这怎么可能是一只羊？”的冲动。你应该懂得，这是“他的羊”站在“他的田野”里，和你心目中的那只羊不一样，虽然他有时也告诉你他不喜欢自己画的画，但这很可能是在期望你能肯定和赞赏他。因此，对于孩子们的画，要注意多从正面去进行鼓励。

否则，他们会很快感觉到，你认为他的画不够好——不够真实。其中，一些早熟的孩子会敏感地认为，那些更接近摄影的画将受到你的表扬。因此，他们可能开始去临摹照片或临摹其他艺术家的作品，试图画出一些表面上复杂得多的画。

另一些孩子则采取逃避的方式来自卫，宣称他们“在美术方面没有才能”。他们这么说的真正含义是，表示自己辜负了成年人的期望，不能达到成年人的标准。这些孩子由于缺乏信心而害羞，可能会彻底停止绘画。因此，对于孩子这种否定自我的评价，需要给予正面的鼓励和帮助。

(2) 注意年龄特点

一件作品的质量是不能用标准测验的方法进行检验的。检验学生发展的唯一有效的评价方法只能以儿童自己的年龄、生活、思想和情感为背景。

我们不能以二年级读写绘的作品为标准去评价一年级的作品，那样的话只能扼杀儿童的创造力和表达愿望。

(3) 注意个体差异

儿童不可能是一个模式的，他们在学校的行为不可能以完全同样的方式去评价。一些儿童表现的是语言取向，另一些表现身体和运动取向，还有一些是视觉取向，忽略这些差别则会出现拙劣的教学，并会严重伤害儿童的自我认知。

我们知道儿童的智能是不一样的，语言智能、身体智能、逻辑智能、空间思维智能包括画画的智能，多种智能中每个儿童的智慧是不一样的，以绘画天赋很高的孩子的标准去看其他儿童那就不好办了。在这里我们要注意一个平衡，培养天才儿童而不要扼杀其他儿童的积极性，注意防止评价与奖励的负面效果。这个负面效果就是，其他的孩子不再喜欢你的读写绘，或者不再喜欢写绘作品。

有一个小故事，我们可以重温一下，来理解一下对于儿童的评价。

一群孩子在一个老太的家门口踢足球，天天踢，踢得老太太烦不胜烦。她实在是气死了，她和孩子们说了，有没有用？没有。于是她采取了一个办法，这个办法很奇特——表扬奖励。她拿一个小凳子去看他们踢球，"你们踢得真好"，"来，每人给你们一块钱"，"你们好好踢"。第二天又去，再这样表扬，可是一星期之后，每人就只给五角钱了，这样孩子们就生气了，怎么可以五角钱呢？后来又过了一星期，老太太就只表扬而没有钱给了，这一下孩子们就不乐意了："我们不给你踢了，我们去另外的地方。"结果孩子就去另外的地方了。

我们的评价也常常是这样的，本来孩子热爱的是写绘，这对他来说是生命的需要，是热爱的事情，给你表扬来表扬去，最后孩子再也不愿意做了。学习中最高的评价一定是事物本身的魅力。

当然，对于那些缺乏自信的孩子，我们还是要充分鼓励，这里面有着微妙的教育学的技巧。

3. 评价原则

建议实验老师们在评价的时候遵循如下原则：

（1）给所有学生以展示的平台

每个孩子的作品，对于他而言，都是一个丰富的故事。教师要给每一个孩子展示与表达的机会，让他们自信地、安全地讲述他们的写绘作品。

（2）从多个维度表扬优秀作品

作品及展示本身就是最好的奖励。在展示的时候，老师可以有倾向性地表扬一下，譬如绘画方面，比如编写的故事，这样使其他的孩子也受到启发，就会带动全班整体更好地发展了。

(3)档案即历史，关于成长的过程记录

——成长的历史是最后的评价。真正的成功，就是通过历史看到成长的过程。

每次写绘作业，一定要让孩子在自己的作品上签上自己的名字和日期，哪怕是歪歪扭扭的，因为这是他自己的，而日期能推算出他是几岁，几个月，他发展到什么时期，这些都很清晰地显示在那里。这样连续下来后，就是成长档案建设。

附：在作品背后附上标签或在本子上夹页。

(画外)

__________男（女）孩______岁______个月。

创作背景：仿写《逃家小兔》。

____

____

(画内)

作品解释：（对画的一种解释）当你要把作品传到网上的时候以及结集成册要出版的时候，一定要写。

4. 基本操作流程

我们把读写绘基本的操作整合一下：

读（绘本、诗歌、电影、故事、童书、生活）

↓

写绘（模仿与续写、创作、绘画作文与绘画日记）

↓

交流（听儿童讲述作品）、展示

↓

存档

现在很多班级人很多，怎么办？每次交流听三五个也是好的，尤其听听那些画面上你明显看不懂或者与众不同的孩子的，另外通过家长的听后记录你会获得更多。

5. 学生写绘作品举例

作者姓名：赵思宇，女孩，8岁。苏州工业园区娄葑第二中心小学二(2)班

创作背景：续编《小老鼠的漫长一夜》

作品解释：

小老鼠忙碌的一天

有一天，老鼠妈妈想把房子打扮得漂亮一点，她就对小老鼠说："鼠宝宝，妈妈有事儿，你在家里乖乖的，你听见有人来敲门，不要开，妈妈有事要出门。"小老鼠说："不要，不要，妈妈，妈妈，我也要去！"老鼠妈妈想了想说："那好吧！你也去吧！不过，我得准备东西了。"小老鼠说："好吧！"老鼠妈妈东忙忙，西忙忙，她终于把东西准备好了，她带了一点吃的，又带了一点水，她把小老鼠的推车也带上了，她对小老鼠说："鼠宝宝，我们出发吧！"小老鼠赶紧跑来说："好的。"老鼠妈妈把小老鼠抱上小推车，她推着小老鼠走出了家门，来到大草坪，草坪上开满了鲜花，小老鼠问："妈妈，我们来这儿干什么？"老鼠妈妈说："你想不想让我们的家变得更漂亮呀？"小老鼠说："当然了。"老鼠妈妈说："那我们来采点鲜花，把它插在房间的花瓶吧，这样，不就可以了吗？"小老鼠说："妈妈，那我们开始采摘吧！"

小老鼠迅速地从推车上跳下来，和老鼠妈妈一起采摘鲜花。鼠妈妈和小老鼠采了好多好多鲜花，放在小推车里。她们采累了坐在草坪上吃点东西，渴了喝点水。不知不觉，天渐渐黑了，老鼠妈妈小心翼翼地把小老鼠放在推车里，推着他回家了，她们把美丽的鲜花插在房间里，把房间打扮得漂亮极了！

不知不觉中，忙碌的一天过去了，小老鼠爬上床，慢慢地睡着了，渐渐地进入她那又香又甜的美梦……

作者姓名：杨永杰，8岁。苏州工业园区娄葑第二中心小学二（3）班

作品背景：续编绘本故事《你看起来好像很好吃》

作品解释：小甲龙很好吃飞快地向山上跑去，它经过甲龙群的时候，正巧被爸爸妈妈看见了，它爸爸妈妈高兴地喊道："孩子，我们在这里，快过来。"小甲龙听见了就跑了过去。爸爸妈妈对它说："我们终于找到你了。"很好吃说："你们不是我的爸爸妈妈，我有爸爸，我的爸爸在那边。"小甲龙就带着他们去找霸王龙，原来霸王龙还在山下伤心呢！很好吃连忙过去叫爸爸。霸王龙就把事情的经过原原本本告诉了很好吃的爸爸妈妈。他们很感激霸王龙所做的一切，就请霸王龙跟它们一起生活。霸王龙答应了，从此甲龙一家和霸王龙和睦地生活在一起。

第三节　读写绘之后……

读写绘后期，即到了二年级下学期的时候，整本书阅读也同步开始了：《晴天有时下猪》《女巫》《小女巫》《香草女巫》《我和小姐姐克拉拉》《小猪唏里呼噜》《笨狼的故事》……这些书，孩子们二年级完全可以开始读，或者在家长和老师的大声朗读下开始。

而后期的读写绘，也在原有的基础上有了质的提升。

读：以文字为主体、诱使学生积极创作写绘作品的绘本，比如《晴天有时下猪》系列。

写绘：绘画日记、绘画作文、画信……到了二年级第二学期，就不再只是单纯的续写故事了，形式更加多样，内容也更为丰富，更有创意了。

孩子的写绘，以更高的形式，完整地体现于作文、插图、生活装饰中。它不是消失了，而是提升了，升华了。

图片说明：

这是海门镇中心小学二年级读写绘实验班的同学在春游后完成的写绘日记作品。

指导老师：

倪颖娟（网名：紫藤物语）

需要老师们注意的是：这个过渡的时期要掌握好分寸。我们有些老师太急了，一年级就整本书阅读，二年级就不再阅读绘本了，想想看，我们有多种丰富的绘本，为什么要把学生咀嚼困难的整本书提前塞给他们呢？这样会容易破坏他们的阅读兴趣。但是也不能太久地让孩子逗留于绘本，到了二年级下学期之后，要及时引领孩子向高处走，要在二年级下半学期和三年级培养学生轻松阅读整本书的能力。这也是“自动化阅读”的能力。读写绘完全结束之后，以“自由阅读+整本书共读”为主要形式的新的阶段就开始了。

关于“自动化阅读”与“自动化写作”，以后我们还会强调，这是孩子学业获得发展的至关重要的两个概念。《彼得潘》《黄书包》《绿野仙踪》《秘密花园》，每一本书中都有着无限神奇的生命密码，更不要说《小王子》这样的书了，在孩子们生命的每一个阶段，都有太多太多精彩的东西等着孩子们呢。

所以，读写绘真正是一粒幸福的种子啊，它能带领孩子们走向更高处！

第二章　如何进行读写绘

让你的指尖对你说，你并非总是需要语言。

——《美术，另一种学习语言》

让他的指尖对你说，因为这是他此刻最好的语言。

——新教育读写绘项目

飞飞很早就对绘画表现出浓厚的兴趣，大概只有两岁的时候，每天一睁眼便嚷嚷着她那电报式的语言："学习——画画——拿笔——快快。"孩子对涂鸦显示出极大的想象力，一张又一张纸被她涂满了点点线线圈圈，然后她指着它们说这是红旗，那是汽车，这是太阳，那是下雨，几乎囊括她所知之物，并且自己创编童话，如《青蛙咬鱼》，其实只不过是两个圆圈挨在一起罢了。飞飞画画喜欢叫爸爸妈妈过来欣赏，听到一番真心的赞赏，她的兴致就更高了。

第一节　别小看儿童的"涂鸦"
——3—6 岁孩子的读写绘

儿童的涂鸦阶段一般开始于 1 岁半左右，然后一直持续到 3、4 岁。

所谓"涂鸦"，就是胡乱涂画。这个时期的儿童之所以能拿起笔来画画，完全是基于对笔的好奇，对用笔运动后留下的痕迹感到好奇。这个时期是不能称之为"画画"的，只能说是儿童在体验运动的感觉。

然而这个阶段对于儿童的发展特别重要，儿童通过涂鸦阶段的训练得到视觉上、动作上及模仿欲望方面的满足，老师或家长的关注与称赞又可使儿童在心理上得到充分的满足。这是孩子一生成就感的重要源泉。涂鸦期的训练还可使儿童的握笔、用笔能力不断提高，脑与手配合的一致性也会不断发展，这可为他下一步的学习打下良好的基础。

3 岁左右，儿童开始有了表现意图，能用自己掌握的简单形状和线条表现事物的特征，绘画造型具有一形多义的特点。一个圆形可能表示太阳，也可能是饼干、灯、碗、盘子等，大人常常难以确定孩子画的是什么，但孩子却能明确地告诉你作品的含义。这一时期的孩子常常边画边自言自语，并对成人的评价产生了依赖，其绘画的兴趣和信心需要成人的鼓励。

随着年龄的增长，到了 4—5 岁时，儿童的思维能力、语言、视觉、听力以及动作都有了迅速的发展。这个时期的儿童对某些简单的形状有了较明显的认识，也能够画出一些基本的形状，如圆形、方形、三角形等，他们能用这些简单的图形画出自己在生活中观察过的类似这些图形的物象，如水泡泡、小蝌蚪、大气球等，有的还能画一些简单的风景或人物。

这个时期的绘画在成人看起来或许不成样子，但是却表达着儿童自己的内心世界与情感世界，他们的绘画看似随意稚拙，却有着成年人所想不到的思维、敏感和胆量。这一阶段儿童的绘画兴趣非常浓厚，想象力和创造力都随之迅速发展。因此，在这个阶段，孩子最主要的成长需要是发展主动性、幻想和创造力。孩子越是更多地体会他自己的经验，他在以后的成长中越具备更多的主动性和自信心。如果不能满足孩子这个需要，那么他在成人后所出现的性格和情绪障碍就会很严重，他将很难有所创新，甚至只能随波逐流。

一　3 岁前涂鸦：体验动作带来的快乐

一般说来，在宝宝 1 岁半左右，就开始进入涂鸦期的第一个阶段了——乱涂鸦。

您注意到了吗？当一个宝宝初次拿起笔挥舞时，他惊讶地发现这个玩具和其他玩具不同，他会目不转睛地盯着那些留在纸上、墙上、床单上的痕迹看，然后他会重复这一动作，并乐此不疲。

出现这样的动作，是宝宝身体发展的结果。1岁半时，他已经能够走路了，身体的解放让他可以更加自由地探索周围的世界，他见到什么都要摸一摸，咬一咬，抓一抓，拉一拉，在用各种动作探索的过程中，诸如触觉、嗅觉、视觉、味觉等各种感觉也随之迅速发展，但是唯有挥笔动作结束后特别留下的痕迹，会让儿童惊奇并感到骄傲，仿佛那些“涂鸦”是他用来向这个世界宣告自己的“存在”的。再加上父母表现出来的惊讶和关注，儿童的内心因此感到满足、自由、快乐、和谐。这种满足感是个人成就感的重要源泉。

透过儿童的涂鸦，我们可以清楚地看到儿童的身体发育和心理发育过程。

1岁半的时候，儿童是通过手的往返运动乱画的，此时他并没有意识到自己在画画，所以视线也不能有意识地注视着手，控制手的运动，只是拿着笔在纸上胡乱挥动，这个时候他手部的动作也非常单一，一般呈水平往返状，所以留下的通常不是水平状态的横线，而是像半圆弧那样的曲线。随着孩子肘关节的不断发育，您会发现宝宝画出往返线条的数量在不断增加。在这个阶段，由于儿童涂鸦时，笔往往不会离开纸的表面，这样就产生了连续重叠的圆形线条。

接近2岁的时候，圆的线条变得流畅起来，这时候，儿童的涂鸦动作也从以肘关节为中心，变成以手腕为中心了，他们在把手腕当成轴来活动后，就能画出小圆。当漩涡状曲线一圈接着一圈从宝宝的笔下流淌出来的时候，他们的肩关节与肘关节就具备了一定的运动协调性。能够画出如波浪状或者犬牙状的线条，则充分显示出宝宝的手指关节也越发灵活了。而曲线的形状、连贯与否、力度大小、速度快慢，与宝宝此时的心情也有着密不可分的关联。

2岁以前，儿童的乐趣在于享受涂鸦带来的动作快乐，因此只要给他一张足够大的画纸，并且不受形状颜色的束缚，让他用单色自由地挥洒就可以了。而2岁以后，儿童就能画出一条有头有尾的线，圆也开始能封口了。同时，儿童的另一个关键发展期——语言发展期——开始到来了。

2 岁的时候，儿童的语言发展将进入人生第一次“词语爆炸期”。你会发现，这个阶段的孩子一下子变成了一个“勤学好问”的人。他不断地问你：“这是（什么）?”“那是（什么）?”不断地想知道事物的名称，还不断地冒出一些你没有教过的新词。但就在你欣喜的同时，你也开始感到“头痛”了，因为他不但开始对你的要求明确说“不”，甚至还会说出一两句骂人的话，并在那儿一遍又一遍地念叨。其实，这些都是儿童的心智在积极地成长的表现，一切都是他对周围人事的模仿和学习。

因此，这个阶段，您特别要注意您以及您家庭里其他成员的言行，因为你们会成为他人生的第一任榜样，你们的一言一行、一举一动，都会成为他模仿和学习的“样本”。

除此之外，您还可以把他的探索引向更丰富广大的世界。每天跟他一起看会儿书，比如《婴儿画报》，还有一些特别为这个年龄段孩子创作的图画书，都是很好的选择。跟他谈书中的图片，谈他感兴趣的东西；和他一起游戏；带他到外边散步，和小朋友玩；为他念儿歌，讲故事……

而这时候，你又会发现，他涂鸦完后，会开始自己欣赏，并且给它们起一个名字了。这就意味着宝宝已经进入涂鸦期的第二阶段——无意识地命名。但是，这个名字却是随时都在变化的。这恰恰是想象力和语汇丰富的表现。

给家长的建议

在 1 岁之前，孩子最主要的安全感来自父母的信任。允许孩子涂鸦并支持他的举动便是满足孩子这一心理需要的方法。孩子 2—3 岁的阶段则是主要在学习控制自己的生理，因此，涂鸦是最好的学习控制生理的途径，同时，通过这样的涂鸦运动，孩子也开始了解自己身体的能力与限制性。

因此，对于孩子这个阶段的涂鸦，家长是不应该多做干预的。尽管线条零碎凌乱，色彩模糊混乱，但都没有关系。需要分清楚的是，孩子是在体会自己而不是制作作品。越是鼓励孩子运动，孩子的感受就越强，孩子自我能力的发展就越好。家长可以借由孩子涂鸦作品了解到孩子还只能做动作，而且这个动作孩子还无法控制，因此，对孩子的其他成人意义上的要求都只能带给孩子挫折和烦恼。同时，在消极干预孩子的时候，对孩子安全感的威胁也非常严重。

关于涂鸦

（1）当宝宝表现出涂鸦的敏感期时，我们要给他大纸，让他充分地乱画。因为宝宝在刚开始涂鸦的时候，他的主要动作是通过推拉来实现的，以肘关节为轴，然后才慢慢发展到手腕、手指关节，所以最初的涂鸦动作是以手和肘部的距离为半径的。纸面太小，将会给宝宝的动作带来限制。因此，八开纸或者旧挂历纸的背面都是很好的选择。等到宝宝能画出小的图形后，再酌情换为小的纸张。

（2）笔可以选用粗的彩色笔，蜡多较硬的蜡笔。除了彩色笔，还可以选用 3B—6B 的铅笔（不要削得太尖，既是防止对宝宝造成伤害，也是为了使画出的线条更粗更明显一些）和圆珠笔等。

（3）在 3 岁前，不要教他画形状。妈妈画形状给孩子看也不好。如果已经教了画形状，马上停止，孩子很快会恢复他原来自由的画法。因为要让孩子充分地自主探索。

图 1　30 个月大的孩子自由涂鸦

图 2　同一个孩子 36 个月大的涂鸦

作品解析：图 1 从线条的长度上来看，孩子手臂的运动范围比较窄，也就是说生理上的发展还很稚嫩，不能做太大的动作。而图 2 就可以看出，这个孩子在生理上成长发展了。线条在方向上的改变非常明显，也就是说，孩子的思考开始了参与，并有了要改变自己动作方向的意图。

（4）使用单色。因为这时候宝宝的兴趣主要在于动作，同一次涂鸦的时候给太多颜色的笔，反而造成不必要的干扰，影响他熟练地练习动作。所以只需让他使用一种他喜欢的颜色笔即可。

（5）2 岁前，只要孩子充分自由地画即可。2 岁后，可以就孩子的画与他谈话，问他："画的是什么啊？"但是千万不要否定，要欣赏他的想象，帮他把他所赋予画的意义记录下来，并写上日期，这样可以了解孩子画画的变化情况，同时作为他的成长记录。

关于语言

（1）经常带孩子到户外散散步，与别人或邻居家的同龄孩子打打交道，一块儿玩玩是孩子学习语言的极好时机。在户外活动时，可及时把邻居孩子的名字及孩子感兴趣的事情告诉他。要鼓励他大胆提问，对他的每一个问题都要耐心地回答，切不可敷衍了事。

（2）经常给孩子念儿歌，读绘本。

儿歌是一种富有韵律和节奏感的语言作品，让孩子多听多念儿歌能有效地促进他语言能力的发展，同时也能让他从小就体会到语言的优美和魅力。可以根据孩子的具体情况来选择儿歌，也可以自己编，并尽量在儿歌里用上孩子的名字。例如下面这首《宝宝睡觉了》，您可以把"宝宝"一词换成孩子的名字来念，效果会更好。

小眼睛，是宝宝的窗户，
小嘴巴，是宝宝的门户，
窗户门户关关好，宝宝睡觉了。

又如下面这首《五指歌》，可以边念边数着孩子的五个手指，别有一番趣味。

一二三四五，上山打老虎，老虎打不到，打了小松鼠。
松鼠有几只，让我数一数，数来又数去，一二三四五。

一开始，孩子只会听您说，重复次数多了以后，他也会试着自己念了。

二　3 岁时涂鸦：拟人化的表现

3 岁后，儿童就开始有意识地绘画了。3 岁的孩子通常从一开始就知道自己想画什么，怎么画。画的东西已经有了明确不变的象征意义了。但是这个阶段的孩子还画不好形状，只能重复地画圆，可是他们能给你与众不同的解释，赋予这些圆以不同的意义。

3 岁半以后，孩子能把圆和横线结合起来，画出“蝌蚪人”（直接从头部钻出四肢的人，形似蝌蚪），他们给笔下的线条赋予含义的能力也有了进一步的发展。这个时期，孩子涂鸦的另一个特点是“拟人化的表现”，所有事物在孩子眼里都长着一张拟人化的“脸”。所以我们看这个阶段孩子的画的时候，都能看到一双笑眯眯的眼睛。

幼儿园的孩子们正在画蝌蚪人。

3—4 岁孩子的画，一个最明显的特征，就是以极其象征性的线条把现实事物画出来。此时，千万不要对孩子的作品横加指责，批评他没有画耳朵，没有画手脚，更不要越俎代庖地教他怎样画。

3 岁，还是儿童语言能力发展的飞跃期。他们已经熟悉并基本掌握了所在地区语言的全部语音，但自己说话还会发生“跑调”的现象。这一时期他们词汇量的增加也很快，家长无意中说的话也会迅速进入他们的词库。孩子不再是单纯地听故事，而是主动要求父母讲，并且能对不同的故事做出简单的选择和评价，有时孩子还会把自己设想成为故事中的某一角色。

在孩子画画的时候多用语言跟他交流，他会更加喜欢用这种方式来跟你沟通。比如家长可以经常问询他们画的是什么，这个点、线都是什么，如：“啊，我知道了，你的画是小树枝吧？”这样的问话会给孩子带来联想；如果不是，他会告诉你他的想法是什么，也许说“这是我去公园的路”；如果他也不知道，有时会顺着你的思路去联想，还会发展，也许说：“对，风在吹它呢！”这样他会什么都想画，什么都想说，更加乐于表达。

给家长的建议

关于涂鸦

（1）纸张可以改用小的了，一般的图画本或者 16 开左右的纸都可以。笔的颜色上也仍然是单色为主，因为这时候孩子涂鸦时注意力仍然集中在要表达的图形上。

（2）不要教孩子有意识地画形状，可以跟孩子互动，在孩子画出的圆上，母亲一边通过和孩子谈论他经历过的事，一边在圆上添加线条，使这个圆变成各种各样的东西。

（3）听孩子讲他画出的圆和线代表什么，千万不要加以否定。比如，你怎么没有画耳朵啊，怎么没有画眼睛啊。

关于语言

（1）继续给孩子念儿歌，还可以选一些孩子有过生活经验的比较容易猜的谜语让他猜。比如“麻屋子，红帐子，里面睡了个白胖子”（花生），“上边毛，下边毛，中间有颗黑葡萄”（眼睛）等。

（2）这个阶段的孩子对听故事、讲故事越来越感兴趣了，每天晚上睡觉前他会缠着你，让你给他讲故事，甚至有的孩子已经开始绘声绘色地给别人讲故事了。因此，如果可能的话，你一定要坚持每天给孩子讲故事。

三 4—5岁涂鸦：形状越发清晰起来

孩子内心的意识越来越能控制手的动作了。4岁以后，孩子笔下的线条渐渐演变出各种形状，上个阶段的“蝌蚪人”现在已经被分化为具体的头、身体、手、腿脚等。除了喜欢画人以外，他们开始关注自己感兴趣的事物，凭借对印象的挖掘描绘出各种形象的主要特征，印象深刻的东西不仅被孩子画得很大，并且重复率较高。

男孩高家岳4岁刚开始的涂鸦，学画小兔子。

4岁半以后，孩子的画面出现了基底线的概念，内容渐渐丰富起来，但会显得杂乱无章。

他们凭自己的想象画

画。4岁的儿童能把心中想的内容通过语言与具体的想象联系起来，并画出像样的形状。如可以由“爸爸”这个词来想象自己的爸爸，能够抓住自己爸爸的姿态、特征，与别人的爸爸有所区分。印象深刻的东西就画得大。孩子有一种把自己印象深刻的东西画大的倾向。

这一张是高家岳4岁6个月时在班上自己画的。包含了各种元素。小女孩、蜗牛、鱼、太阳、花朵、小鸟、星星、鲸鱼、鲨鱼，甚至还有学过的“中国”两个字。画的上半部，星星旁边那是一只狮子，我问他是什么的时候，他还振振有词地说：“妈妈。你没有看到那是狮子?”我不知道他为什么画了这么多事物在一张纸上，可是孩子觉得很漂亮，我也觉得棒极了。(记录：高家岳妈妈)

4—5岁期间，孩子会在一张画纸上画各种各样的形状，或是把同一形状反复画，还有像商品目录一样把各种物体都罗列画在一起，作为整体来看，毫无统一感，但如果听孩子慢慢讲解，你就会知道在孩子心里，这些看似杂乱罗列的东西都是有关联的。这种罗列方式的另一种表现，是把时间的流逝表现在一张画面上，如听了仙女的故事后，孩子会把不同阶段做的不同的事都画在同一画面上。

这个时期儿童一般能清晰地表达自己的想法，词汇更加丰富，喜欢与家人及同伴交谈，说话时能够区别不同的对象。比如他们会对小朋友说：“我妈妈明天不上班。”对妈妈说：“爸爸在接电话。”能够完整地讲述自己感兴趣的故事或描述日常生活中的各种事物，但有时讲话仍然会出现跳跃和不连贯。

给家长的建议

（1）可以把不同颜色的画笔控制在六种以内，多鼓励孩子用蜡质较多的硬蜡笔画画。

（2）多带孩子参加户外活动，丰富孩子的生活。通常对各类亲子游戏体验较多的孩子，画出的涂鸦画的类型就会越丰富。对待孩子的作品，仍要以耐心地多听为主。

（3）继续给孩子讲故事，读儿歌。

四　5—6 岁涂鸦：对色彩的体验与探求

这个年龄阶段的孩子对生活的观察越来越细致，如不但知道人的各个部位，还知道了人与它们的关系、人和衣服之间的关系，能画出穿着衣服的人。所以这个阶段的孩子会画出基底线，基底线把事物与事物之间的关系转换成了二维世界，成为秩序的基础。

5 岁左右的孩子除了能罗列画出不同时间段、不同空间的事物外，对色彩的直觉能力和视觉的敏锐能力也有很大发展。色彩的多样、调和之后无穷无尽的变化，正契合了孩子们闪烁不定的跳跃式、发散式的形象思维特性，所以，加强对色彩的体验和探求，挖掘每个孩子各不相同的色彩直觉，在反复启发与引导后形成各自的色彩认识是这个阶段的重中之重！

5 岁还是儿童语言表达能力明显提高的时期。听和说的能力已经可以应付日常生活的基本需要。同时，阅读图书和分析图画的能力显著增强，喜欢和小朋友或者家长一起阅读，连猜带蒙地念书中的文字，阅读成了他们很大的乐趣。这一时期的儿童识字的积极性很高，常常缠着成人教他们识字。

对于 5—6 岁的孩子，激发他们的好奇心的总是人。这个人做了什么？怎样做的？结果是什么？因此各种观念现在最好利用故事形式传达给儿童。故事要有开始、继续和终结，情节要有变化，动作要有生气，又有明确显著的特征。传统童话故事是这时候最好的选择。这样，儿童的画也会成为充满故事和想象力的画。

给家长的建议

（1）这个年龄阶段的孩子，对涂色表示出浓厚的兴趣，十二色一套的彩笔或硬蜡笔，是送给孩子不错的礼物。如果孩子仍然喜欢用单色画笔作画，也没有关系。5 岁的孩子如果还不能够画出各种形状或者只能画同一类形状的画，那么你应该做一件事——丰富孩子的生活。当他的生活体验增多，朋友增多，能尽情地玩以后，他的画也能自然地发展。还要注意多听孩子叙述他的画。

（2）看孩子的画时，不要只看形状，还要认真听孩子讲。不要说他的形状画得丑，要多听听他用画所表现的故事。

4 岁多的京京，是一个聪明活泼的男孩子，喜欢画画，想到什么画什么。家长见他喜欢，就专门送他到一个幼儿美术班学画。老师的授课方式是这样的：每次课有一个主题，比如这次是公鸡，下次是螃蟹。先由老师示范，然后孩子们自己画，画中可以有些不同，不要求全部一样。可是半年后，家长发现虽然老师反映孩子表现不错，画得也可以，但是孩子与原来大不相同，在家时很少画了。而且当再要报班的时候，孩子不愿意去学了。

严重误区：以临摹的方式来学习绘画

很多家长经常遇到这样的问题，孩子本来很喜欢画画，但是专门送去学画后，孩子反而对画画一点兴趣也没有了。

这种教育的定型对孩子成长产生的负面影响通常被成人所忽略，它使儿童和成人更注重作品“看起来”的样子，也就是说，看重的是作品视觉上的“漂亮”而不是儿童的理解和成长体验。尽管儿童也能从这种绘画模式中得到很大的个人满足，但它却严重伤害了儿童以后的成长，可能导致的结果大致为：依赖性严重，自卑；反应力下降，思考速度迟缓，想象力、创造力被扼杀。另外，临摹作品遮蔽我们观察儿童的目光，让我们看不到真实的具体的独一无二的儿童。

第二节　一年级的读写绘

一位名叫皮尔斯的教授曾经把6—7岁的学龄儿童称为“神奇儿童”，“在他7岁的时候，他倾听一切建议，能够把需要的抽象知识运用到现实生活中……他迷恋上这个世界，并变得喜欢对这个世界进行分析，他想把这个世界进行分解，来看看是什么使它得以运行。”

根据心理学家皮亚杰的观点，在这个年龄，儿童开始建构新的知识系统，这种知识系统将会导致儿童对这个世界表现出令人吃惊的理解。于是这些6—7岁的儿童，开始进入学校，接受正规的学习教育了。

但是对这些神奇儿童来说，一年级是他们人生中第一次无比巨大的考验与挑战。

首先，孩子们离开了熟悉、安全的家庭和同样以家庭氛围为主的幼儿园，一下子被抛入到一个完全陌生的世界：陌生的学校、陌生的老师、陌生的同学。这些都给他造成不安全感，带来心理上的沉重负担。尤其在我国，超过千人规模的超大学校比比皆是，班级人数以五六十人为平均数的也是常态，在经济不发达的中西部地区，甚至有的班级人数达到了七八十人。这给儿童适应学校生活带来了极大的困难，也给老师的教育教学管理带来了极大的困难。

其次，当下以重视智力发展，重视技能训练为重心的教育理念，以机械记忆为主的脱离儿童现实生活的教学方式，以鼓励竞争追逐分数为手段和目标的社会丛林意识，都在入学时集中与儿童遭遇，并与儿童本身发展的愿望与冲动相悖，不但压抑了孩子的潜能与创造，而且对儿童的心理带来极大的打击与伤害，再加上不当的早期教育，很多孩子在入学伊始，问题便通过各种行为显现出来，严重影响到孩子正常的学习。

因此，对于一年级老师来说，也同样面临着巨大的考验与挑战。纪律问题、学习问题，老师们几乎把所有工作时间都耗在教室里，可是教室里各种学生行为问题还是层出不穷。

最好的管理是预防。

读写绘就是这样，以课程的方式，把儿歌童谣、故事童话、绘本带入到儿童的生活中，丰富、丰盈儿童当下的生命。儿童的思想、情感和思维方式，通过儿童擅长的绘画语言和口头语言得以倾诉和表达。

通过读写绘，师生间能够在极短的时间内建立起积极的、持续的信任关系。研究表明，越对教师具有安全依恋的儿童，与其他儿童的相处也越融洽，行为问题也越少。

通过读写绘，老师和家长能够更好地理解儿童，了解儿童需要。而教师的职责是了解在儿童发展的某一时期主要表现出来的是什么能力，哪一类活动能使这些能力有益地表现出来，以便据此提供所需的刺激和需要的材料。

通过读写绘，学生接触到大量的优质阅读，语言能力、想象能力和创造能力得到滋养和发展，为更长远的学习打下良好的智力基础。

通过读写绘，能改善亲子关系，向家长传递积极的教育理念，形成有力的家校同盟，共同促进孩子的成长。

因此，在整个一年级，老师的理想工作状态可能是这样的：

（1）学科内落实语文教学核心目标：拼音、识字、写字与朗读训练；主要以教师的示范为主。

（2）学科外认真做好低段读写绘课程。时间上要保证，一般一周两次晨诵，一次读写绘课，排进课表，严格落实。

（3）若有可能的话，每天给学生讲一个故事。

（4）通过给家长写信、手机短信、校信通、班级博客等方式与家长及时沟通，鼓励家长做好亲子共读。

一　儿歌童谣

儿歌童谣仍然是一年级儿童读的主要阅读内容，与学前读儿歌的自由随意不同的是，一年级的儿歌童谣是被列入晨诵课程来进行的。

在这个晨诵课程体系中，建议一年级整个学年以儿歌童谣为主要内容，时间可利用学校课程表中的语文早读，一周进行二至三次，同时配合写绘作业。这样，一学年结束，儿童就能通过儿歌晨诵，熟记100首左右儿歌童谣，不但愉悦了情感，发展了语言，而且达到了大量识字的目的，为学科学习带来益处。最早受益的却是数学学科，因为孩子们认字多，所以数学读题能力相应就强多了。

儿歌童谣的晨诵过程非常简单，操作流程如下：

（1）每次晨诵学习一首儿歌。

（2）将打印出的儿歌，让学生粘贴在一个专门用来记录晨诵的本子上。

（3）学生为这首儿歌配上相应的图画，作为装饰。

在这里，特别再强调一下，一是儿歌一定要打印出来，让孩子粘贴在晨诵本上，这样对孩子认识汉字很有用。二是学过的儿歌一定要经常复习，重复很重要。

另外，再提几条非常具体的重要建议：

1. 相同节奏的儿歌在一段时间内反复进行

通过对位处全国不同地区的低段读写绘实验班级的观察，不管是经济发达、教育环境相对优越的城市地区，还是经济不够发达、对学前缺乏足够教育的中西部地区，儿童在认知上是没有显著差别的，差异只在拥有信息量上，儿歌童谣仍然是这个阶段最适宜他们诵读的内容。

我们发现，在刚开始进行儿歌童谣诵读的时候，集中一段时间，让学生反复诵读相同节奏的儿歌，便于培养学生的语感，利于学生记忆背诵。

一般的规律是，先诵读三个字的儿歌，然后再诵读五个字、七个字的儿歌，接着再是四个字的儿歌。

我们先来读这样几首以三个字为主的儿歌：

秧苗做操

风老师，吹口哨，
小秧苗，做早操。
向左看，向右看，
曲曲身，弯弯腰。
天天练，天天操，
长得壮，长得高。

做习题

小调皮，做习题；
习题难，画小雁；
小雁飞，画乌龟；
乌龟爬，画小马；
小马跑，画小猫；
小猫叫，吓一跳。
学文化，怕动脑，
看你怎么学得好？

我们都是好朋友

小鸟儿，成群飞，
小鱼儿，成群游，
小朋友，手拉手，
排起队伍向前走，
唱着歌，拍着手，
我们都是好朋友。

看，像这样的儿歌，一方面对学生在校的学习生活进行了积极的暗示引导，一方面也对儿童在学习过程中出现的问题进行了幽默的批评，使儿童在不知不觉中受到了教育。

不过，同样要指出的是，《做习题》这首儿歌虽然短小，却非常形象地描绘出了低幼儿童的心理特征，喜欢画画，画出的形象在不断变换，而且有着强烈的心理真实感。这样，对于老师来说，用心揣摩，也会有很大的收获。

从三个字的儿歌节奏，很容易带入到五个字、七个字儿歌的学习。我们再来看下面这几首五个字的儿歌：

走路静悄悄

我要学猫猫，
走路静悄悄。
楼下张婆婆，
最怕吵和闹。
脚步咚咚咚，
吓得她心跳。
要是吓出病，
那可怎么好？

从小爱祖国

鸟儿爱蓝天，
鱼儿爱江河，
蚯蚓爱泥土，
蜜蜂爱花朵，
我们小朋友，
从小爱祖国。

捉迷藏

太阳找月亮，
月亮紧紧藏。
月亮找太阳，
太阳下山梁。
一个藏白天，
一个藏晚上。
太阳和月亮，
最爱捉迷藏。

再看几首七个字的儿歌：

搬米

一只蚂蚁来搬米，
搬来搬去搬不起。
两只蚂蚁来搬米，
身体晃来又晃去。
三只蚂蚁来搬米，
轻轻抬着进洞里。

月亮姑娘跟我走

我快走，她快走，
我慢走，她慢走，
我停下，她不走，
跟在别人后面走，
我说月亮羞羞羞。

雪娃娃

门口有个雪娃娃，
张着嘴巴不说话。
我拿苹果去喂它，
叫它不要想妈妈。

而四个字的儿歌同三个字、五个字和七个字相比，就很明显不一样了，在节奏上也相应要难一些，所以我们放在后面学习，比如：

石榴婆婆

石榴婆婆，
宝宝最多。
一个一个，
满屋子坐。
哎哟哎哟，
小屋挤破。

冬天到

雪花飘飘，
冬天来到，
松鼠回窝，
小熊睡觉，
北风巡逻，
雪人放哨。

头字歌

天上日头，地下石头；
嘴里舌头，手上指头；
桌上笔头，床上枕头；
背上斧头，爬上山头；
喜在眉头，乐在心头。

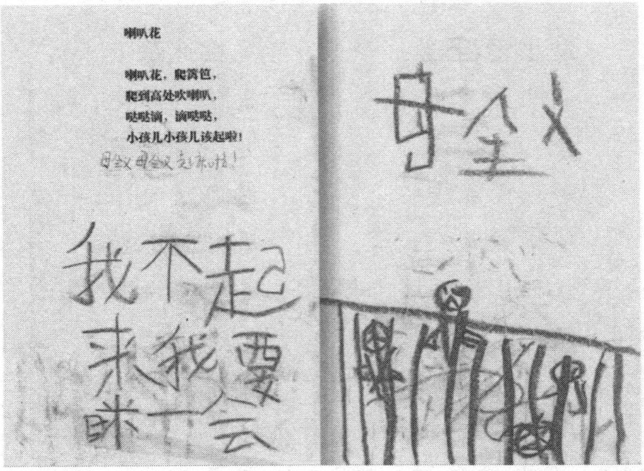

说明：这是绵阳八一帐篷小学一（2）班学生母全义的晨诵作业，有趣的是，在他画完儿歌中的《喇叭花》后，还特别加了一行汉字：“我不起来，我要眯一会。”原来，这是杨娟老师在课间跟他游戏的时候，在儿歌最后添了一句：“母全义母全义起床啦！”他也模仿着用汉字来做出回应。师生之间其乐融融。

说明：这是绵阳八一帐篷小学一（2）班学生赵鹏的《分果果》晨诵写绘作品。仅仅晨诵了三次，他就能够完成这样一幅构图完整、形象丰富的作品了：两间可爱的小房子，一间里面摆放了一张桌子，桌子上放着苹果、香蕉，一个小孩戴着红领巾，正准备去上学。赵鹏还特别补充道：“房顶上有两朵喇叭花，喇叭花开了，滴滴答，小弟弟要上学了。”瞧，昨天刚刚学过的歌谣《喇叭花》，就马上被他运用了。另一间房里小妹妹还睡着，那么，就给她留下两个香蕉吧。

这次作业，他不但延续着大气的构图思路，而且也开始注意到色彩的运用了，画面中几乎所有的形象都被细心地涂了颜色，每个事物的轮廓线和颜色被清晰地分开了。

班主任叶老师也介绍说，这几天赵鹏手里一直拿着一团泥巴，在捏机器人、飞机等，有时候上课的时候也在偷偷地捏，她问他为什么这么喜欢捏泥人，赵鹏说因为爷爷在他小的时候，经常用木头给他雕小鸟什么的玩，看来这对他的影响现在在写绘作业上表现出来了。

这是江苏翔宇实验小学一（12）班向往同学的儿歌晨诵作业。儿歌内容是：

一个眼，一个扣，
我帮它们手挽手，
结成一对好朋友。
一个秤，一个砣，
我帮它们手牵手，
结成一对好朋友。
我来唱，你来跳，
咱俩一起手拉手，
结成一对好朋友。

向往就是先画了太阳、白云、树等常画内容后，然后把儿歌里的事物罗列画出，你能看出来吗？

2. 一段时间内可进行主题诵读

这样，在一两个月后，学生对各种类型儿歌节奏的语感基本上就建立了。这时候，再根据内容的不同，比如动物主题、植物主题、自然气象主题、生活主题、安全主题、文明礼貌主题、游戏主题、益智主题、民俗传统主题等等，放在一段时间内集中学习，可促进儿童的思维发展。

比如两个星期的北京童谣主题，通过读老北京童谣，孩子们对于京味儿十足的念白和特有的“儿化音”就有了很好的体验与熏陶，语音方面得到了极大的丰富。

谜语类主题：

小小尾巴高高翘 不会走路只会跳 屋檐树洞是它家 爱吃谷物不吃草 （麻雀）	像鱼不是鱼 终身海里居 远看像喷泉 近看像岛屿 （鲸）	钳子一双 尖刀八把 身披盔甲 横行天下 （螃蟹）

北京童谣

小喜鹊

小喜鹊，尾巴长，
娶了媳妇不要娘。
小喜鹊，叫喳喳，
娶了媳妇不要妈。
小板凳儿，
四条腿儿，
我给奶奶嗑瓜子儿。
奶奶嫌我嗑得慢，
我给奶奶煮碗面；
奶奶嫌我没搁油，
我给奶奶磕仨头。

小小子儿

小小子儿，
坐门墩儿，
哭着喊着要媳妇儿。
要媳妇儿干吗呀？
点灯，说话儿；
吹灯，做伴儿；
明天早晨
给你梳小辫儿。

小孩儿小孩儿你别馋

小孩儿小孩儿你别馋，
过了腊八就是年
腊八粥喝几天，
哩哩啦啦二十三；
二十三，糖瓜粘；
二十四，扫房日；
二十五，冻豆腐；
二十六，去买肉；
二十七，宰公鸡；
二十八，把面发；
二十九，蒸馒头；
三十儿晚上熬一宿；
大年初一满街走。

绕口令主题：

我和鹅

我是我，鹅是鹅，
我不是鹅，鹅不是我。
鹅肚饿，我喂鹅，
我爱鹅，鹅亲我。

娃娃画画

娃娃画画画花花，
娃娃画花结瓜瓜。
花花结瓜给娃娃，
娃娃吃瓜画花花。

一场空

抬头看，满天星，
低头看，一道坑。
坑里看，栽满葱，
葱上看，冻着冰。
屋里看，点着灯，
墙上看，钉的钉。
钉上看，挂的弓，
弓上看，卧的鹰。
寒冬天，刮大风，
刮散了，满天星。

虎和兔

坡上有只大老虎，
坡下有只小灰兔，
老虎饿肚肚，
想吃灰兔兔。
虎追兔，兔躲虎，
老虎满坡找灰兔，
兔钻窝，虎扑兔，
刺儿扎痛虎屁股。
气坏了虎，
乐坏了兔，
饿虎肚里咕咕咕，
笑坏窝里小灰兔。

荒诞有趣的颠倒歌：

小老鼠

小小老鼠森林里面称大王，
大狮子害怕那个小老鼠。
蚂蚁扛大树，
大象没力气。
事情全颠倒，
哈哈！你说多可笑。

小鱼儿

小小鱼儿飞呀飞在蓝天里，
小鸟儿游呀游在大海里。
公鸡会生蛋，
母鸡喔喔啼。
事情全颠倒，
哈哈！你说多可笑。

小槐树

小槐树，结樱桃。
杨柳树上结辣椒。
吹着鼓，打着号，
抬着大车拉着轿。
蝇子踏死驴，
蚂蚁踩塌桥。
木头沉了底，
石头水中漂。
小鸡叼个饿老雕，
小老鼠拉个大狸猫。
你说好笑不好笑？

东西

东西街，
南北走，
忽闻门外人咬狗。
拿起门来推开手，
拾起狗来打砖头，
又被砖头咬了手。
骑了轿子抬了马，
吹了锣鼓打喇叭。

3. 不要勉强仿写，重要的是日积月累，潜移默化

带领学生晨诵儿歌其实非常简单，只需要把儿歌抄写在黑板上，然后带领学生，进行各种形式的朗读就可以了。除了常用的齐读、男女生读、单人读、合作读、小组读外，为了突出节奏，还可以用手打着拍子，跺着脚的形式来读，孩子们读得快乐开心，就可以了，剩下的时间就可以用来读语文书或者为儿歌配画了。

可是有些老师却受错误的语文教学观念影响，在每次儿歌的学习结束后，就要求孩子仿写一首儿歌。这样的弊端是非常明显的：

首先，儿歌看似简单，却是用非常精练的文字，形象地抓住了事物的特征，而且还要押韵，对于一年级的学生来说，这样的难度是远超过他们的思维水平的。

其次，仿写本身，也给孩子的语言和思维发展带来了极大的限制。

如同临摹学画一样，在儿童的头脑中，语言本来是流动的，但是要集中精力去仿写，就让流动的、变幻的意识之流固定下来了，这不利儿童的创造力的发展。

再次，儿童本身对仿写这种形式并不是很清楚，具体表现为两种情况，一是简单地换了儿歌中的一个词，就是仿写了，二是把以前背过的儿歌当做自己的作品，再加上有些老师夸张的鼓励，容易造成孩子心绪浮躁，不容易养成安静的学习心态。

所以，背诵儿歌和仿写儿歌，对于儿童来说，意义是完全不一样的。背诵儿歌，儿童觉得容易，一首儿歌念上几遍就背下来了，然后配画，也是他很拿手的，也能在几分钟内就完成了。这样，孩子心里充满了愉悦和满足，自信和骄傲感油然而生。而仿写儿歌，要加上绞尽脑汁的思考，还要用文字或拼音把仿写的儿歌再写在本子上，这都是他需要通过学习来习得的，短短四行儿歌，大人写下不觉得什么，但是对于一年级的六七岁孩子来说，可能就要花费他四五十分钟的时间，这样，反而给学生造成不必要的学习负担，让本来喜欢儿歌的孩子也不再喜欢了。

因此，在一二年段，只要孩子读了背了，就可以了，万不可勉强仿写，重要的是日积月累，潜移默化，在长期的精致语言的熏陶下，意会地习得一种精致的语言。

也只有这样，在不知不觉中，孩子们日常的语言以及课堂上的发言开始有变化了。

比如孙浩，是四川省北川羌族自治县一个山区农村的孩子，“5·12”地震后，进入绵阳八一帐篷小学一（2）班学习，几乎没有接受过学前教育，入校的时候，说话几乎让人听不懂，第一次写绘作业，就像一个两三岁孩子的涂鸦一样。可是“十一”国庆节放假前，因为距家太远，来回要花费两天时间，所以父母没有来接他，他很伤心，就跟陪伴他的杨娟老师编了这样一首儿歌：

孙浩孙浩，
爱哭爱闹，
我想妈妈，
投入你怀抱。

思念爸爸，
你快点来到。
爸爸妈妈，
快点来吧。
儿子想你，
我想回家。
学校的日子真是难过。
还是让我回到我的“狗窝窝”。

你看，他已经能够用一个多月的儿歌语感来表达内心的情感了。

像这样的例子很多。再如苏州工业园区娄葑二小一（1）班史安怡的爸爸同样惊喜地发现，上学四个月的女儿，在家里一边玩，一边作了一首小诗，这也是她人生的第一首诗：

在哪里

白云在天上飘呢，
小鸟在空中飞呢，
小鱼在水里游呢，
我们在地球玩呢。

印度著名哲学家克里希那穆提说得好：“如果有喜悦，有创造的火焰，它就会发现出一种表现的方式。当我们心中有了爱，我们就不必寻求如何组合字句。”

低段读写绘就是通过儿歌童谣、故事、童话、绘本、音乐、游戏、色彩，线条，在这个喧嚣纷乱的时代，为孩子们守护着一个丰富、丰盈的心灵世界，守护着他们与生俱来的好奇心，就是让学生快乐，有想象力。

这是一个人早期教育中应该拥有的最重要的财富，它远比“智力”重要，同时，也滋养着智力的发展。

二　绘本

在一二年级读写绘中，读是整个课程的核心，儿歌童谣、传统童话、民间故事、绘本、儿童电影……都从不同层面，对促进儿童的人格形成、情感态度发展、语言发展、认知发展等发挥着作用。

我们也可以作这样简单的区别：

儿歌童谣重在大量识字，绘本、传统童话、民间故事、儿童电影虽然都是在讲故事，但也有不同。传统童话、民间故事从心理方面，帮助儿童解脱困境，为他提供成长的信心和勇气，其要点在于家长和老师的讲述；儿童电影则是通过丰富、华美或震撼的视听感觉，把幻想的世界直接呈现在孩子眼前；而绘本则因为是用图画和文字共同来讲故事的书，所以孩子们可以反反复复阅读，更好地纳入到自己的经验之中。

因此，在低段读写绘课程中，绘本的阅读分量占很大比重，除了每周固定上一节读写绘课外，我们还建议老师，一是多为孩子讲绘本故事，每天抽出 15—20 分钟的时间就可以讲一个故事了，但一天一个故事讲下来，孩子则是受益匪浅的；二是为班级建立以绘本为主的自由阅读书架，培养孩子自主阅读的兴趣与习惯。

1. 绘本最重要的是故事

在实验中，我们发现，由于社会上一些机构对于绘本的宣传，所以影响了老师对于绘本对儿童所起的真正作用的判断，造成了很大的绘本阅读误区。有些老师过于强调绘本的绘画风格与技巧，结果绘本课上成了美术课，而老师自己其实是并不懂美术的，只是把有些书评生硬地照搬了来；有些老师则受语文教学影响过重，把绘本上成了问答式的语文课或识字课，或者过于强调让学生从故事中悟出道理，上成了说教课。

在这里，我们特别澄清：绘本最重要的是故事！

不仅仅文字是故事，图画也是故事，文字和图画用不同的方法来讲同一个故事。除此之外，为了更好地讲故事，好的绘本还充分地利用书籍所具有的功能，比如说翻书页的效果，页数和书籍大小等，这些功能被充分地利用，使它们完美地协奏，共同来丰富地讲述一个故事。这才是绘本之所以被儿童喜爱的原因，因为他们爱听故事。而绘本，是他们自己能看得懂的故事。

一个不识字的孩子，却能一边翻看着《三只小猪》的画面，一边自己自言自语讲出故事来：

三只小猪，一只大灰狼。（这是他在看封面。）

妈妈让小孩子去玩，妈妈在家里煮饭。三只小猪在家里玩玩具，一只小猪看见大灰狼，大灰狼呼噜呼噜呼噜，把一只小猪吹上天了。最后，大灰狼把两只小猪，呼噜呼噜吹上天啊。最后啊，第三只小猪，大灰狼呼噜呼噜吹啊，都吹不走他。大灰狼从烟囱跳下去，落在一个大大的盆子里面，他尾巴被烧出血了。三只小猪很高兴，大灰狼不敢来了。

在讲故事的时候，他的表情随着故事的情节而愉快着，紧张着，高兴着，他的声音也在随之起伏，讲到后面大灰狼跳烟囱的时候，他甚至自己也紧张起来，而最后胜利美好的结局出现时，他也同样欢呼雀跃，他和书中的主人公完全一体了。在故事中他得到了极大的满足，于是他又从头翻看起来。

而老师和家长给孩子讲绘本故事，则和孩子自己看又不一样。因为这时，他用耳朵听故事，同时还看着图画，这样，孩子用耳朵听到的语言世界就和用眼睛看到的图画世界重合起来，虽然也有不一致的地方，但是这些在孩子的内心世界中，就好像在上演着一出出丰富无比又精彩无比的戏剧。上天入地，天马行空，他在满足地吸收着生命在这个阶段所最需要的营养：丰富的生命体验。

所以，绘本教学最重要的就是讲故事。你要把适合这个阶段的故事尽情地讲给他们听。

2. 如何选择绘本

为孩子选择合适的读物要基于这样一个原则：在生命的这个阶段，孩子最需要什么。他所面对的问题（心理困境）是什么，他的未来有没有方向，方向是什么。只有从孩子出发，了解他，并理解他，我们才能为他输入最合适的养料。

具体到一二年级，我们认为，孩子的心智成长比智力成长更为重要，而且在很大程度上是决定着智力上的表现的。因此，老师用来进行读写绘教学的绘本，应首选促进孩子自我认识，帮助形成自我同一性的故事。

著名心理学家埃里克森认为，人格发展的每个阶段都存在着一种冲突，构成一种危机。

他所谓的危机实际上是指人格发展中的重要的转折点，既可能是灾难或威胁，又可能是发展的机遇。危机的消极解决会削弱自我的力量，使人格不健全，阻碍对环境的适应；危机的积极解决则会增强自我的力量，使人格得到健全发展，促进对环境的适应。埃里克森还指出，前一阶段危机的积极解决会增加下一阶段危机积极解决的可能性；前一阶段危机的消极解决则会缩小下一阶段危机积极解决的可能性。

埃里克森把5—12岁的孩子视为“勤奋对自卑”阶段，认为在这个阶段，儿童最需要的就是从一定的学习活动中获得满足感，这样他们就能发展勤奋感，对未来充满信心，形成能力品质，反之将产生自卑感，形成无能。具体到一年级的孩子，在刚刚开始正式学习活动的最初时候，心理上获得安全感是极为重要的，这是他发展的基础。

（1）满足儿童爱和安全的需要

绘本本来就是成年人送给孩子们的童年的爱的礼物。

在学校里，老师读绘本给孩子们听，这本身就在告诉孩子：我爱你们，我是你们心灵的港湾，你们可以放心大胆地去进行任何学习上的探险呀。

《逃家小兔》：无论怎样我都是安全的

从前有一只小兔子，他很想要离家出走。有一天，他对妈妈说：“我要跑走啦！”

“如果你跑走了，”妈妈说，“我就去追你，因为你是我的小宝贝呀！”

“如果你来找我，”小兔说，“我就要变成溪里的小鳟鱼，游得远远的。”

“如果你变成溪里的小鳟鱼，”妈妈说，“我就变成捕鱼的人去抓你。”

“如果你变成捕鱼的人，”小兔说，“我就要变成高山上的大石头，让你抓不到我。”

“如果你变成高山上的大石头，”妈妈说，“我就要变成爬山的人，爬到高山上去找你。”

“如果你变成爬山的人，”小兔说，“我就要变成小花，躲在花园里。”

“如果你变成小花，”妈妈说，“我就变成园丁，我还是会找到你。”

“如果你变成园丁，”小兔说，“我要变成小鸟，飞得远远的。”

“如果你变成小鸟，飞得远远的，”妈妈说，“我就变成树，好让你飞回家。”

“如果你变成树，”小兔说，“我就要变成小帆船，飘得远远的。”

“如果你变成小帆船，”妈妈说，“我就要变成风，把你吹到我要你去的地方。”

“如果你变成风，把我吹走，”小兔说，“我就要变成马戏团里的空中飞人，飞得高高的。”

“如果你变成空中飞人，”妈妈说，“我就变成走钢索的人，走到半空中好遇到你。”

“如果你变成走钢索的人，走在半空中，”小兔说，“我就要变成小男孩跑回家。”

“如果你变成小男孩跑回家，”妈妈说，“我正好就是你妈妈，我会张开手臂好好地抱住你。”

“天哪！”小兔说，“我不如就待在这里，当你的小宝贝吧。”他就这么办了。

“来根红萝卜吧！”妈妈说。

“离开”这两个字只是一种隐喻。孩子通常是这样说的：我不是小娃娃，我是孙悟空；我是大哥哥；我是大姐姐；我自己来；不要喂；我自己洗手……在这个故事中，“离开”包含了类似的涵义。

“不管我怎样探索，我都是安全的。因为有妈妈一直陪伴。”这就是这个故事之所以让那么多5—6岁的孩子疯狂喜爱的原因，它是那么准确地表达出他们的内心诉求。同样，在教室里，在“小兔（学生）

逃，妈妈（老师）追”的游戏中，这一个故事被赋予了另外的含义——不管我怎样探索，我都是安全的。因为老师就像妈妈一样。这样，故事让孩子们完全敞开心扉，与生命中突然出现的另外的重要的人——老师，建立起亲密的关系来。

同样的主题通过不同的故事反反复复地上演着，孩子们的内心世界也就越发地安全、踏实了，他们也将会更加积极地探索未知的世界。

《要是你给老鼠吃饼干》：爱的多米诺骨牌

一只穿着背带牛仔裤、背着绿色小书包的小老鼠，走近一个坐在院子里吃饼干、看图画书的小男孩。

这时如果他给了小老鼠一块饼干，会发生什么事呢？

如果你请老鼠吃饼干，他就会跟你要一杯牛奶。

你给他牛奶，他一定会跟你要吸管。

喝完牛奶，他就会要手巾。抹过了嘴，他就要照镜子，看看嘴上有没有留下牛奶胡子。一照镜子，他就会说头发也该剪了。他一定会跟你要一把剪指甲的小剪子。

他给自己剪过头发，就会开口要扫帚扫地。他会认真地扫起地来，会越扫越起劲，把所有的房间都扫过，还会卖力地拖地板。

干完了，他一定会想睡个觉。你就得替他弄个小盒子当小床，还得有枕头，有小被子。他会爬上他的床，看看怎么躺才舒服，还会一遍又一遍地拍松他的小枕头。他一定会叫你念个故事给他听。

你依他的意思，给他念你的一本图画书，他就会叫你让他看里面的插图。他一看插图，高兴起来，就会说自己也想画一幅。他会跟你要纸，要蜡笔。他会认真地画一幅图画。画完了，他要签名，就会跟你要一支钢笔。

签完名，他就会说想把他的图画挂在你的冰箱上。他的意思是叫你帮他找透明胶带。他贴好了图画，就会退后几步，站着欣赏。他看着冰箱，就会想起他有点口渴。当然啦，他会跟你要一杯牛奶。

他一开口要牛奶，八九不离十，一定还会要一块饼干，好让他就着牛奶一起吃。

画面故事细节

有人形容画家费利西亚·邦德把插图画得兴高采烈，确实，她那一幅幅用颜色和钢笔画出来的简简单单的图，尤其是每幅图中小老鼠不同的表情、动作、神态，简直就活灵活现地出现在你面前，那怕不是特写镜头，也同样生动，所以在讲故事的时候可以很巧妙地将画面与故事内容结合起来。比如：

小老鼠吃完饼干喝完牛奶后的那张特写，多么惬意啊！小肚皮鼓鼓的，嘴巴旁边和地上果然有饼干碎屑呢，这也为后面故事的发展做了铺垫。

你再看，老鼠说要一把小剪子剪头发时，他头顶上只有短短的一根头发，可是在下一页，他却在镜子面前咔嚓咔嚓地剪下那么多头发！

还有，老鼠拖着扫帚，竟会从地板上扫出一堆堆小沙丘一般高的灰尘！

还有，老鼠画的那张一家人手拉手的画，他的妈妈和姐妹穿得多么新潮啊！

写绘作业

①根据事件的连锁反应来来编故事。故事的开始可以这样说：“要是你给________一个________。”

②小老鼠画了一幅它的家人的画，你也画一幅你们一家人的画。

③有条件的话，请妈妈帮助，为你的小老鼠做饼干！

《和甘伯伯去游河》：再混乱的局面也不会受到责难

他就是甘伯伯。

甘伯伯有一条船，他的家就在河边。

有一天，甘伯伯正要撑船去游河。两个小孩说：“我们跟你去好不好？”甘伯伯说：“行，只要你们不吵闹。”

野兔说：“甘伯伯，我也一起去好不好？”

甘伯伯说："行，但是你不能乱蹦乱跳。"

猫也说："我想坐一下船。"

甘伯伯说："可以，但是你不能追兔子。"

狗也说："带我一起去好不好？"

甘伯伯说："行，但是你不能招惹猫。"

猪也说："甘伯伯，我可以去吗？拜托拜托。"

甘伯伯说："可以，但是你不能晃来晃去。"

绵羊说："有空位让我坐吗？"

甘伯伯说："行，但是你不能咩咩叫。"

鸡也说："我们也去行不行？"

甘伯伯说："行，但你们不能扑翅膀。"

牛也说："你能让个位置给我吗？"

甘伯伯说："行，只要你不乱踩东西。"

山羊说："甘伯伯，我能加入你们吗？"

甘伯伯说："欢迎欢迎，但是你别乱踢。"

起初，大家都很高兴，但是不久之后……

山羊乱踢。

牛乱踩东西。

鸡乱扑翅膀。

绵羊咩咩乱叫。

猪到处乱晃。

狗招惹了猫。

猫就去追兔子。

兔子乱蹦乱跳。

小孩大吵大闹。

船就翻了……

大家都掉进水里去了。

甘伯伯跟山羊跟牛跟鸡跟绵羊跟猪跟狗跟猫跟兔子跟小孩子一起游泳游到岸边，再爬上岸，让大太阳把身子晒干。

甘伯伯说："我们只好穿过这片野地，走路回家了。我请你们到我家喝喝茶。"

大家一起喝茶。

告别的时候，甘伯伯说："再见啦，下次再来游河吧！"

很多孩子听了这个故事后，情不自禁地说："哎呀，甘伯伯太好了，我也想跟他去游河。"是啊，故事里的纷乱场面马上会让我们想起幼儿园和一年级小朋友乱哄哄排队的场景来，尤其令老师深思的是：当最后一团糟的时候，甘伯伯并没有借此机会大声进行"思想教育"，而是很平静地说："我们只好穿过这片野地，走路回家了。我请你们到我家喝喝茶。"你看，他的话消除了所有的慌乱、不安与责难，还带来安慰与精神鼓舞，多么有力又具有建设性！

画面故事细节

①对于久别大自然的城市孩子来说，画面给予他们亲近自然、亲近农村的体验。一条清澈的小河穿过村庄，岸边分布着屋舍、农场，许多牛羊在吃草；鸡舍里有许多鸡，四处觅食；鸭子正在河里游水，还有猪、狗、猫、野兔也来凑热闹。芦苇丛里，到处都是野鸟，过了石桥，长满了郁郁葱葱的大树，有的枝条已拂过小女孩的脸庞。画面朦胧，促使人产生无穷想象。

②最后全体船上的人落水非常有喜剧性，可细看每个人物的不同表现。

③知道甘伯伯为什么一直戴着帽子吗？哈，最后你会发现，因落水掉了帽子的甘伯伯原来是个光头啊。

写绘作业

甘伯伯说：再见啦，下次再来游河吧！下次游河又会发生什么事情呢？把你自己也画进去吧！

（2）激发学生拥有愿望与梦想

对未来的向往决定现在的生活。

儿童是最善于幻想未来的，也拥有着最大最多的愿望。一个天真的小孩子，看到卖氢气球的，就会希望好多的气球带着她飞起来，飞到月亮上去；会经常梦想自己成为仙子，成为超人，每天为了世界的和平而忙忙碌碌。

但是，随着儿童的成长，随着社会化的影响以及遭遇到越来越多外界的压力，儿童那个大大的愿望开始干瘪缩小，开始平庸起来，像身边无数失去了梦想的成年人一样。不信，问问你自己，现在，你是否还有梦想，你的梦想又有多大？

梦想也是需要培养的，尤其是一个大大的梦想。有了梦想，哪怕你是河马，也会觉得轻盈；如果没有梦想，哪怕你是精灵，也无法飞翔。

“毛虫与蝴蝶”儿童阶梯阅读项目的名称就是我们的一个大大的梦想，让所有的孩子拥有一个“毛虫变蝴蝶”的梦想，让生命穿越一本又一本精心挑选的童书，在娓娓动听的故事中，在老师和家长爱的编织中，孩子们将在漫长的人生旅途中保持着纯真、快乐与勇气，能够拥有幸福的人生。因此，在整个一至六年级的儿童阶梯阅读里，愿望、梦想是一直贯穿的主题。从《好饿好饿的毛毛虫》开始，为孩子们种下“毛虫变蝴蝶”美丽梦想的种子，然后通过一个又一个关于梦想与愿望的美丽故事与成长榜样，最终期待孩子们能像那只勇敢的“丑小鸭”一样，一生向着“高贵美丽”的方向。

《好饿好饿的毛毛虫》：永远保持精神上的饥饿感

月光下，一个小小的卵，躺在树叶上。

一个星期天的早晨，暖暖的太阳升起来了——啪！——从卵壳里钻出一条又瘦又饿的毛毛虫。

他四下寻找着可以吃的东西。

星期一，他啃穿了一个苹果。可他还是觉得饿。

星期二，他啃穿了两个梨子，可他还是觉得饿。

星期三，他啃穿了三个李子，可他还是饿。

星期四，他啃穿了四个草莓，可他还是饿得受不了。

星期五，他啃穿了五个橘子，可他还是饿呀。

星期六，他啃穿了一块巧克力蛋糕，一个冰淇淋蛋筒，一条酸黄瓜，一片瑞士奶酪，一截萨拉米香肠，一根棒棒糖，一角樱桃馅饼，一段红肠，一只杯形蛋糕，还有一块甜西瓜。

到了晚上，他就胃痛起来。

第二天，又是星期天。

毛毛虫啃穿了一片可爱的绿树叶，这一回他感觉好多了。

现在他一点儿也不饿了——他也不再是一条小毛虫了。他是一条胖嘟嘟的大毛虫了。

他绕着自己的身子，造了一座叫做“茧”的小房子。他在那里面待了两个多星期。

然后，他就在茧壳上啃出一个洞洞，钻了出来……

他已经是一只美丽的蝴蝶了！

操作建议

建议老师把《好饿好饿的毛毛虫》作为一年级新生入学后讲述的第一个绘本故事。

学生对第一个故事会印象深刻，因此老师要仔细斟酌，要给孩子留下怎样有吸引力的学校生活。这生活不仅是验证补充他对入学渴望的想象，“我要上学了，我要认好多好多的字，读好多好多的故事了”，也要让他对如何度过自己的一生，开始有最初最朦胧懵懂的思考。

这重要的“第一次”究竟读什么呢？一定要既有趣味，又有意义，最好能够组织一场发人深省的讨论。《好饿好饿的毛毛虫》是最好的选择。

课堂简录

这是一个非常美妙的故事。

随着大屏幕上幻灯片的播放，孩子们的认知和心情也在一次次向上攀升，攀升……

故事被老师讲了三遍：

第一遍，随着图画书中这条好饿好饿的毛虫，孩子们也张开了贪婪的小嘴巴。

注意啊，游戏在讲述故事的时候就开始了——

亲爱的孩子们啊，现在让我们来玩一个游戏，这静静地躺在树叶上的卵，就是你啊——

你舒舒服服地躺在那里，白白的、柔柔的月光照着你，就像妈妈用手抚摸你一样。（孩子则随着老师的讲述做出相应的动作与表情来。）

一个星期天的早晨，暖暖的太阳升起来了——啪！你的卵壳破了，你变成了什么呢？哦，一条又瘦又饿的毛毛虫啊！你眨了眨眼睛，欣赏了一下这个崭新的世界，然后，就开始慢慢爬起来。原来你饿了啊，要寻找好吃的东西呢！

就这样，在图画的翻页中，在老师的讲述中，在孩子们的猜测与游戏中，这条好饿好饿的毛毛虫却变成了一只美丽的大蝴蝶，这神奇，就进入到孩子们的心里了。

接下来该讲第二遍故事了。孩子们仍然充满兴趣，因为啊，这次画面变了——

好饿好饿的毛毛虫变成了和他们一样的小孩子，那些好吃的东西变成了各种各样的书，有他们很熟悉又喜欢的童话故事书，但更多的还是连书名都不认识的书，可是看上去却那么好看，那么沉甸甸的。然后这些小孩子也好饿好饿，拼命地啃啊啃啊，那么厚厚的书都被他们啃下去了，可是他们还在啃啊啃啊。而到了最后，却出现了很多图片，有一个叫鲁迅的，他旁边是很有趣的一个长辫子男人，老师说那是鲁迅写的书中的一个人，叫“阿Q”，多么有趣好玩的名字啊！老师还说那是一个很好的故事，可是要等到你们上了中学后才能懂。啊，中学，还有大学呢！多么令人向往啊！还有一个叫泰戈尔的，雪白雪白的胡子，老师说她最喜欢读泰戈尔写的东西了，还有一个叫弗洛伊德，这个名字可真拗口……还有好多好多……老师说他们都是这个世界上最优秀的人，都是从小小的毛毛虫啃书啊啃书啊，变出来的。

第三遍故事啊，又回到那条又瘦又饿的毛毛虫了，可是令同学们兴奋的是，大屏幕上居然有自己的照片啊！（他们可不知道，为了他们人生入学第一个故事，他们的老师花费了多少心血，不过家长可都知道，他们正在心里感到庆幸，遇到了一个非常非常难得的好老师呢。）

而这个故事啊，却和前两个故事都不一样，没有结尾，因为老师说——

你们这些小小的毛毛虫啊，才刚刚开始啃呢！你都想啃些什么好吃的，变成怎样的蝴蝶，这个故事啊，要你自己，用六年的时间来完成呢！今天，就在老师发给你的写绘本上画下第一页吧：我是一条小小的毛毛虫了，把你喜欢的，不喜欢的，你所有所有想告诉老师和同学的一切，都画下来吧！

接着，老师在屏幕上显示了她自己特意为第一次写绘作业做的一个示范：一只可爱的毛毛虫，啃着各种各样的东西，旁边是她美丽的梦想，许多可爱的蝴蝶在飞……

优美的音乐中，孩子们打开写绘本，拿起油画棒，开始完成他们入学的第一份作业。

毛毛虫，开始上路了。

祝福你们！

《美丽的梦想》：谁都可以拥有大大的愿望

这是一个能让很多很多小孩儿一下子拥有神奇梦想的故事。

书中列举了 9 种小动物的梦想，让我们一一看过来吧，看有没有梦想和你的一样。

这是一只双眼含情的温柔女孩，她的名字叫绵羊。柔软而拳曲的毛发下，你以为她只会柔情似水地在草地上低吟抒情诗吗？那你就错了。向上翻开（而不是翻开下一页喔）——哇！那是她吗？一个疯狂高歌的、激情四射的流行歌手！吉他震耳欲聋，粉丝神魂颠倒……真不能想象，绵羊女孩的梦想是这样的。

这是一个羞涩寡言的文静男孩，他的名字叫小兔。大树背后躲藏的他，一定是个只会睁着惊恐的眼睛，四处逃窜的胆小鬼？不，不一定。向内打开（而不是翻开下一页喔）——噢！那是他吗？像一个勇敢、正义的大法官，按住羊和狗的嘴巴，平息了一场战争……真不能想象，小兔男孩的梦想是这样的。

一只爱在泥坑里泡澡的小猪，恐怕是这世界上最最平民化的形象代言了。但是，平民不一定没有高贵的梦想。翻开小猪朋友的内心（而不是翻开下一页喔）——怎么样？看到了吧？粉嫩白胖的猪姐姐好想成为整洁、高贵的公主呢。其实，普天下哪个猪姑娘没有这样的梦想呢？

哦，下面的情形你会猜出来了。

巨大的象哥哥——他内心的梦想是——变成小精灵！

慢吞吞的蜗牛弟弟——他内心的梦想是——开上闪电赛车！

超重河马姐姐———她内心的梦想是——成为轻盈的芭蕾舞演员！

还有小驴弟弟、刺猬妹妹，你猜猜他们的梦想。

最意想不到的是蜜蜂的梦想——做个大懒虫！（喔，这也是我现在的梦想。保密哦。）

那你的呢？你的呢？你的梦想是什么？

写绘建议

在故事的结尾，米歇尔·邵伯已经问了你了，你的梦想是什么？那么，就把你的梦想画出来吧！也可以用两张纸来画啊，第一张画你现在的样子，第二张画出你的梦想，至于怎么翻页嘛，那可由你“八仙过海，各显神通”了。

然后嘛，请老师把所有同学的作品放在一起，装订起来，哈哈，这就是我们班自己的绘本书了。

（3）为孩子提供成长的榜样

有了愿望还不是最难的，最难的是怎样实现这个愿望。

对于儿童来说，他成长的主要方式是模仿。模仿是最直接最有效的学习，尤其在生命最初的2—3年里，他模仿父母，所以他学会说话、走路。周围的事物都是作为他模仿的榜样存在的。随着社会化程度的日益增高，文化符号在他的模仿中占据更加重要的位置。文学作品、影视作品、口头和书面语言的描述，宗教信仰或者民间英雄（比如音乐家或者运动员，郎朗或者姚明），尤其电视中的人物，因为和他朝夕相处，所以将接替父母，成为对他影响最大的榜样。

因此，我们要考虑的一个很重要的问题就是：用怎样的榜样来伴随儿童度过人生的每一个阶段，以实现他的人生梦想。

还是从这个伟大的小男孩开始说起吧。

一个小男孩种下一颗胡萝卜种子。

他的妈妈说："这颗种子恐怕不会发芽。"

他的爸爸也说："它恐怕不会发芽。"

他的哥哥也说："它不会发芽。"

每天，小男孩都把种子周围的杂草拔掉，然后浇上水。

可是，什么都没长出来。

还是什么都没长出来。

大家都不断地说：这颗种子不会发芽的。

但是，每天小男孩仍然坚持拔掉种子周围的杂草，然后浇上水。

终于，有一天，一棵胡萝卜长出来了，如同小男孩早就知道的那样。

是的，对于孩子来说，就这么简单，从他种下胡萝卜种子的那一刻起，那颗种子日后就是应该长成胡萝卜的。对小男孩来说，这是天经地义的事情，事情本该如此，根本就不值得怀疑。

这个小男孩后来又在另一个同样有名的故事中出现，做着同样"信"的事情，在那里，他的名字叫"犟龟"。话题也从"种子不会发芽"变成了"你赶不上狮王的庆典的"，但是，如同小男孩早就知道的那样，现在我们也知道了，犟龟赶上了盛大的狮王二十九世的庆典。

就是这样，这一个又一个精心挑选的故事，其实就是一个故事，故事中的主人公也只是一个——"小男孩"——我们自己，改变的只是生活的场景和遭遇的困难。是啊，人生那么漫长复杂，世事不断变幻，但是愿望不变，信念不变。

圣经上说："你的信救了你。"

但是，若要拥有这“信”，我们最少需要一百个故事。

《小海螺和大鲸鱼》：远大的目标和生命的远航

有一只小小的海螺，却有着一个大大的梦想：“我多么想出海去远航！”可是其他的小海螺却都认为他是痴心妄想，都劝他：“不要想！不要扭！一动不动静静坐！”

后来有一天，小海螺的愿望终于实现了，一条大鲸鱼邀请他坐到自己的尾巴尖上，出海远航。

小海螺和大鲸鱼经历了丽日晴空，也经历了惊涛骇浪，他稳稳地坐在鲸鱼的尾巴尖上，看天空，看大海，看陆地；看沙滩，看巨浪，看洞穴。看了又看，他对什么都惊奇得不得了，可心里却同时有些自卑，因为她觉得自己那么小。

可是却有那么一天，大鲸鱼迷了路，游上了浅滩回不到大海里去了，生命陷入危机。

本来觉得自己太小太小的小海螺，却做出了了不起的事情，他努力爬向孩子们的课堂，在黑板上用他的黏液写字，银色的字弯弯曲曲，写的是：救救鲸鱼。

大鲸鱼安全脱险了。小海螺也知道了：我虽然身体很小很小，但是也能做很大很大的事情。

故事的最后呢，那些劝小海螺不要动的其他小海螺们，一个一个坐上了大鲸鱼的尾巴尖，他们要一起——出海远航！

生命因为有了目标，有了方向，就有了热情和力量。

一个人的不愿平庸，跃跃欲试，一个人的满心热情，远大目标，永远都不只是一个人的意义，而是国家的，是人类的！

这些，就都写在大鲸鱼的尾巴尖上。

《小黑鱼》：游动在海洋世界里的生命智慧

在大海的一个角落里，住着一群快乐的小鱼。他们都是红色的，只有一条是黑色的，黑得就像淡菜壳，他比他的兄弟姐妹们游得都要快，他叫小黑鱼。

一个可怕的日子，从海浪里突然冲出一条又快又凶又饿的金枪鱼。他一口就把所有的小红鱼都吞到肚子里，只有小黑鱼逃走了。

他逃到了大海深处，既害怕，又孤独，伤心极了。

大海里到处都是各种各样奇妙的生命。小黑鱼游啊游，碰见一个又一个奇迹。于是，他又高兴起来了。

他看到，水母像彩虹果冻；

大龙虾走起路来像水下行走的机器；

怪鱼像被一根看不见的线牵着；

森林似的海草长在糖果般的礁石上；

海鳗的尾巴有多长连他自己都搞不清；

海葵像粉红色的棕榈树，在风中起舞。

后来，他看到了一群和自己一样的小鱼，躲在礁石和海草的影子里。

“来游吧，一起玩儿，到处看看！”他快乐地说。

“不行，”小红鱼说，“大鱼会把我们通通吃掉的！”

“可是，你们不能老躲在那儿吧？”小黑鱼说，“我们一定要想想办法。”

小黑鱼想啊，想啊，想啊。

突然，他说：“有了！我们可以游在一起，变成海里最大的鱼。”

他教他们各就各位，紧紧地游在一起。

等到他们可以游得像一条大鱼了，小黑鱼说：“我来当眼睛。”

就这样，他们在清凉的早晨游，在明媚的中午游，把大鱼都吓跑了。

就是这样一个简单到不能再简单的故事，却能引发人对生命、对生活的深深思考。比如说，关于“孤独”，小黑鱼不就是孤身一人的时候，才开始用自己的眼睛观察海洋到底是一个怎样的世界，才开始发现生命一个又一个奇迹的吗？也是在自己对世界认识越来越深刻的时候，小黑鱼拥有了勇气与智慧，以至于最终能保护自己和朋友，尽情享受这世界的美好。

还有勇气、创造、团队合作、分工、友谊、领导力……太多太多的精神滋养，就这样，随着小黑鱼，一起流到孩子们的生活海洋里。

跟着小黑鱼，向前游吧！

（4）培养孩子的社会情感

一年级的儿童，社会关系有了很大的变化，老师、同学成为他生活中除父母之外重要的人，将越来越多地对他的人生产生影响。一个以智力发展和道德发展为主要目的的共同体也要随之建立起来。

培养儿童良好的社会情感，可以帮助他和谐地与人交往，并懂得关心爱护他人，体谅、宽容、同情、尊重别人，才能使他适应未来社会中的竞争与压力，在逆境和挫折中充满自信，并积极进取。这也就是我们通常所说的情商，一个情商高的儿童，无论周围的环境如何变化，都能保持平和、开朗、快乐的心态和强烈的责任心。

从小培养孩子的社会情感，并且让孩子具有高水平的情商，是孩子将来顺利地适应社会并取得成功的基础。

帮助儿童理解并学会表达自己的情绪

我们已经知道，能够调节自己情绪的儿童，更能全神贯注地学习新的技能。拥有了情绪智能，儿童就能更好地解决问题，并能与同伴更友好地相处。最能调节自己情感的儿童，也往往是有最多朋友的儿童。

调节情绪的能力不能靠训导和灌输来让儿童获得，尤其是低幼儿童。因此在学前班和小学低段的教室里，我们经常看到被各种情绪所困扰的孩子。因为玩具或学习材料与同伴发生争执而气愤恼怒；因为不被同伴接纳而心情沮丧、孤独缩坐一角，或者以不当的方式吸引他人关注；因为学业遭遇困难而情绪低落，自尊心受到打击……

关于情绪，儿童要学习的主要涉及三个方面：学习理解情感；获得一些对情感的控制能力；以及学习在什么时候、什么地点以及怎样显示它们是合适的和符合人们的预期目标的。

故事让儿童感到放心，在非常安全的心理氛围中，在和故事主人公一同经历的情感体验中，他们的情绪得到宣泄、慰藉，并且通过听故事的自居作用，慢慢地学会了很多更加理性地表达自己情绪的方法。

《生气汤》：接纳并疏导孩子的愤怒情绪

今天，小男孩霍斯遇到了一箩筐不如意的事情。

在学校里，上课的时候，他怎么也想不出第三题的答案，这已经够让人郁闷的了，没想到下课的时候，琳达又给他送来一封情书，偏偏还又让那个最淘气的男生发现，张扬得地球人都知道，霍斯只好躲在桌子下面，别提有多狼狈了。倒霉的事情一件接着一件，跳舞的时候，同学带来的那头母牛谁也不踩，偏偏就踩了他的脚，疼得他眼泪都要掉下来了。

学校里不开心，那放学总该有点高兴事吧，没想到居然是他最不喜欢的珍珠阿姨来接他，珍珠阿姨性子太急，太不注意交通安全了，一路上，汽车横冲直撞，差点压死三条狗。

所有的怒气积聚着，终于在家里爆发了。回到家，霍斯气得想打人！他用力地踩了一朵花。还气得咚的一声趴在地上。

不过，幸好他有一个深谙儿童心理的妈妈，当看到霍斯踩花、不回答、发出怪声、倒在地上，既不讲理又不听话的时候，妈妈并没有急着要求解释或者教训责骂，虽然她并不知道霍斯身上到底发生了哪些事。但是她知道，当小孩满腔怒火时，是说不出、听不进也学不会任何道理的。所以她巧妙地利用小孩子的好奇心，带霍斯煮一锅“生气汤”，她让霍斯跟着她一起做，尖声大叫、吐舌头、敲打、喷火，换言之，她及时提供小孩适当安全的发泄管道，防止正常的负面情绪演变成真正具伤害性的行为。妈妈的汤，给孩子带来了安全感。当母子肩并肩站在同一线上，沟通与教育才会真正开始。

最后，霍斯的所有怒气变成了创意，他还自创了“喷火龙气”，这可不是妈妈教他的哦。

然后，他笑了，妈妈也笑了。

霍斯问：“我们到底在煮什么汤啊?”妈妈回答：“生

气汤。”

妈妈和霍斯就这样肩并肩站在一起，搅散了一天的不如意。

《苏菲生气了》：学会控制、调节自己的情绪

苏菲正玩得起劲，姐姐把玩具大猩猩抢走了。“轮到我啦！”姐姐大叫。

苏菲肯定不给了，苏菲也叫得更大声：“不给！”没想到妈妈却说：“给她，你玩得够久了，该轮到她玩了。苏菲。”

姐姐趁机把大猩猩抢走了，而苏菲，一下子摔得趴在了玩具卡车身上。

于是苏菲乱踢。尖叫。想把全世界撕得粉碎。

她大声咆哮，咆哮，嘴巴里都喷出红彤彤的火来了。苏菲现在是一座火山，就要爆发了……

只要有小孩子在的地方，就时时看到这样的故事上演，也看到一个又一个长相不同，但却都无比生气的“苏菲”们。因为孩子的成长是以自我为中心慢慢发展的，所以当和自己的意愿冲突的时候，他们往往不能控制自己的情绪，所以学会调控自己恶劣的情绪，实在是要学的一门人生课程。

苏菲发现了一个好办法。

她跑出门去，跑啊跑啊跑啊，一直跑到跑不动为止。但是，她还是很伤心，所以她哭了。

不过，她听见了什么？“哩喂哩！”啊，有小鸟儿在冲她叫呢！她又看到了什么？一棵粗壮的老山毛榉树，枝丫都垂到地上了，好像在召唤她。于是她爬了上去。呵，微风抚着她的头发，阳光照耀在水波上，亮闪闪的，几只白鹭在上下穿梭，是在捉鱼吧？她看着看着，觉得好多了。

她回到家，房子里真暖和，还有股好闻的味儿。家里的每个人都很高兴看到她回来。

一切恢复原样。不过苏菲再也不生气了。

小建议

给学生讲完这些故事后，可以让大家讨论一下，“当你生气的时候都是怎么调控自己的情绪的”，然后让学生把自己的方法画下来，由老师装订在一起，就是属于你们班的《坏脾气控制手册》了，等到其他小朋友遇到类似问题的时候，就可以发挥大作用了。

《我也可以飞》：面对挫折，哪怕怀疑，也不丧失勇气

> 一只小鸟，想要努力地学习飞翔，可是，它暂时还学不会，于是，它决定去做蚂蚁，可是，它做不到像蚂蚁那样在树干上爬行；它决定去做松鼠，可是，它做不到像松鼠那样跳跃；它不会像鼹鼠那样挖地洞，也不会像小鱼那样在河里游泳，沮丧的鸟宝宝，在蜜蜂的鼓励之下，决定去飞，啊哈，它飞起来了，鸟宝宝成功了。它，也可以飞！

这是一个关于“学习”的故事。

作为老师和家长，应该如何理解一个孩子的学习，这个故事给予我们更多的启迪与思考。

儿童天生是学习动物，对于他周围世界的一切，他充满着强烈的好奇。他跃跃欲试地想参与其中，因此，哪怕“鸟爸爸、鸟妈妈”说他还太小，鸟宝宝还是开始了勇敢的尝试。

飞行，是一种技能。要拥有这种技能，需要在身体的发育达到一定的成熟度后，再不断尝试，最终整个身体达到一种微妙的平衡，学会飞翔。

在这个过程中，“试错”非常重要。人对周围的环境，是一个不断做出反馈，适应调整的过程，而当一种行为熟练到能把握，形成一个稳定的结构后，便又开始了新的学习。可以说，学习的本质就是不断“试错”的过程。

这个故事就生动形象地告诉我们，鸟宝宝是怎样在不断“试错”的过程中学会飞行的。

而作为老师和家长，需要我们注意的是，在不断“试错”的学习过程中，鸟宝宝的心理、情绪微妙的变化。

“我可以，我可以的，我这就去试试看。”一次次尝试受挫，可是鸟宝宝的勇气和信心并没有丧失，但是，当一次次“试错”都遭遇挫折，而没有任何成就感的时候，他会自我怀疑起来：

> 我不会像蚂蚁那样在树干上走路，我不会像松鼠那样从这根树枝跳到那根树枝，我不会像鼹鼠那样挖地洞，我不会像小鱼那样在海里游泳……我什么都不会做！
>
> “我不会……我不会……我不会……我什么都不会做！”

这样的声音，你听见了吗？

其实它们每天都在响着，在每一个家庭里，在每一个教室里，在每一个孩子的心灵深处。那些对于大人来说是轻而易举的事情，比如“1+5”是多少，比如为什么“公园”不能写成“公圆”……可是，孩子却需要付出很多努力才能掌握，因为他们全部的生命经验才刚刚开始啊，他们需要更加丰富、鲜明、生动、感性的形象，以浪漫的、整体的方式，作为人生经验背景，所以当他们内心感到无能为力，开始怀疑自己，充满焦虑的时候，就需要我们更多的耐心和鼓励了。

因此，小蜜蜂就在此时出现，这个时机也是很微妙的。若早了，孩子没有自己尝试的自由，他会依赖；而若晚了或者干脆没有，那么自卑、感觉无能的种子则在一些孩子心里开始发芽。

“那么，你愿意试试来学学我吗？”

这句话真是充满了教育的智慧啊！不是强迫，而是邀请；不是灌输，而是引领。

再加上“你可以的，你一定可以的，你要再试试看哦”这样鼓励的话，什么样的孩子飞不起来呢？

而我们，则在欣赏鸟宝宝飞翔的美妙时，需要问自己一句：“我，对于班里的那群孩子来说，是一只蜜蜂吗？”

帮助儿童学会社会交往

对于一年级的老师，纪律问题是他们面临的最大挑战。随着越来越多需要没有得到满足、社会交往技能匮乏的孩子来到学校，老师面临的这一挑战也逐年增加。

在一年级，儿童因材料和不成熟的交友方法都会频繁引发争吵。

我们经常可以听到这样的报告，某某又打人了。而现实中老师往往采取的是“使问题马上消失”的态度，所以我们经常见到这样的结果：做错事被抓住的同学会主动说“对不起”，但是却没有表现出任何自责的迹象。这些儿童仅仅学会了一些神奇的能逃脱惩罚的词语。

通过大量的合适的故事，能帮助儿童理解他人和发展关爱的情感。

在听故事的时候，儿童通常会把自己全部的精神投入，每一个故事，就好像是他自己的冒险经历，通过讲故事时对主人公行为的预测：“他会怎么做呢？……后来事情又变得怎样了呢？……”儿童自己的理解也会随之慢慢加深，他也就慢慢认识到，并不是每个人看待事物的方式都与自己一样，也就慢慢学会了接纳、理解，学会关心他人，做事有原则，有责任心。一些有类似行为问题的学生，因为自我保护，当老师指出他的错误并批评他的时候，他可能会表现出反感抵抗的情绪。但是在故事中，他没有这样的危险，他只是在评论别人的故事，这样，他会充分施展出他内心的善良与道德，表现出他的谦虚、合作与责任等诸多优秀的品质来。

《乱挠痒痒的章鱼》：冲突中发现自己的智慧

在深深的海洋里，有一只喜欢乱挠痒痒的章鱼。他有八只可以弯曲缠绕的触手，他喜欢用它们乱挠痒痒。有的人很喜欢被他挠，比如小鱼，当章鱼去挠小鱼的时候，小鱼们跳上跳下，左摇右摆，扭来扭去，还咯咯地笑个不停，他们觉得挠痒痒好玩极了。

可大多数的同伴觉得被人挠痒痒有点烦，所以大家很不喜欢这只章鱼。

章鱼很伤心，可还是管不住自己，又一次他忍不住去挠了珠母贝的痒痒，结果闯了祸，珠母贝的宝贝珍珠被弹出去了。

在章鱼紧追不舍，找回珍珠的过程中，他突然发现，原来我不仅只会挠痒痒啊，我还可以游得超级快，还可以潜到深深的海底，身体软得可以挤进窄窄的石缝，遇到强大的敌人还可以喷出救命的墨汁耶！

重新认识、发现了自己的章鱼开心极了！

《月亮狗》：永远忠诚不会背弃的伙伴

小狗和大狗快乐地生活在一起，它们一起航海，一起梦想着外面的世界，一起躺在海滩上看月亮。

可是有一天，忽然来了另外一只狗，大狗就不愿理睬小狗了。

小狗很伤心，它觉得连月亮狗也不理睬自己了。可当它回到家，却发现月亮狗正等着它呢。小狗和月亮狗玩了一整晚，给星星挠痒痒，把月亮啃成了月牙儿。

第二天，大狗又来找小狗一起元。于是三只狗一起出海，它们一起玩海盗游戏，非常开心。夜晚，小狗躺在床上，闭着双眼，等待着月亮狗的来临。

《蚂蚁和西瓜》：团队合作带来成功与快乐

一块西瓜在蚂蚁看来，多么的庞大，多么的诱人！为了把好吃的西瓜带回家，蚂蚁们集体出动……先把家里装满，再痛快地饱餐一顿，最后还在西瓜上玩滑梯。

一群小蚂蚁，一块大西瓜，简单有趣的故事，带给孩子的却是勤劳、乐天、聪明和团结合作的精神感染。

(5) 给孩子带来精神上的愉悦

愉快既是一种心境，也是一种性格。愉快的心境来得快，去得也快。然而愉快的性格则较为稳定，表现为一种良好的情感倾向，比如说乐观主义的人生态度。

愉快的性格应该从童年时期开始培养，以利于儿童身心的健康发展。

好的绘本有一点是相同的，即以孩子的高度去看世界，跟孩子共享这个世界的一切。

《好饿好饿的小蛇》：出人意料的天真与想象

第一天，好饿的小蛇扭来扭去在散步……它发现了一个圆圆的苹果。你猜猜，好饿的小蛇会怎么样？哈，它“啊呜”一口吞下去，肚子成了苹果圆圆的样子。

第二天，好饿的小蛇扭来扭去在散步……它发现了一根黄色的香蕉。你猜猜，好饿的小蛇会怎么样？哈，它“啊呜”一口吞下去，肚子成了香蕉弯弯的样子。

第三天，好饿的小蛇扭来扭去在散步……它发现了一个三角形的饭团。你猜猜，好饿的小蛇会怎么样？哈，它“啊呜”一口吞下去，肚子成了饭团三角的样子。

……

第六天，好饿的小蛇扭来扭去在散步……它发现了一棵结满红苹果的树，你猜猜好饿的小蛇会怎么样呢？

《是谁嗯嗯①在我头上》：真正的寓教于乐

在一个晴天的早晨，一只小鼹鼠的运气却不像这晴好的天气。不知道是谁“嗯嗯”在他的头上，这可太让人生气了，一定要找到这个坏蛋并狠狠教训他。于是小鼹鼠就开始了福尔摩斯大搜索。最有趣的是，面对这样一个问题，小动物们都拿出了真凭实据来证明自己的清白啊！

小鼹鼠问鸽子：“是不是你的嗯嗯在我的头上？”鸽子说：“不是不是，我的嗯嗯是这样的。”扑通的一声，一团白色的嗯嗯掉了下来。小鼹鼠觉得不是那样的就走开了。

小鼹鼠看见了一只野兔，就对野兔说：“是不是你的嗯嗯在我的头上？”野兔说：“不是不是，我的嗯嗯是这样的。”通通通三声，三个圆圆嗯嗯掉到了地上。小鼹鼠自言自语地说：“不是这样子的。”

小鼹鼠看见马，就对马说：“是不是你的嗯嗯在我的头上？”马说：“不是不是，我的嗯嗯是这样的。”通通通，三坨嗯嗯立刻掉在地上，小鼹鼠一看不是这样的就走了。

小鼹鼠看见了猪，就对猪说：“是不是你的嗯嗯在我的头

① 指粪便。

上？”猪说：“不是不是，我的嗯嗯是这样的。”“嗵”的一声一堆脏兮兮的嗯嗯掉到了地上。小鼹鼠捂着鼻子走开了。

小鼹鼠看见了奶牛，就对奶牛说：“是不是你的嗯嗯在我的头上？”奶牛说：“不是不是，我的嗯嗯是这样的。”扑通一声，一堆咖啡色的嗯嗯掉到了地上。小鼹鼠觉得不是，就走开了。

呵呵，就是这样，通过一次又一次相同的结构，孩子们跟着这只倒霉的小鼹鼠，轻松愉快地知道了：原来每一种动物的排泄物形状都不同，什么样的动物就“大”什么样的“便”。最后，小鼹鼠到底能不能找到那个“嗯嗯”在他头上的坏蛋呢？

《圆白菜小弟》：天真的荒诞与快乐

圆白菜小弟在路上碰到了猪山大哥，猪山大哥说他饿了，要吃圆白菜小弟。可圆白菜小弟指着天上说，你要是吃了我，你就会变成这个样子。“嘣咔——”猪山大哥飘到了天上，鼻子变成了圆白菜！接着，在一片“嘣咔——”声中，身体变成三棵圆白菜的小蛇飞上了天，肚子变成一棵圆白菜的大猩猩飞上了天，脑袋和尾巴变成了圆白菜的狮子飞上了天，最后，你猜什么东西飞上了天？一条浑身散发着圆白菜气味的圆白菜鲸鱼飞上了天……

对于四五岁的孩子来说，这个不断重复的故事，其实就是一个语言游戏。孩子们就是在“你要是吃了我”和“嘣咔——”的重复声中，得到了快乐。

（6）帮助儿童理解和认识自我

我叫王子墨，今年6岁了。我很爱玩，很爱画画，很爱上学，很爱跳舞。还很爱看书，摆积木。我是一个快乐的小天使，大家都很喜欢我。

我12岁了，长得并不出众，在人群中你肯定找不到我，虽然如此，但爱美之心还是有的。我有些无厘头，多次陷入尴尬和进退两难的地步。有一天，我就好几次被人看笑话。但是，我还是很乐观的，再悲观的事对于我来讲都能化做力量的源泉，但有时候我也觉得乐观得好像有点过度。无厘头和乐观是我个性中的冰山一角，想要看到整座冰山我也做不到。

6 岁儿童和 12 岁儿童对自己的看法是不一样的。6 岁儿童还处于“自我中心主义”时期，一切以自己的感受为出发点，注重外显行为，而随着年龄的成长，他人的评价和对自己性格、情感等内心的评价也开始占据主导作用了。

在我们的内心深处，都有这样的想法：我认为我是一个怎样的人，和我想成为一个怎样的人。当我认为我是一个怎样的人和我向往成为怎样的人越接近的时候，我也就越喜欢我自己，就有越多的自尊感，从而也就更加自信与积极，可面对生活中的一切了。

《我不知道我是谁》：我是谁？

兔子达利 B 有好多烦恼：他是谁？他应该住在哪里？他应该吃什么？他统统不知道！而最让他疑惑的是他为什么长了一双大脚。一天，树林里来了一只黄鼠狼，其他兔子都躲进了地洞，只有达利 B 还在树上傻乎乎地吃橡子。黄鼠狼爬上树要吃掉达利 B，却被达利 B 的一双大脚给踢飞了。兔子们跑出来赞扬达利 B 是个英雄。达利 B 更疑惑了：“黄鼠狼说我是兔子，怎么大家却说我是英雄呢？”

《小猪变形记》：做自己，最快乐！

一只小猪，忽然有一天觉得很无聊，觉得做小猪真没乐趣。于是就想做其他的动物。这只小猪精力充沛，满脑子奇异的想象，想了各种办法去模仿长颈鹿、斑马等动物。但遗憾的是，这些创举都以闹剧告终。正当小猪被一连串失败打击得几近信心崩溃时，它受另一头猪启发，找到了真正属于猪的乐趣。原来，对猪来说，做回一头猪才是最赏心的乐事！

《笨拙的螃蟹》：更好地认识自己，短处也是长处

螃蟹尼尼不喜欢自己的那对大钳子，不管他干什么，笨拙的大钳子总是碍事。他的朋友们都没有这样笨拙的钳子。尼尼多么希望自己有像章鱼和水母那样可以挠痒痒的触手，或像海龟和鱼那样能划水的鳍。

一天，尼尼和朋友们一起玩捉泡泡的游戏时，章鱼被海草紧紧地缠住了。章鱼拼命地扭来扭去，左摇右摆，章鱼和水母也过去帮忙，可海草越缠越紧。尼尼想出了一个好主意，他用钳子轻轻地把海草剪断，被剪断的小片海草随着海水漂走了，尼尼越剪越快，就像在围着海草跳舞。尼尼的钳子飞快地移动着，一会儿砍，一会儿切，一会儿撕，一会儿抛，很快海水里到处是打着转转的海草。

章鱼终于自由了，“谢谢你，聪明的螃蟹！”尼尼高兴地挥舞着他的大钳子，他终于知道他的“笨拙”钳子是多么有用了！

什么都不是绝对的，“短处”用在适当的地方，也可能变成“长处”。

3. 教你读绘本

(1) 走出读绘本的误区

绘本重要的是故事。绘本课重要的就是把故事讲好。但是在课堂上，我们却经常看到的是“故事”的丧失：

别让听故事变成观察练习

绘本用图画来说故事，越是低幼绘本，图画说故事的能力就越强，儿童仅凭看图画就能知道是什么故事。因此，优秀的绘本画家在创作的时候，总是在“用图画语言表现故事”上精心创意，从而出现了很多的精品绘本。比如《母鸡罗丝去散步》，如果不看画面，那么文字故事只有八句话：

母鸡罗丝出门去散步。

她走过院子。

绕过池塘。

翻过干草垛。

经过磨坊。

穿过篱笆。

钻过蜜蜂房。

按时回到家吃晚饭。

这也只是一个平淡无奇的故事罢了，但是作者佩特·哈群斯却独出心裁，画面上那只一直跟踪母鸡想美餐一顿的倒霉狐狸，让整个故事一下子变得笑料十足，所有的孩子在看到图画的那一刻立刻爱上了这个故事。

优秀的绘本画家是懂得儿童心理的人，对于低幼阶段的儿童，画面故事是最吸引人的。因此，他们不遗余力地在画面表现故事上下功夫，既有像《爷爷一定有办法》这样整个文字故事和绘画故事达到完美结合的经典绘本，也有像《我有友情要出租》那样，在画面中暗藏一些人物来补充故事的优秀绘本。画家们还在每一页留下故事，供敏锐的孩子们去发现。

孩子们的确没有让画家失望，他们甚至还发现了连画家自己都没有注意到的东西。在那个很著名的《鼠小弟》故事里，孩子们不就发现画家忘了给海狮画上胡子吗？还有在《蚯蚓的日记》中，一个才3岁多的孩子发现了在关于“蚯蚓有没有牙齿”的问题上，文字和画面有相矛盾之处。

有意味的是，对于这些画面故事，大人们却往往置若罔闻，因为他们已经习惯了文字阅读，所以他们的注意力全在文字上。他们一看到一本绘本字那么少，却要那么多钱，于是就马上在肚子里盘算并得出“不划算”的结论，却不知道对于幼小的儿童来说，这恰恰是最重要的精神食粮。为了教育这些大人们，很多绘本阅读推广人就反反复复地说明一件事：这些画面有多么多么好。可惜的是，大人们有时候做事总是像那只“丢了西瓜去捡芝麻”的小猴子一样，他们兴高采烈地补偿着自己童年缺少绘本阅读的饥渴，一遍又一遍地告诉孩子们，画面太有意思了，你看这里，你再看那里，你再看再看……

比如有一位老师在给一年级的孩子讲绘本《猜猜我有多爱你》时，

是这样做的。

老师先出示封面，让学生观察，封面上画了什么，再让学生说出这两只兔子在干什么，然后引出故事的题目，让学生齐读。接着再介绍书的作者，然后让学生观察扉页，回答图上画了什么，图上有什么，再开始按照文字讲故事。

这样，绘本的画面故事变成了看图回答问题，孩子们渴望听到故事的心情一次次被打断，听故事变成了一种交易，你只有回答出老师的问题后，才能继续往下听故事，于是他们的意识开始游离，而老师也陷入一种沮丧之中：怎么绘本故事对孩子们也没有吸引力了呢？

别让讲故事变成“提问”“回答”

当讲故事变成了提问和回答，就破坏了故事的完整性。

我们先来看一段课堂实录：

> 老师在给一年级小朋友讲《逃家小兔》，老师绘声绘色，孩子们很投入，小眼睛一个个都睁得圆溜溜的，看着屏幕上的画面。老师也注意让孩子参与到故事中，当讲完一段：“有一只小兔子，他不想待在家里。于是，他对自己的妈妈说：‘我要逃跑。’”——这时候，老师让同学们猜猜妈妈听了后会怎么说，孩子们七嘴八舌，纷纷说：“妈妈会给小兔子好吃的，好玩的，不让他逃跑。”然后老师就翻页，继续讲故事，“如果你跑了，”他的妈妈说道，“我一定会追上你，因为你永远是我的小兔子。”呵呵，孩子们正等着听妈妈追上小兔子后会怎样呢，这时候老师却停下来，出示了两个词条并且问孩子一个问题：你觉得妈妈的爱是怎样的呢？从以下两个词条里选择一个吧！（出示词条：细心的呵护、永远和我在一起）于是学生就选择词条：永远和我在一起。然后老师再让学生说说为什么这样选择，故事再继续往下讲。
>
> 后面的讲故事当中，同样如此，在每一次小兔要逃跑到一个新的地方的时候，老师都要让孩子来选择这两个词条，以此强调“妈妈对孩子的爱”，并且在两次兔妈妈追小兔子的情节之后，老师不再自己讲故事了，出示画面，让这些一年级

的孩子自己去讲故事，并且用上这样的句式：

小兔子：如果你____________，我就____________。

妈妈：如果你变成了____________，我就____________。

可是渐渐地，孩子们的注意力没有刚才那么集中了，只有在老师换画面的时候，孩子们仍然很感兴趣地把目光集中过来。

很明显，这位老师后面已经不是在给学生讲故事了，而是用绘本作为语文教学内容，主要目的在进行“语言文字训练”了。故事在这里被拆割分解了。

另外还有一些老师，虽然没有把绘本上成语文课，但是在给学生讲故事的时候，频繁地停下来，让学生回答各种问题，美其名曰为培养孩子多种智能，其实也是破坏了故事的完整性。

故事最吸引人听下去的就是情节上的悬念，它如同磁铁一样，紧紧地吸引着孩子那双明亮的眼睛。但是假如在他听得最专心，迫切想知道后面情节到底怎样发展的时候，你却打断了，去问他：“有几只猪？几只狼？加起来多少只？”或者“你知道小红帽为什么被狼吃了吗？”等这些问题，那么只能达到一个目的，让孩子讨厌阅读，远离阅读。

在讲述故事的时候千万不要破坏故事的完整性。绘本的图画、文字，老师同学的声音，随着故事展开的游戏，还有故事到关键处大家的猜测，最终大家合作完成了一个故事，这个故事，比原作者的故事还要丰富完美，因为教室里所有的人都参与这个故事的讲述，都把自己的经验贡献在了这个美妙的故事中。而故事完成后，在班级共读中则要对这个故事进行讨论，但是必须根据学生发展的具体需要而定讨论的话题和时间。

别让故事变成品德教育

在讲故事的时候，有些老师过于注重追求故事主题的教育意义，反反复复讲的不是故事，而是那些听完后学生马上就会扔进垃圾箱的“大道理”，这也会让故事讲得学生不爱听。

因此，很多低幼段的绘本，绘画故事的分量远远大于文字的故事，像“可爱的鼠小弟”系列，《月亮你好》《奥莉薇》等，有的甚至就是“无字书”，很多老师就觉得没啥可讲的了。如何把画面故事也讲出来，就成了对老师的一个重大的挑战。

那么，怎么讲好故事呢？这说起来真是一件太难又太过于简单的事情。说它难，是因为很多的优秀老师都无法把故事讲好；说它容易，是因为一个不识字的农村老婆婆却能把小孙孙带入一个又一个神奇世界。

被誉为“图画书之父”的日本著名图画书制作人松居直先生有一段话道出了讲故事的奥秘：“当讲述者对书的内容产生兴趣、共鸣、感动，发自内心讲述的时候，也就能更好地向听的人传达书的内容。使讲述者感动并产生共鸣的图画书，是讲述者充分理解并在心中描绘出丰富形象的书。讲述者心中产生的形象越丰富，就越能加深听众对故事的理解，引发他们的感动和共鸣。这是讲述者和听者的基本关系。讲述者心中的形象化的质量和程度非常重要。这也是幼儿读书经验中关键的一点。”

（2）怎样讲绘本故事

如何去“讲”绘本，的确也有一些可以琢磨的小技巧，下面，我们就以绘本《要是你给老鼠吃饼干》为例给大家一些具体的建议。

角色：“你呀，我啊”的双重游戏

绘本教学，以及整本书阅读讨论时，教师要特别注意书本角色与学生角色的问题。譬如有老师讲《小王子》这个绘本故事，因为自己对小王子的钟爱，在课堂上就把自己当成了小王子，在这样的角色篡位下，孩子们事实上是无所适从的，他们不知道该从什么角色来定位自己。而阅读对一个人来说，之所以起作用就是因为“自居作用”，人们总是不自觉地把自己认同为故事中的主角，那个最光彩照人的角色。因此，在老师给孩子们讲故事的时候，有意识地让孩子“自居”为故事的主角，以便孩子进入角色，是真正地感受、理解故事的关键点。

那么在《要是你给老鼠吃饼干》这个绘本中，孩子们应该扮演什么角色呢？其实稍加分析，我们就能知道，在这个故事的背后，小老

鼠象征的是家庭中的孩子们，小男孩象征的是父母的角色，所以，理所当然，可以也应该把小老鼠的角色让孩子们来演，而老师则扮演小男孩的角色。

这时候，课堂应该是这样开始的——

在很久很久之前啊，你是一只小老鼠，而我，是一个小男孩，我们住在一个很漂亮很干净的家里。

有一天……

在故事的推进中，老师可以不断地追问：

小老鼠啊小老鼠，擦干净了你的小脸蛋，你现在想要做什么？

小老鼠啊小老鼠，你就这么一点头发，你要修剪它做什么？

小老鼠啊小老鼠，你想用什么笔来签上你的大名？

小老鼠啊小老鼠，画好的画，签上了名，你想拿它怎么办？

而故事中的一些细节，譬如小男孩的疲惫不堪，既需要一定的观察画面，更需要教师用自己所扮演的角色来自然地呈现。

为了让孩子们更好地进入角色，甚至有必要重写绘本画面中的词语，即把它变成双重的，在这个绘本中，老师可以读“你呀……”，而孩子们则相应地可以读作“我啊……”

游戏：吭唷唷，吭唷唷，我现在用力把地拖……

事实上，这种故事角色的扮演，就是“进入游戏之中”。

故事要求阅读者进入故事的游戏中，理解故事，理解故事中人物的内心世界。这种感受与理解，是只在故事外分析的人所无法获得的。

进入故事角色扮演的途径之一，是朗读自己角色的言语，另一个有效的方法，是用动作呈现角色中的行为，即真正地“游戏”一下。

同时，因为读写绘正在小学一二年级的儿童中进行，所以游戏也特别地适合它们，并同时起到呈现绘本节奏，调节课堂节奏的作用。

而有些情节的合理推进，也只有在游戏情景中，才能够被更好地理解，譬如在扫地拖地之后，小老鼠要求睡觉休息，但如果没有在学习“拖地”环节的时候，插入活动游戏，拖地，吭哧吭哧，吭唷吭唷……可能学生就没有办法依据内在逻辑，推导出后面的情节应该是“休息”、“睡觉”。

在整个故事中，孩子们可以进行以下的游戏：吃一吃，吸一吸，擦一擦，照一照，剪一剪，扫一扫，拖一拖，拍一拍，睡一睡，听一听，画一画，写一写，贴一贴，喝一喝，吃一吃……

而小老鼠一番忙忙碌碌之后，又回到了故事的开头，要向小男孩要一块饼干，这样，在孩子们很开心的笑声中，写绘作业也自然地开始布置了：“小老鼠啊小老鼠，这次吃完饼干你又想做什么呢？可不许和上次的事情重复啊，把这些好玩的事也用彩色蜡笔，画在白纸上吧……”

你看，就这样简单。不过，在讲故事前对于绘本进行一番细读也是必要的，再让我们以《想吃苹果的鼠小弟》为例来说一说吧。

教你看绘本：《想吃苹果的鼠小弟》

课堂现场：

大屏幕上出现了《想吃苹果的鼠小弟》的封面，高高的苹果树下，鼠小弟正把头仰得高高的，看着树上又大又红的苹果呢！接着刚才的儿歌，我开始讲故事了：“有一天，鼠小弟出去玩，看到一棵高高的苹果树，树上结了好多大大的红苹果，就仰着头，‘1、2、3……’（这

里，学生自然而然地开始一起数了，他们已经很自然地进入到角色之中。另外，这个数字的细节很重要，因为故事中苹果跟人物有一一对应的关系，也更加衬托出鼠小弟拿不到苹果时非常着急的心情。）真想吃到这红红的苹果啊，鼠小弟啊鼠小弟，你会怎么做呢？”（这样，很自然地就把孩子置于角色中了。）

“我去找个梯子，把苹果摘下来。”赵鹏先说了。

我装着寻找的样子，在讲台和过道前转了一圈，继续讲：“于是鼠小弟就找啊找，可是找啊找，没发现周围有梯子啊！鼠小弟，你又怎

么办呢？”我把这个问题又抛给了学生。

孩子们趣味盎然地看着，马上又叽叽喳喳想新办法了。他们已经进入到问题情境之中。我没有让他们再说，因为这个问题是整个故事的核心，要把握好节奏，慢慢来。

“就在你着急想办法的时候，谁来了呢？”我用语言吸引着孩子们的注意，同时播放下一张幻灯片，念出上面的文字：来了一只小鸟，拿了一个苹果。

“小鸟怎么拿到苹果的呢？”我问。

“小鸟飞上去，就拿到了。”孩子们边伸出胳膊比画边说。

“嗯，来了一只小鸟，拿了一个苹果。”我又重复着故事中的这句话，然后播放幻灯片，被剪切下来的画面牢牢吸引了孩子们的目光。在这里先放文字，再放画面也是我精心设计的，因为文字简单，而且在后面的故事中反复出现，而若先放画面，学生对于文字的兴趣和注意力就大大降低了。

“鼠小弟啊鼠小弟，你看到小鸟飞来，拿走了一个苹果，你会怎么想，怎么做呢？”继续让学生深入角色，增加体验。

“小鸟，请你帮我拿一个吧。”不但杨一乙这样说，其他孩子也都不约而同地说，这是这个年龄的孩子遇到问题的第一反应。

“哦，小鸟，小鸟，请你帮我拿一个苹果！”我把手拢在嘴前，面向天空，把孩子们说的表演出来，但我又一摊手：“唉，真可惜啊，鼠小弟啊，你太小了，小鸟又飞得太快了，小鸟没听见，那怎么办呢？”

孩子们又遭遇了新问题，他们又开始动起脑筋来。

同样，我没让他们再自由漫开，点击课件，念出这些文字：“要是我也有翅膀……”

“我又想了一个办法，我像小鸟一样飞上去，于是，我就拍打着小胳膊，使劲飞呀飞呀……”与此同时，描绘这幅情景的画面也在屏幕上出现了，我让孩子们仔细观察鼠小弟的动作表情，鼠小弟模仿各种动物的细节，是整个绘本故事中最有意思的，孩子们看着画面，也模仿起来，“鼠小弟拍打着小胳膊，飞啊飞啊，可是只能离开地面一点点儿，然后，‘咚’就掉下来了，唉，要是我也有翅膀——”

“——就好了！”孩子们一边看着图画，一边做着动作，嘴里还跟着我的叙述也在讲着，教室里像在演奏着美妙的协奏曲。

“来了一只猴子，拿了一个苹果。”

“要是我也会爬树……”

“来了一头大象，拿了一个苹果。”

“要是我也有长长的鼻子……”

“来了一只长颈鹿，拿了一个苹果。”

“要是我也有长长的脖子……”

“来了一只袋鼠，拿了一个苹果。”

“要是我也能跳得那么高……”

“来了一头犀牛，拿了一个苹果。”

“要是我也有那么大的力气……”

这些情节跟上面教学类似，通过老师对故事的讲述，和学生对画面的观察，以及孩子们参与的表演，他们更加深入地理解了故事中不同形象的特点：

小鸟、猴子、大象、长颈鹿、袋鼠、犀牛，在摘苹果这件事情上，他们都有着非常强的能力，所以他们很轻松地把苹果拿走了，可是对于特别需要帮助的鼠小弟，他们却忽视了。（呵呵，其实这也是故事的需要，如果第一次小鸟就帮鼠小弟拿到了苹果，那么也就没有这个故事了。但是也恰恰在这样的过程中，鼠小弟面对问题，他经历一个不断想办法解决，不放弃的过程，这就是成长啊。可是，一年级的孩子是不能告诉他们这些的，也不能说这些动物不去帮助鼠小弟，因此，我就在情境中强化了两点：第一，鼠小弟实在是太小太矮了，所以他发出的声音没有被大家听到；第二，这些动物呢，他们的目光只盯在了苹果上，所以没有及时看到鼠小弟，这对培养一年级孩子“亲社会”的感情是非常重要的。）

这样，在课堂上就高潮迭起，在我和同学们的共同演绎中，这个简单的故事被极大地丰满了：一个又一个有本领的人来了，拿走了苹果，鼠小弟一开始采用的是求助的办法，但是他太小了，大家又都只关注树上的苹果了，所以都没有听到。鼠小弟就自己动脑筋想办法，他模仿着一个又一个动物的本领，去尝试（这里学生的表演是非常必要的，比如把自己的脖子伸得长长的，使劲揪自己的鼻子等），这样和画面上幽默的表达效果相得益彰，对于鼠小弟一直坚持不懈去努力实现自己的愿望，就有了更深入的理解。但是在这个过程中，学生的发言是适可而止的，整个故事是在非常完整流畅地状态下完成的，老师的讲述和学生的表演被有机结合在一起了。

然后峰回路转，在重要人物海狮出现的情节中，我的教学策略也作了很大改变。

与前面不同，这时先出现了海狮和鼠小弟的画面，然后让学生观察，我问："你们发现了吗？海狮出来和其他动物出来有什么不一样？"

学生马上说出："海狮在跟鼠小弟说话。"

这样就很自然地进入了角色，我扮演海狮，问孩子们："鼠小弟，你在树底下干什么呢？"

"我想吃树上的苹果。"

我往树上看了看，说："哦，树这么高，你都想了什么办法摘苹果啊？"

学生七嘴八舌地把刚才模仿小鸟、猴子、大象等动物的情况又回顾了一遍。

这时，我又开始讲故事了，屏幕上同时出现相应的文字。

"说完后，鼠小弟问海狮：你会飞吗？你会爬树吗？你有长长的鼻子吗？你有长长的脖子吗？你跳得高吗？你的力气大吗？"这时我和学生的角色发生了变化，我成了鼠小弟，下面的学生变成了海狮，他们一边听着问题，一边不停地摇头。

"哎呀，你什么都不会，和我一样，怎么能把苹果拿下来呢？"我故意装作泄气的样子说。

"没关系，我一定有办法的！"男孩子脱口而出，呵呵，这些未来的男性公民们，这时候就已经开始积攒自己的力量了。

“什么办法呢?”我继续问。

“我们找根长棍子，把苹果打下来。”一个学生说。

“不行不行，我刚才都找过了，梯子、棍子都没有。”我又把问题抛回去，让他思考。

“那我们去把大象、小鸟他们叫回来，让他们帮我们吧。”一个学生又说。

“不行不行，他们都回去了，家离这里很远的。”我继续抛回去。

“那我们找蚂蚁吧，让蚂蚁爬上去，把苹果咬下来……”

“我们开飞机吧……”

呵呵，这会儿孩子的思路开始天马行空了。我赶紧收：“同学们，你们怎么忘了，海狮也有一样特殊的本领呢!”

大家的思路马上又集中过来，海狮有什么本领呢?不过看得出来，这些农村的孩子了解的真是不多，我正在想我要不要说出来的时候，突然陈浩叫了起来：“对了，海狮会顶球，把球顶得高高的，这样，就可以把苹果打下来了。”

“是啊是啊!”其他学生眼睛也亮了。

“可是，你们看，海狮今天出来没有带球啊，那怎么办呢?”我把“球”又抛回去了。

“用石头!”马上就有同学出主意。

“不行，石头砸下来要打破头的。”他的意见更快地遭到了反对。

“那怎么办呢？”学生又都陷入了思考当中。连窗外听故事的小朋友也在紧张地思考。

“对了，可以把鼠小弟当球！”一个激动的声音响起来了。

真是太棒了，我说：“你怎么跟鼠小弟想到一起去了呢！鼠小弟刚才用力想啊想啊，也想出这个办法来了，他对海狮说，虽然我们俩不像小鸟那样会飞，不像猴子那样能爬，不像大象那样有长长的鼻子，不像长颈鹿那样有长长的脖子……可是我又轻又小，你会顶球，你可以把我顶上去啊！”

“耶！”，在学生的欢呼声中，他们看到了最后鼠小弟的成功——他坐在高高的苹果树上，正在把苹果摘下来抛给海狮。而这群可爱的孩子们，也品尝到了“智慧果”的味道。

但是，我们的话题还没有结束，我问孩子们：“故事里有这么多动物，你想做哪一个呢？”

“鼠小弟，因为他爱动脑筋。”

“鼠小弟。因为他想出办法来了。”

“海狮，因为他爱帮助人。”

“大象，因为他很有力气。”

“小鸟，因为他会飞。”

……

学生七嘴八舌地说着。

我说：“大家的想法都很好，如果我们像小鸟、大象、长颈鹿一样有本领的时候，请不要忘了往下看看，或许就有一只小小的鼠小弟在等着你帮助呢！如果我们像鼠小弟一样，又矮又小，暂时还没有更多的本领，那么不要放弃，努力去学习，那么，就一定会遇到海狮这样的好朋友，大家互相合作，共同实现美好的愿望。”

课结束了，学生写绘本上要完成的是自己编写的鼠小弟的故事，我不知道他们会画出怎样的故事，但是我知道，“海狮和鼠小弟”的形象将会在这个学期中反反复复出现在我们班，出现在同学们的生活中。

课堂小技巧

当故事第一次进入完整的小单元：来了一只小鸟，拿了一个苹果

（飞走了），鼠小弟拼命地挥动着双臂，说：要是我也有翅膀……

在这里，有两个东西是教师必须强调的：一是观察画面，尤其是鼠小弟后面的动作神态；二是统一的语言格式（作为第一次出现）。

接着，出现第二次（猴子）、第三次（大象）、第四次（长颈鹿）、第五次（袋鼠）、第六次（犀牛）……这些情节是第一单元的创造性复演，语言格式与画面格式一模一样，因此教师正可以利用此来训练学生的观察和表达，以及进行语言游戏。甚至教师可以先说出动物名，让学生猜猜它会怎么办（有什么本事）。

在最后，出现了一个变式——没有能力单独获得苹果的海狮，这个变式推进成为故事的高潮。

在这里，教师要把握两点：一是海狮也没本事单独取得苹果；二是它们合作取得苹果，并分享苹果。

在主题上，教师不宜过于批评前面的动物，或者可以这样说，你若有本事，也许可以单枪匹马取得胜利，获得成果，但是，无论如何，只要合作，就一定会取得胜利，而你单独一个人，无论本事多大，总会遇到你不能解决的难题。

合作并且分享，便是这个绘本的魂。

节奏与变式，便是这个绘本的巧妙的结构。

绘本教学案例1：（史桂华老师低段绘本课《亲爱的小鱼》记录）

亲爱的小鱼，我好爱你

《亲爱的小鱼》是一个非常有趣、温馨的故事。借一只猫的自我独白，表达着爱与理解的深刻内涵，值得读者细细揣摩。

这个故事出场人物单纯，情节更是简洁，整个文本故事只有273个字，更丰富的故事细节，是通过画面表达出来的，因此这是一个特别典型的低幼绘本故事。而如何把这个故事讲好，则成为对老师的重大挑战。

途径仍然是：角色＋游戏＋节奏。

史老师的故事是从扉页开始的。这也是精心设计了的。因为这本书的封面和环衬都是选取了书中最温情的两幅画面做的，封面是最后一张，小猫正在深情地吻着那已经在海里长得大大的“小鱼”，而环衬则用了一个合页的整幅，描绘着小猫手拿帽子坐在海边的石头上苦苦等待小鱼回来的动人场景。这两页是故事的高潮，后面还要再次出现，因此，就从扉页上的画面开始吧——

扉页上画着一个圆圆的玻璃缸，一条小鱼在缸里游动，一只小猫蹲伏在缸边。

史老师请孩子们观察画面："小猫想干什么呢?"

"想吃小鱼!"

"啊! 不不，不是想吃小鱼!"

是啊，你看，小猫的"手"乖乖地垂伏在身前，只一张含笑的脸，温柔无比地看着鱼缸里的小鱼，而小鱼，则在缸里面对面冲着小猫，嘴巴笑成了弯弯的一道，看上去这样亲密，怎么会是"吃"与"被吃"的关系呢?

是啊，他们这样亲密，又会怎样彼此称呼呢? 这时，故事的题目"亲爱的小鱼"就自然而然出来了，而快乐的游戏也就随之开始了。

史老师（对学生）：亲爱的小鱼。

学生（对史老师）：亲爱的猫咪。

翻页，伴着猫咪正把一条面包大块大块地喂给小鱼的画面，是这样的两行深情的文字：

亲爱的小鱼，我好爱你。

我喂你面包，你要快快长大。

这还不够呢，猫咪还要给小鱼精神上的关心与呵护：

每一天我都会亲亲你，

我答应你，永远不会忘记。

优秀的绘本就是这样，只两个画面，几十个字，却把爱的本质表现了出来。而画面上的猫咪，趴在缸边和小鱼亲吻，那温柔的样子，也变成了史老师和孩子们的快乐游戏，被深深植入孩子们的心田。

"嗯——叭! 亲爱的小鱼，每一天，我都会亲亲你。"史老师努起嘴巴，亲吻孩子们。

"嗯——叭! 亲爱的猫咪，每一天，我都会亲亲你。"孩子们努起嘴巴，亲吻史老师。

"嗯——叭!"

“嗯——叭！”

这应该在每一个童年都响起的声音，也深深打动着在场的老师们。他们不知道呢，史老师的孩子已经上大学二年级了，可是在她接触读写绘以后，就被这些绘本深深地迷住了。“我的孩子错过了绘本，多遗憾啊！我教的孩子可不能再错过了！绘本多好玩啊！”她总是对我这么说。

故事继续发展，小鱼已经长大得把鱼缸塞得满满的啦！小猫蹲在一边，正在思忖：

亲爱的小鱼，你越长越大，

总有一天，再也住不下小鱼缸，

怎么办呢？史老师把这个问题抛给了学生。

真是要向孩子们学习呢！对于“爱”的理解，他们的直觉反应真是好啊：爱他，就要给他更适合的空间。

“把小鱼放到河里。”

“把小鱼放到大海里去。”

画面翻页，小猫在海边，把长得很大的小鱼从鱼缸倒入大海，小鱼跃入水中，激起兴奋的浪花。啊，海，可真大！

接着一页的画面非常传神，小鱼无比快乐、兴奋，高高跃出水面，一个多么广大的神奇的未知的世界在深深吸引着他，所以虽然对猫咪留恋，但小鱼还是勇往直前，向着遥远的远方游去了。而岸边，戴着帽子的小猫，还有那已经显得很小很小的鱼缸，却在旧日时光的温馨中给读者留下了淡淡的伤感。但伤感却不是伤心，所以猫咪说：

尽管你是那么开心地离开，

亲爱的小鱼，我会想你的。

接着就是每一个读者，不管是成年人还是小孩子，都会被深深触动的画面：

早晨，朝阳刚跃出海平面，海上，云霞一片灿烂，遥远小岛上椰子树的影子清晰起来，猫咪坐在那块石头上，陪伴他的是膝上那顶帽子，他望着小鱼游走的方向，望啊望啊……

夜晚，蓝蓝的大海和蓝蓝的天空，在遥远的地方相接，皎洁的明月下面，猫咪仍坐在那块石头上，姿势与白天一模一样，他望着小鱼游走的方向，望啊望啊……

我会在白天一直等你，

看你会不会游回来。

我也会在夜里继续等待，

希望早点看见你回来。

对于孩子来说，什么是“爱”，什么是“思念”，就在这样的画面中，他们看到了。这就是图画书为什么成为童年幸福的种子的原因啊！这是用颜色画出来的童话和故事，知识、品质、美好的事物、诗的味道，一直到深深浅浅的生活哲学、生命哲学，就都这样被孩子们看到了。不但看到，而且是在愉快的心情下看到，变成了愉快的吸收，变成了身体的一部分。所以，真正聪明的老师、家长，就会去找这样的图画，找这样的故事，去讲给孩子们听。

史老师就是这样聪明的老师啊。你看，孩子们的眼睛一眨不眨地盯着老师的嘴巴呢！

哦！我会扔出唯一的帽子，

看你会不会把它带回来。

看到你带着它回来，

我会是多么的开心。

画面上的小鱼，它长得那么那么大，看来在广大的海洋世界，他自己生活得很好呢！回来后的小鱼强壮有力了，他让猫咪跳上他的背。

你的背是我最喜欢的小船，

我们可以一起去远航。

穿过小河，越过大海，

来到有棕榈树的小岛。

我们可以一起玩耍，

天天玩儿“接帽子”游戏。

随着故事的讲述，这一段也变成了课堂上最高潮的部分：史老师和孩子们玩着抛球游戏；史老师和孩子们比赛游泳；孩子们想出了种种快活的游戏，他们和史老师一起开心地玩啊玩啊……

而这样的课堂，同样让在场近两百位老师感受到绘本给孩子带来的快乐，感受到低段教学中绘本课的重要，感受到教育原来可以这样的快乐无痕。

最后，最后，在那蓝汪汪的温情满得几乎要溢出纸页的画面上，小猫和小鱼定格在那最甜蜜温馨的一刻：

我知道你也爱我，

我让你自由，你却回来了。

那么，我们再来一遍吧。孩子们欢呼。

这一遍，又与第一遍不同了，对于故事的熟悉，使孩子们更自觉地加入进来。他们，就是小鱼，而史老师，就是那猫咪。师生共同把“爱”、“理解”、“自由”演绎。

而故事的内容，从小猫的独白，也变成了“小猫”和“小鱼”的亲密对话，随着美妙的画面，再一次让真实生动的形象，游入孩子的心里。

史老师：亲爱的小鱼，我好爱你。
　　　　我喂你面包，你要快快长大。

孩子们：亲爱的猫咪，你好爱我。
　　　　你喂我面包，我要快快长大。

史老师：每一天我都会亲亲你，
　　　　我答应你，永远不会忘记。

孩子们：每一天你都会亲亲我，
　　　　你答应我，永远不会忘记。

史老师：亲爱的小鱼，你越长越大，
　　　　总有一天，再也住不下小鱼缸。

孩子们：亲爱的猫咪，我越长越大，
　　　　总有一天，再也住不下小鱼缸。

史老师：我会带你到海边，
　　　　让你自由。

孩子们：你会带我到海边，
　　　　让我自由。

史老师：尽管你是那么开心地离开，
　　　　亲爱的小鱼，我会想你的。
　　　　我会在白天一直等你，

看你会不会游回来。
我也会在夜里继续等待，
希望早点看见你回来。
哦！我会扔出唯一的帽子，
看你会不会把它带回来。

史老师：看到你带着它回来，
我会是多么的开心。

孩子们：看到我带着它回来，
你会是多么的开心。

史老师：你的背是我最喜欢的小船，
我们可以一起去远航。

孩子们：我的背是你最喜欢的小船，
我们可以一起去远航。

师生齐：穿过小河，越过大海，
来到有棕榈树的小岛。
我们可以一起玩耍，
天天玩儿“接帽子”游戏。

史老师：我知道你也爱我，
我让你自由，你却回来了。

孩子们：你知道我也爱你，
你让我自由，我却一定要回来。

作业

最后，史老师布置了这样的写绘作业：

1. 小鱼和小猫之间还会做些什么呢？请想一想，再画一画，然后讲给爸爸妈妈听，请他们帮你写下来。

2. 听了这个故事，你会编一个什么样的好听的故事？赶快画一画，再讲给大家听吧！

而借着这堂绘本课，我们也可以品味一下爱的艺术。

当孩子幼小的时候，我们付出爱是最重要的。不但从物质上，也要从精神上，要让他感受到爱、安全、温暖。我们的期盼与我们的爱相生相伴，而当孩子渐渐长大，我们要学会渐渐放手，让他去独立勇敢探索这个神奇的世界，在这段日子，等待是重要的。我们为孩子的成长作了最精心的准备，剩下的，就是将他交付给岁月与大地，相信孩子会成为自己故事的主角，在未来写下一个精彩的故事。

绘本教学案例2：（马玲老师绘本课《奥莉薇》记录节选）

《奥莉薇》：童年的天真与生机勃勃

一首欢快的儿童歌曲《小星星》响起来了，马玲老师马上让学生一边拍手一边跟着唱起来。

“你们特别喜欢这首歌，对不对？”歌声过后，马老师问大家。

“对！”孩子们天真地回答。

“有一个小朋友啊，也特别特别喜欢这首歌。想不想认识她啊？”“想！”一年级的孩子，同伴在他们的心目中越来越重要。

“她呀，每天早上都要听着这支歌起床呢！今天早上，为了见你们，她做了很多很多的准备呢！你看，她起床了。”马老师一边讲述，一边在大屏幕上打出一张图片，画面上是一件颜色特别鲜艳的红上衣，同时学着小姑娘的声音叫着：“妈妈，我要穿那件衣服。”稍停几秒后又叫起来：“哎呀，这件衣服不行。我要再换一件，我要穿我喜欢的那条红裤子。”与此同时，另一张绘有鲜艳红裤的图片出现在第一张图片旁边。这两张图片和老师讲述的情节一下子吸引了全班同学，他们全都看向大屏幕，开始猜想这是一个怎样的小朋友。此时，老师的讲述继续进行着：“哎呀，这条裤子也不好看，怎么能见一（4）班的小朋友呢？我要再换一件。”又一张图片出现在前两张图片旁边，原来是一条同样鲜红的吊带裙，学生一下子都笑了。

“嗯……不行不行，妈妈，这条裙子还是不太好看，我要再换一件，换什么呢？”这一次出现的是一条鲜红的小内裤，只听到那个“小姑娘”赶紧说：“哎呀，这个怎么能让你们看到呢？”随即屏幕上又出现了一张图片，是一副有着鲜红镜框的太阳镜，那个“小姑娘”介绍说：“我见你们，还是戴上我的小眼镜儿吧，这可是我最喜欢的了。可是衣服到底穿什么呢？穿这件吧，也不行。”又一件小背心被她抛在了一边。

（注：这里，老师的故事是从环衬开始的，她把环衬中的图片用幻

灯的裁剪功能分别一一裁开，加上语言的描述，就使画面上处于一个时空静态的画面，变成一段时间内的连续动作，一张张图片被抛出来，真的像从衣柜里拉出一件件衣服试穿不满意又扔到一边的效果。有的老师曾说，《奥莉薇》这样的故事看书很好玩，可是不知道该如何讲，其实方法仍然一样，看书中用图画和文字给我们讲了一个什么故事，把这个故事呈现出来。)

“啊，终于，终于挑了一件我最喜欢的衣服。”屏幕上也相应出现了一张图片，一个小孩儿正努力地把两只手从一件红色的套头衫里钻出来，“这就是马老师今天给大家带来的小朋友。想不想知道她叫什么名字？”

“想。”

“她叫——奥莉薇。”这时屏幕上的图片已经播放到下一张，图画的效果达到了，刚才为衣服费了半天劲的这个小姑娘原来是个猪小妹啊，瞧她一副神气活现的表情，孩子们都笑了。

这时候，老师跟学生做一个对话游戏。

“我叫奥莉薇，很高兴认识你。”

“我叫杨子翔，很高兴认识你。”

“我叫奥莉薇，很高兴认识你。”

“我叫何雨晴，很高兴认识你。”

在这样简短的对话中，学生的社会交往能力会得到潜在培养。而从这个时候开始，老师讲述故事的角色也就悄悄发生着变化，有时候她是故事的讲述者，有时候则直接就是“奥莉薇”，课堂，就好像是一群同龄的小孩子之间的有趣对话。

“奥莉薇啊，最喜欢唱歌了。我们班小朋友，最喜欢唱歌的，有没有？”

“有！”小朋友纷纷把小手举得高高的。

“哇，这么多。奥莉薇说：‘我会好多好多的歌呢！你看，我能唱 40 首歌。’”屏幕上同时显示出猪小妹奥莉薇耳朵上挂着随身听，一副深深陶醉的模样。“‘一闪一闪亮晶晶’——你会唱什么？”

很多小朋友把手举起来，老师请第二排的一个小男生先说，他站起来，出口不凡：“我会唱《感恩的心》，我来自偶然，像一粒尘土……”

“哇，你会唱流行歌曲，流行歌曲，我也会，‘每一次都在，徘徊孤单中坚强……”老师此时好像就是“奥莉薇”。

很多同学马上又举起了手，一个女生唱起了《甜蜜蜜》：“甜蜜蜜，你笑得甜蜜蜜，就像花儿开在春风里……”

老师又有目的地找了几个不同气质性格的学生，给他们以表达自己的机会。最后，把骄傲的花环戴在了一个学习缺乏信心的女生身上，老师说：“啊，她太了不起了，她会唱的这首歌，我不会唱了。不跟你们比唱歌了，我还会好多好多的东西呐！”随着一张新的图片的出示，故事又往下进行了。

“你们看，我会什么？”画面上，奥莉薇正拿着榔头，往一块小木板上钉钉子。老师和学生的游戏继续：

“我会钉钉子，爸爸在做东西，我也拿着榔头，钉啊钉啊，你们钉过没有？”

“钉过。”

“那我们一起来钉好不好？”

“啊，钉着我的手了，我不钉钉子了，我还会玩什么？”屏幕上又投影出一张新的图片，学生马上叫起来：“悠悠球！”

“你们会不会玩悠悠球？”

“会！”

“你们是怎么玩的？”

不管男孩女孩，大家都伸出小手，仿佛手里真有一个悠悠球，嘴巴里还“嘶嘶”地配着音。教室里充满了快活的空气。

（注：《奥莉薇》本身并没有一个连贯的故事情节，是用散点式的方式，展现小孩子生气勃勃的生活，画家用“钉钉子”、“踢球”、“玩悠悠球”、“跳舞”、“跳高”等十几张小图，合在一张跨页上，来表现猪小妹奥莉薇的游戏活动。因此，与前面一样，老师用幻灯片的方式将其裁剪为一个一个单独的画面，就每个场景和学生展开对话和游戏，孩子们也同样享受着自己的天真与快乐。）

“我会把球踢到天上然后再踢下来。”你想不到吧，说这句的是一个小女孩。

“我会把球踢到宇宙里，再把它踢下来。”还是一个小女孩。

“哇！”老师配合做出更加吃惊的表情，“杨利伟到月球上原来是为你捡皮球的啊。”

“我会把皮球先转一转，然后再踢。”一个小女孩连说带比画。

“我会踢到太空，把地球踢穿。”有这么大攻击力的肯定是一个男生了，他的话引发了一阵笑声。

“这样的事情还是不要发生吧。”老师幽默地说。

（注：学龄前及一年级儿童，还处于自我中心占主要意识的阶段，他们喜欢幻想，渴望力量，道德认知和情感发展都还处于相对较低的阶段，所以在跟学生对话的时候，不要以成人的认知和道德标准来评价他们，说“那怎么可能啊”或者“你这样做不对”之类的话，这样会因为成人的权威给儿童的心理带来压力，压抑想象力和创造力的发展。）

“我会踢得很远。”一个有些内向的小男孩也忍不住说话了，“还能倒着踢。”

“怎么个倒着踢啊？”老师特别问他。

小男孩走下座位，在行道里做出动作，头朝下来了个倒挂金钩，他是那么用力，脚向后踢出去后一下子坐在了地上。孩子们都乐得笑起来，他坐在地上也开怀不已。

很多孩子争着举手仍然要说。

“我们不再比了……我还会呢！”

……

“我有一个弟弟，他的名字叫做小恩。他最喜欢学我了。学我干什么呢？”老师让学生看图说。画面上，奥莉薇头顶一个大大的鲜红的蝴蝶结，脚踩一双同样鲜红的高跟鞋，嘴巴也抹得鲜红鲜红的，正对着镜子欣赏呢！小恩站在她后面，小猪嘴同样也抹得一团鲜红。

“臭美。”一个小男孩先叫起来。

老师接着讲述奥莉薇和小恩之间的故事。聪明的孩子们，已经跟着画面的提示和老师共同来描述了。

“小恩真是讨厌，我走到这里，他就——”“——跟到这里。”

“我走到那里，他又——”“——跟到那里。”

“我写字，他就——”“——他也写字。”

“像一个什么啊？”

“——跟屁虫。”

“那么，怎么办？”有节奏的语言被打断，学生的注意力被集中了，老师继续讲到：“我想了一个好办法，因为小恩一天到晚跟着我团团转，所以有时候我不得不对他‘严厉’点儿。”同时屏幕上出现了奥莉薇是怎样对小恩“严厉点儿”的画面，奥莉薇头上套了一个纸盒子，纸盒上画了一个张大嘴巴露着尖尖牙齿的怪物，小恩吓得扭头就跑。

学生都笑了。

“你有小弟弟小妹妹没有？你这样对待过他没有？我是这样对待小恩的，不过后来，妈妈把我训了一顿。”老师的教育就隐藏在故事里了。

孩子们津津有味地看着图片，继续听奥莉薇和家人的故事。

“我和我爸爸，我亲爱的Dad，和我妈妈，我亲爱的Mum，还有我的小弟弟小恩，还有我们家的老狗，它的名字叫米花，住在一起。我们家还养了一只小猫，这只小猫的名字叫——”

“可乐！”学生已经叫了起来。

……

如此继续，随着幽默的图片的变化，孩子们的笑声在教室里一波又一波地漾起。

（注：同刚才奥莉薇的游戏跨页一样，这里也用了一个跨页，用十几张独立的小图片组合起来，展现“奥莉薇”的性别特点，老师用让同学来帮助参谋的办法，时间很快就过去了。）

……

就这样，孩子们和老师一起，漫游在奥莉薇的世界，也漫游在他们自己的世界，他们像奥莉薇一样，不爱睡午觉，把门关得紧紧的在床上跳芭蕾舞；他们跟着奥莉薇一起，在雨天去美术馆，谈论自己的愿望，并且评价那张“乱七八糟”的所谓名画；他们和奥莉薇一起，忙碌了一天却还不想睡觉，跟妈妈讨价还价，一直要听到三个故事后才肯把眼睛闭上……甚至就连睡梦中，他们也像奥莉薇一样，忙碌不停。

“我梦见我成了公主。”这是最后排那个甜美的小姑娘。

“我成了超级无敌大力手！”第一排那个小小的男生攥紧拳头。

“我有一次梦见自己在河边玩，有一个怪物在水里，把我扔到水里面了。”

孩子们描述着自己的梦，这是孩子们内心世界的回声，从你对他们的了解和他们这时候的表情中你可以看出，谁是在故意地扮演着“吓人”游戏，而谁又真正还被“噩梦”所困扰着。所以，这个时候，要让孩子充分感受到安全和爱。

“我们每天都做着各种各样的梦，但是有了妈妈的晚安亲亲，有了段老师的很多好听的故事［段老师是一（4）班的班主任，这会儿正坐在后面听课呢。孩子们高兴地转过身去，冲她招着手］，你的每一天，你的每一个晚上，都有了甜甜的梦。而即使你有了危险，也会马上有人把你救出来的。”

看着画面，孩子们和奥莉薇一样打起了小呼噜，“睡得真香啊！”这会儿安静极了。

一会儿，《小星星》的歌声又响起来了，欢快的旋律一下子又让安静的教室复苏了。可爱的孩子们，这会儿已经自己一边唱一边跳了，他们就是奥莉薇。

故事也在重新回到开头的情节中结束了：

“我穿——我换——我穿——我换——”

“新的一天又开始了。”这时候，学生惊喜地叫出声来，原来不仅奥莉薇在画面上起床了，他们自己，也真真切切地和奥莉薇在画面上了，那是把孩子们在学校里听课、游戏的照片也制作进课件里。

写绘作业就这样自然地布置了：“今天啊，奥莉薇给你们讲了她的故事，可是她也很想听到你的故事呢？怎么办？”

“——画出来！”

三　童话故事

现代社会，童话的处境却非常尴尬。一方面是孩子们饥渴的需求，另一方面却是有能力讲述它的成人表现出的极度轻蔑与不屑：童话都是骗人的。童话让孩子们不能面对这个真实世界。

还是让我们走入童话，走入童话的象征王国，走入孩子的内心世界，去看一看真相！

《三只小猪》：享乐原则和现实原则

《三只小猪》称得上是孩子们最喜欢的传统童话故事了。他们听着大灰狼对小猪一遍遍威逼恫吓而不得，继而忙忙碌碌来回奔走的情节，乐不可支。而大人们也对这个故事颇感欣慰，因为它是那么生动地教育了孩子：千万不能偷懒，不能干什么都拖拖拉拉、慢吞吞的，因为那样的话，我们就可能遭受灭顶之灾。

但同时，又有一个深深的困惑困扰着那些爱给孩子们讲故事的大人："三只小猪"故事的版本太多了，情节和结尾有很大差别，就拿结尾来说吧，有的说狼被烫伤逃跑了，有的说狼死了，还有的说狼和小猪和好了，那么，选择哪个版本给孩子讲呢?

我们知道，传统童话和民间故事是没有固定的作者的，我们已经无法得知最初这个故事是谁、为了什么而创造出来的。可是我们却知道孩子们喜欢它，所以口口相传，代代相传，而在这千百年的传承当中，它不知不觉经历了无数人无数次的修改，直到最后凝成文字定格在书页中时，它已经成为人类关于生命存在智慧的积淀。这和现代的童话故事有根本不同。现代童话故事表达的只是那个作者的意图（他意识到的和潜意识显露出的），也没有经过岁月的检验，所以它表达的内容和空间往往相对要窄狭许多。而这些深邃的人类智慧，孩子们却能凭着生命本真理解并接纳，这就是儿童，尤其是年幼的儿童为什么更多着迷于"小红帽""白雪公主""灰姑娘"等传统童话。但可惜的是，在某种程度上，大人们已经丧失了这种生命的本真，因此对童话产生种种误解，轻视它，篡改它，或者怀疑它，遗弃它。

现在，就让我们以《三只小猪》为例，来解析一下童话中的人类秘密，这样，再面对同一个故事的各种版本，你就会拥有更好的选择与行动。

我们已经知道，童话中的所有形象都是象征。现在我们从精神分析和人类学的角度再看一下这个故事，将会对这个故事有更深的理解。

我们先来说说故事中出现的"房屋"，故事的主体情节就是三只小猪要建造可供“独立生活”的房子。很明显，它们建造出的房子显示出了他们的成熟度，所以前两只小猪的草房和木屋顶不住大灰狼的狂吹，而只有第三只小猪的砖房，又牢固又安全，能够满足生命的基本需要。其实，这三种房屋象征着人类在历史上的进步：从单坡屋顶的棚屋到木屋，最后到坚固牢实的砖房。而作为建造者的三只小猪，也体现出人类智慧的进步。因此，在这个故事中，三只小猪其实分别代表着人类认识发展的不同阶段。故事中的一个细节早已经暗示了我们，就是这三只猪以完全一样的话回答恶狼：“不行，不行，连一根下巴——毛都不行。”孩子们开心地听着，自居作用让他们一次次去认同故事中的主人公，知道了它哪里不行，应该怎样进步才能取得最后的成功。而最后那只心智发育最为成熟的猪取得的胜利，则让孩子们在愉悦、满足的体验中，获得暗示并充满希望：只要你发展了你的心智能力，你就能够战胜比你强大的对手。这样，前两只小猪的消失就不是悲剧性的，而是被更高级的存在方式所代替了。

这一点我们从三只小猪建筑房屋的过程中就能更加清晰地看出来。

最小的猪用草料来建房子，第二只猪用树枝建房子，第三只猪用砖头盖房子。虽然故事告诉我们建筑材料的得来是根据小猪们路上遇到的人定的，但是故事开头很清楚地告诉我们，猪妈妈也说得很明白，“你们要独立生活，等盖好自己的房就搬出去住吧。”而猪妈妈的房子是什么样的，他们肯定是知道的，可是两只小猪仍然以最快、最省力的方式搭起了它们的房子，以便空余的时间玩耍，虽然第二只小猪有进步，可是它们俩都按“享乐原则”生活，寻求当下的及时满足，而不考虑将来的和现实的危险。只有第三只，也就是最大的那只小猪学会了按“现实原则”办事：它能够克制玩耍的愿望，干完才玩；它能预见将来可能发生什么事，并按此行事。在故事中，当狼利用猪贪吃的特点用萝卜、苹果等食物来引诱小猪时，它仍然按照“现实原则”，在天刚亮的时候就起床了，然后赶紧把食物在狼出现以前就弄回家，而不是按照“享乐原则”，马上就在那里大嚼特嚼起来。这样，它就能够在家里舒舒服服地享受美餐而不是那种粗劣的狼吞虎咽，“吃”和“吞食”进食方式的不同也说明了发展的成熟度不同。因此，第三只小猪能战胜比它强大和凶恶的势力，就说明它的心智发展已经到了比较高级的阶段，面对生活中的困境，它能够深谋远虑，制定出缜密的计划，而且还能脚踏实地进行艰苦的劳动，这样，什么样的敌人不能战胜呢？

而从精神分析的角度来说，凶恶的大灰狼是儿童内心“坏”的方面的投射与外化，可能是外在的，也可能是内心无意识深处的毁灭性力量。所以狼的下场将给孩子以更多建设性的暗示。

但是大人们不清楚这一点，或者说他们总想把故事暗含的教谕，像出售水果一样鲜明亮丽地摆出来，于是他们要么直接就告诉，比如分别给予三只猪道德上的命名：第一只猪叫“懒懒”，第二只猪叫“凑合”，第三只猪叫“聪聪”；或者根据时代变迁对道德新的诉求更改故事情节以增加教育意义，比如很多现代的版本改为前两只小猪并没有被大灰狼吃掉，他们在房子被吹倒后逃到第三只猪的砖房，大家共同战胜了大灰狼，以彰显合作的重要。可是这也恰恰从另外的层面反映了道德的丧失：个人承担的责任减少，依赖和推诿增加。不管怎么改动，遗憾的是，原本故事中更加丰富的意义被窄化了。

《汉赛尔与格莱特》：迈出走向世界的第一步

儿童的成长要经历不同的阶段，每个阶段内心都将面临巨大的冲突。童话，以一种最安全温暖的方式，安抚他们内心的忧虑，并通过故事中主人公的历程，为他们提供解决这些忧虑的信心与勇气。

有一对叫“汉赛尔与格莱特”的兄妹，就这样安慰和鼓励着那些正准备向世界迈出第一步的四、五岁的孩子们。

这个故事一开始就向我们展示了汉赛尔与格莱特兄妹俩面前的残酷现实，因为家里一贫如洗，父母无法养活孩子，所以只好把他们遗弃。但是这样做实在不是什么道德高尚的行为，因此都推在了“继母”的角色上。而这个故事中的继母，同《白雪公主》《灰姑娘》中的继母形象相比，要善良得多了，她既没有因为嫉妒女儿的美丽而步步追杀，也没有因为偏向自己的女儿便对灰姑娘凶狠刻薄。从心理分析的角度来说，继母遗弃孩子的行为，其实就是暗示着孩子已经长大了，应该脱离“口腔阶段”对父母的依恋，尤其是对母亲的依恋，开始独立生活了。所以，这个继母其实和三只小猪的妈妈做的是同样的事。

因此在故事中和故事结尾，这个继母也没有那么悲惨的遭遇，而是享受到了孩子们的成长带来的幸福（汉赛尔与格莱特获得了很多珠宝，家里变得富裕起来，吃饭问题自然解决了）。因此在讲这些故事的时候，没有必要添油加醋，极力渲染继母对兄妹俩如何如何不好，那样倒真的会给孩子的心理带来压力与恐惧。

但是此时的汉赛尔和格莱特，却还没有成长得有三只小猪那样成熟。我们知道，三只小猪没说什么就开开心心离开了妈妈，只是后面的发展有所不同罢了。可是汉赛尔和格莱特，这会儿正陷入了巨大的分离焦虑中，所以无法接受他们的求知任务——迈向世界寻求发展。因此，当内心遇到冲突充满焦虑的时候，他们首先想到的就是退回到那个安全的地方——母亲温暖的怀抱中去（家）。在这里，汉赛尔表现得要比妹妹成熟一些，他想出了用小石子作路标的办法，成功地带着妹妹又回到了家。但是因为这个办法的目的只是为了返回那种消极的依赖状态中，所以后面的故事告诉我们：这样长此以往是行不通的，而且还会更加糟糕。

对寄宿生活还不适应的小鑫，每到周一就哇哇大哭不停，因此他对汉赛尔与格莱特被遗弃在森林里的场景，很有共鸣。

时隔不久，同样的事情再次发生了，而这一次，汉赛尔的不成熟就非常清楚地显现出来。既然他生活在一座大森林附近，应该知道鸟儿会吃掉面包屑的。因此，若想顺利回到家中，他应该在进森林的路上注意地形特征，以便找到来时的路，可是，因为汉赛尔这样做的目的只是为了退回到消极的依赖状态，所以他的创造性和准确思考的能力也丧失了。这就是故事给我们的暗示：如果以消极被动的退却和回避去解决生活中的问题，只能得到越来越糟的结果，因为它削弱了人们解决问题的能力。

在他们深陷丛林，生命充满危机的时刻，一只通体雪白，极其美

森林中的“糕饼屋”，不仅吸引着汉赛尔与格莱特兄妹，也深深吸引着一（12）班的孩子们，听完故事后，大部分同学几乎都选择了画下“糕饼屋”。看，周行的糕饼屋多么诱人啊！你尽可以尽情地享受，而不用担心有可怕的女巫。瞧，虽然故事发生在漆黑的夜里，可是周行还是特意在画面右上角，画了一个温暖的太阳呢！

丽的鸟儿出现了，把它们带到了一座香喷喷的糕饼屋面前，房顶是厚厚的蛋糕，窗户却是明亮的糖块。

这个糕饼屋可以称得上是童话故事中最令人难以忘怀的形象之一了。在这里，糕饼屋充分象征了母亲对于处在分离焦虑阶段儿童的巨大诱惑，一个能被吃掉的糕饼屋就是母亲的象征，事实上母亲就是孩子的生活之源，从最初的用乳汁喂养，到后来孩子的衣食玩耍。所以汉赛尔和格莱特无法克制，大口大口啃食起来，感觉“他们来到了天堂福地”。

然而正如故事所述，如果毫无节制，按照享乐原则生活，退回到最初的“天堂”般的状态——在母亲的乳房旁和怀抱中作为一个存在整体时，一切个性和独立性都是不复存在的。这样对一个人的成长将会是非常危险的。所以故事用食人女巫的形象来从另一个方面表现。汉赛尔和格莱特被女巫抓住，汉赛尔要被养肥了吃（这样，他可再也不敢贪吃了）；而格莱特，则被女巫命令干活（这样，原本发育更不成熟的格莱特也有了锻炼自己能力的机会）。但是，正是在这样的过程中，孩子们不但发现了贪欲带来的危机，而且也发现了自己的创造性，所以汉赛尔想出了用吃过的骨头代替手指头的办法，逃过了女巫的检查，原本更弱小的格莱特，却以她的机智与勇敢将女巫骗进火炉烧死了。这样，在与女巫斗争的过程中，孩子们战胜了本我冲动所带来的依赖性，从而能够按照自我的要求行动，他们必须发展自己的创造性，并且确信，能够让自己得到拯救的唯一办法就是自己的机智计划和行动。这样，通向更高发展阶段的道路就在孩子们的脚下展开了。

卢璐的糕饼屋，更像一个可爱的糕饼人，瞧，它正张大嘴巴邀请你进来呢！而且，连屋子里的财宝都画出来了。

而故事的结尾，又更加明确了这一点，在汉赛尔和格莱特带着女巫的珍宝回去时，又是带他们到糕饼屋冒险的那只白鸟为他们引路，很显然，在这里，白鸟代表着一种慈爱的力量。他们在回去的路上遇见一片大水，而在来的时候是没有这片水的，这里有一个细节，就是汉赛尔和格莱特必须分开过，这也代表他们开始培养自己的个性意识，他必须自己独立去行动。因此，格莱特发现了一只白鸭，然后他们分别坐在白鸭的身上过了河。

这样，通过童话形象化的表达，孩子们在女巫家的经历使他们的“口腔阶段”得以升华，他们变得更加成熟了，已经准备依靠自己的智慧和创造精神去解决生活中出现的问题（也有的版本后面继续发展，女巫并没有死去，而是用魔法把格莱特变成了小鹿，汉赛尔照顾她，最后来了国王，解除了魔法，从此幸福地生活在一起。这样完整地表现了兄妹俩未来的人生旅程）。过去他们依赖家庭，是父母的负担，现在他们带回了珍宝，成为家庭的支柱。这些珍宝象征着孩子们刚获得的思想上和行动上的独立性，同他们被遗弃在森林时的消极被动的依赖性正好相反，它是一种新的积极主动的状态。

《牧鹅女》：必须摆脱依赖，走向自主

自主，是一个人在一生中需要习得的。尤其在童年阶段，若没有播下自主的种子，那么长大后这块土地也将是一片荒芜。而童乍获得自主的过程却是非常艰难的，因为儿童的自我中心意识，无法做出更加符合理性的选择。成人试图施加的教育也往往因此受挫，但是在童话里，他们能接受并理解主人公所做的，这样，童话故事中经历挫折

学会自主的主人公便成为他们现实中的榜样。《牧鹅女》就是这样一个关于幼稚的孩子如何获得自主的故事。

很久以前，有一个老王后，她的国王丈夫已经死了许多年，她有一个美丽漂亮的女儿。女儿长大以后，与很远的国家的一个王子订了婚。到了快结婚的日子，老王后把一切都打点好了，让女儿启程去王子所在的国家。王宫里的东西应有尽有，她为女儿收拾了很多值钱的东西，有宝石、金子、银子、装饰品和漂亮的衣物。老王后非常爱她这个孩子，给她安排了一个侍女陪同她一道前往，千叮咛，万嘱托，要侍女把她的女儿送到新郎手中。并为她们配备了两匹马作为旅行的脚力。公主骑的一匹马叫法拉达，这匹马能够和人说话。

到了要出发的时候，老王后到自己的卧室里拿出一把小刀，把自己的头发割了一小绺下来，拿给她的女儿说："好好地保管着，我亲爱的孩子，它可作为你的护身符保佑你一路平安的。"她们伤心地互相道别后，公主把她母亲的头发揣进了怀里，骑上马，踏上了前往新郎王国的旅程。

这个故事一开头，就告诉我们，女儿面临的是独立生活的问题，老王后让女儿赶到远处的王子那里去结婚，也就是说，要让她建立她自己的独立于父母的生活。为此，老王后做了很多精心准备：金银珠宝等各种值钱的东西，一匹会说话的马，还有自己的一绺头发。在有些版本中，母亲送的"护身符"不是"头发"，而是"带有自己三滴鲜血的手绢"，在心理分析中，"三滴血"是获得性成熟的象征。由于公主此行的目的是去结婚，这样她就要从童年阶段走向成年阶段，从少女变为妻子。而成熟的重要标志就是对"性"的把持，因此，"三滴血的手绢"代表着"性阶段"发展的成熟，比"头发"的象征发展阶段要更高一些，可是故事中的公主却在需要成熟的时候仍然在幼稚的不成熟阶段驻足不前。因此，无论是"头发"也好，还是"三滴血的手绢"也好，它们的价值是一样的。老王后也已经说得很清楚了，是"护身符"，所以一定要"好好保管"，万万不能有所闪失的。可是由于公主的心智发展还不成熟，所以，出发后，她脱离了母亲的保护，就开始遭遇生活的挫折了。

一天，她们骑着马沿着一条小溪边赶路，公主觉得渴了，就对她的侍女说："请到那条小溪边，用我的金杯给我舀点水来，我想喝水了。"侍女说道："我不想下去，要是你渴了，你自己下去趴在水边喝就是了，我不再是你的侍女了。"公主渴得难受，只得下马来到小溪边跪着喝水，因为她不敢拿出自己的金杯来用。她哭泣着说："老天呀！我这是变成什么了？"她怀里的头发回答她说：

"哎呀呀！哎呀呀！

要是你母亲知道了，

她的心会痛苦，会悲哀，会叹惜。"

公主一贯都非常谦卑，逆来顺受，所以她没有斥责侍女的粗暴行为，而是不声不响地又骑上马赶路了。

她们向前走了不少路之后，天气变得热起来了，太阳火辣辣的，热得灼人。公主又感到渴得不行了。好不容易来到一条河边，她忘了侍女对她的粗暴无礼，说道："请下去用我的金杯为我舀点水来喝。"但侍女对她说话的口气比上次更加傲慢无礼："你想喝就去喝吧，我可不是你的侍女。"干渴使公主不得不自己下马来到河边，俯下身去。她面对河水哭叫着说："我怎么会是这个样子呢？"怀里的头发又回答她说：

"哎呀呀！哎呀呀！

要是你母亲知道了，

她的心会痛苦，会悲哀，会叹惜。"

当她探头到河里喝水时，那绺头发从她怀里掉了出来。由于心情紧张害怕，她一点也没有察觉，头发随着河水漂走了。但她那位侍女却看见了，她非常兴奋，因为她知道那是公主的护身符，丢失了护身符，这位可怜的新娘就可以在自己的掌握之中了。所以当新娘喝完水，准备再跨上法拉达时，侍女说："我来骑法拉达，你可以换我的马骑。"公主不得不和她换马骑。过了不久，她又要公主脱下她的公主服装，换上侍女的装束。

果然，公主遗失了作为"护身符"的母亲的头发。在这里，虽然侍女的粗暴让人觉得公主的沦落情有可原，但是公主命运惨遭改变的真正原因在于她自己的软弱，也就是说她不能独立进行判断，做出选择。因为就在侍女第一次试探她的时候，她就应该马上采取斥责的态

可阳的画面，总是充满了丰富的细节。城堡、马头法拉达，都画得细致美妙。

你能猜出画面上哪位才是真正的公主吗？恭喜你，猜对了。左边的那个，头发上有装饰，衣服上有美丽的花纹，而且脚上还穿着高跟鞋呢！这是孩子眼中成年女性的标志物之一。

度的。因为老王后说得很清楚，“‘护身符’能保护她一路平安”，只要她牢牢抓住“护身符”不放，侍女的阴谋是不能得逞的。可是因为她的心智不成熟，所以就把权力交了出去，从而使侍女得寸进尺，而她自己也得到了更加糟糕的结果，失去了“护身符”，从公主沦落为侍女。

经过长途跋涉，她们终于快到这次旅途的目的地了。那个背信弃义的阴险女仆威胁公主说，如果她向任何人提起发生的事，就要将她杀死。可是法拉达把一切都看在眼里，记在了心头。然后女仆骑上法拉达，真正的新娘却骑着女仆的马，沿着大路，一直走进了王宫大院。王子知道她们来了，极为高兴，飞跑出来迎接她们。他把侍女从马上扶下来，以为她就是自己的未婚妻，带着她上楼到了王宫内室，却让真正的公主待在下面的院子里。

但是，老国王从窗户望出去，发现站在下面院子里的公主。她看上去是那么漂亮，气质是那么超凡脱俗，不像是一个侍女。老国王就跑进内室去问新娘：“与你一同来的，站在下面院子里的姑娘是什么人？”侍女新娘说：“她是我带在路上做伴的丫头，请给她一些活干，以免她闲着无聊。”老国王想了一会儿，觉得没有什么适合她干的活，最后说：“有一个少年替我放鹅，就请她去帮助他吧。”这样，她这个真正的新娘就被派去帮助那个少年放鹅了，少年的名字叫柯德金。

讲到这里，孩子们肯定有一个难以理解的地方：在来到王子的王国之后，按说公主应该有机会，也应该把握机会公开这一切，以使自己恢复身份，坏人得到报应。但是她甚至在老国王都注意到他后，仍然保持沉默，因为侍女在入城前逼她许下诺言，不把这一切说出去。而在这里，其实也是对公主内心的一种考验，不管这个诺言是在怎样的情况下做出的，那么，当诺言出口的那一刻，你就要去遵守它，努力实现它，这是人生的基本美德。因为“说话算话”在儿童的世界里，是非常重要的一条原则。想想看，有多少争执是因为家长随便许诺结果却不兑现引发了与孩子强烈的冲突的。所以，虽然在成人的世界中，承诺与遵守要复杂得多，牵涉更高级的道德判断与选择，但是，在孩子的世界里，我们要清晰地告诉他们：许下一个承诺就意味着不折不扣的执行，像故事中的公主那样，而这样的结果是使你拥有了美德，最后将给你带来报答和幸福结局。

因此，公主在这里呈现了她的美德，但同时也为她的依赖付出代价。她被派去和少年一起牧鹅，就代表着她的心智其实还在幼稚的阶段，所以她要继续为此付出代价。

不久，假新娘对王子说：“亲爱的丈夫，请帮我做一件令我称心的事吧。”王子说道：“我很愿意效劳。”“告诉你的屠夫，去把我骑的那匹马的头砍下来。因为它非常难以驾驭，在路上它把我折磨得够苦的了。”但实际上她是因为非常担心法拉达会把她取代公主的真相说出来，所以才要灭口。于是忠诚的法拉达被杀死了。当真公主听到这个消息后，她哭了，乞求那个屠夫把法拉达的头钉在城门那堵又大又黑的城墙上，这样，她每天早晨和晚上赶着鹅群经过城门时仍然可以看到它。屠夫答应了她的请求，砍下马头，将它牢牢地钉在了黑暗的城墙上面。

第二天凌晨，当公主和柯德金从城门出去时，她悲痛地说：

“法拉达，法拉达，
你就挂在这里啊！”

那颗头回答说：

“新娘子，新娘子，你从这儿过去了，
哎呀呀！哎呀呀！
要是你母亲知道了，
她的心会痛苦，会悲哀，会叹惜。”

他们赶着鹅群走出城去。当他们来到牧草地时，她坐在那儿的地埂上，解开她波浪一般卷曲的头发，她的头发像金子一样，在太阳的照射下，闪闪发光。柯德金便跑上前去想拔几根下来，但是她喊道：

这幅画是我最喜欢的一幅。为什么？

因为那个孩子说话的神气。我还不知道他叫什么名字呢！他就那样举着画跑来了，然后说："我也画完了。"当我看着他的画的时候，他又大声补了一句："看，公主的金色的头发！"

他真的是看到了公主的金色的头发的。

"吹吧，风儿，吹过来吧！
吹走柯德金的帽子！
吹吧，风儿，吹走吧！
让他去追赶自己的帽子！
吹过小山，
吹过山谷，
吹过岩石，卷着帽子走吧！
直到我金色的头发，
都梳完盘卷整齐。"

她的话声刚落，真的吹来了一阵风。这风真大，一下子把柯德金的帽子给吹落下来了，又卷着帽子吹过小山，柯德金跟着它追去。等他找着帽子回来时，公主已把头发梳完盘卷整齐，他再也拔不到她的头发了。他非常气恼，绷着脸始终不和她说话。俩人就这样看着鹅群，一直到傍晚天黑才赶着它们回去。

公主为她的依赖付出了无比重大的代价，母亲送给她的最重要的另一个礼物——会说话的马被杀死了。这样，故事就在暗示孩子，在你该独立的阶段，假如还陷入依赖不能自拔的话，那么，你将会付出重大代价，甚至伤害到你身边最亲近的人。

被钉在城墙上面的马头与公主的对话，有两种意思，一是法拉达代表了母亲爱的力量，可是这力量在孩子的成长阶段中是有限的，因为最终孩子获得成长，走向更高的阶段，一定源自他自己内心力量的增长，而这些，永远不能靠依赖获得。所以，法拉达的回答是在表达她母亲无能为力、爱莫能助的悲哀。但另一方面，也是对公主的一种含蓄的指责和劝告：假如你不是表现得那么不成熟，以至于丢了头发，被侍女换了身份，那么法拉达也不会惨遭杀害。因此，不仅为自己，而且也为母亲，公主再也不应该被动地接受所发生的一切了。

所以，这是残酷的现实给公主上的一课：学会自主，学会行使自己的权力。

因此，当少年柯德金也想控制她——故事的细节是想要拔下几根“公主金子般在阳光下闪闪发光的头发”时，请注意“金色的”头发这个细节，这不就是“金杯”情节的再现吗？一向软弱的公主开始采取行动了，她想出了办法让柯德金的欲望没有得逞，至于情节重复发生，则是公主对拥有自主权力的一遍遍练习。能力是需要学习才能获得的，不是吗？

晚上，他们回来之后，柯德金找着老国王说：“我再也不要这个奇怪的姑娘帮我放鹅了。”老国王问：“为什么？”“因为她整天什么事都不做，只是戏弄我。”老国王就要少年把一切经历都告诉他。柯德金说道：“当我们早上赶着鹅群经过黑暗的城门时，她会哭泣着与挂在城墙上的一个马头交谈，说道：

‘法拉达，法拉达，
你挂在这里啊！’

然后马头会说：

‘新娘子，新娘子，你从这儿过去了，
哎呀呀！哎呀呀！
要是你母亲知道了，
她的心会痛苦，会悲哀，会叹惜。’”

柯德金把发生的所有事都告诉了老国王，包括在放鹅的牧草地上，他的帽子如何被吹走，他被迫丢下鹅群追帽子等等。

但老国王要他第二天还是和往常一样和她一起去放鹅。

当早晨来临时，老国王躲在黑暗的城门后面，听到了她怎样对法拉达说话，法拉达如何回答她。接着他又跟踪到田野里，藏在牧草地旁边的树丛中，目睹他们如何放鹅。过了一会儿，她又是怎么打开她那一头在阳光下闪闪发光的头发，然后又听到她说：

“吹吧，风儿，吹过来吧！

吹走柯德金的帽子！

吹吧，风儿，吹走吧！

让他去追赶自己的帽子！

吹过小山，

吹过山谷，

吹过岩石，

卷着帽子走吧！

直到我金色的头发

都梳完盘卷整齐。”

话音刚停，很快吹来了一阵风，卷走了柯德金的帽子，姑娘及时梳理完头发并盘卷整齐。一切的一切，老国王都看在了眼里。看完之后，他悄悄地回王宫去了，他们俩都没有发现老国王。

到了晚上，牧鹅的小姑娘回来了，老国王把她叫到一边，问她为什么这么做。但是，她满眼是泪地说："我不会告诉包括你在内的任何人，否则我就会被杀死的。"虽然老国王不停地追问她，可是她还是遵守诺言没有说，虽然那是被狡猾的侍女强逼的。

老国王没有再追问，可是他却悄悄地躲在一边观察。牧鹅女内心无比悲痛，为她自己的命运，于是便对着壁炉哭诉，把她不幸的命运全说了出来。这样真相就大白了。

老国王命令给她换上王室礼服，梳妆打扮之后，老国王惊奇地盯着她看了好一会儿，此时的她真是太美了。他连忙叫来自己的儿子，告诉他现在的妻子是一个假冒的新娘，她实际上只是一个侍女，而真正的新娘就站在他的旁边。年轻的国王看到真公主如此漂亮，听到她如此谦卑容忍，欢喜异常。什么话也没有说，只是传令举行一个盛大的宴会，邀请所有王公大臣。新郎坐在上首，一边是假公主，一边是真公主。没有人认识真公主，但是在他们的眼中，她是如此秀美华贵，光艳照人，她已完全不像牧鹅的小姑娘了。

牧鹅女在这个时候拒绝听从牧鹅男孩的摆布，而且还拥有了机智应对的能力。或许有的大人认为，这简直小题大做嘛，牧鹅女几乎就没有什么作为啊。可是，千万不要忘了我们是在给孩子讲童话故事啊，以儿童的心理，他们做的任何一件事情都不亚于盘古开天辟地的大工程，所以我们经常看到，在4—6岁阶段的孩子那里，他们会为了一件在大人眼里微不足道的事情而表现出巨大的成就感。所以，把这个代表公主获得成长的关键情节——也是牧鹅女一生的转折点——通过你绘声绘色的描述表现出来吧，不用讲解孩子自然就会理解的，因为那正是他们自己的心理。

而当牧鹅女任人摆布的状况一发生变化，她的命运也就开始发生改变了。牧鹅男孩大为恼怒，正是这种愤怒使他在老国王面前抱怨牧鹅女，因此引出后面的结局。在这里，故事再一次强调了公主遵守承诺的美德，她在老国王面前坚守了自己，并不因为老国王是善意的而有所改变，这样，公主的人格就发展得相当成熟，进入到更高的阶段了。而她把秘密告诉壁炉的细节也并不违背她的美德，因为一来壁炉是一个物体，儿童总是毫无顾忌地把悲哀倾诉给某个玩具的；二来在童话故事中，壁炉总代表着基本的安全感，因为那是房间里最温暖的地方，所以灰姑娘就睡在壁炉旁边。这样，故事最后美满幸福的结局仍然是在强调：只有奋起维护自己的人格尊严和身体的不可侵犯性，你才能获得幸福结局。

当他们吃着喝着时，客人们都非常高兴，老国王把他所听到的一切作为一个故事讲给大伙听了。又问真正的侍女，她认为应该怎样处罚故事中的那位侍女。假新娘说道："最好的处理办法就是把她装进一只里面钉满了尖钉子的木桶里，用两匹白马拉着桶，在大街上拖来拖去，一直到她在痛苦中死去。"老国王说："正是要这样处理你！因为你已经很公正地宣判了对自己罪恶的处理方法，你应该受到这样的惩罚。"

年轻的国王和他真正的未婚妻结婚了，他们一起过上了幸福美满的生活，并共同治理着国家，使人民安居乐业。

最后的结果如同所有童话故事里的那样，坏人终有恶报。这一方面从故事的层面，告诫孩子不要像坏侍女一样去做欺骗的事情，否则是不会有好下场的，要想获得幸福，唯一的办法就是自己去创造、争取，另一方面也慰藉了孩子那种"是非分明，善恶有报"的心理需求。同时从更深的心理层面看，也是象征牧鹅女彻底脱离了童年的依赖性人格，走向了更高的人生阶段。因为侍女形象，其实就是公主内心寻求依赖的外在投射。

看到这两幅画，我眼前马上就出现了那幕有趣的场景：

陈思源画下那匹神奇会说话的马“法拉达”后，怎么看怎么不满意，又拿起橡皮把它擦掉了（痕迹还在，你可以看得出来的），然后就开始拧眉苦思，这马到底该怎么画呀？

过一会儿后，我看他还在为马郁闷，于是便出主意说：“那边周行都画完马了，你去看看！”（周行的就是右边那幅）

他刚凑过去，马上乐呵呵地又回来了，说：“那什么马啊，像猪。”

说完，他拿起画笔，噌噌几下，两匹两条腿的马就出现了。

两条腿的马？你见过吗？反正我是见到了。

呵呵，画面有趣，画面背后的故事更加有趣，这就是我们的生活啊！

《牧鹅女》，这是关于孩子内心如何获得自主力量、人格独立自主的故事。故事着重强调了孩子过久紧紧依赖于父母会产生的危险。最初女主人公从依赖于母亲转向依赖于女仆，别人叫怎么干就怎么干，没有自己的主见；由于不想放弃依赖，所以，牧鹅女没有对形势的变化作出相应的反应。这就是她的祸根所在。总想依赖别人就不能获得更高的人性。而当牧鹅男孩试图控制她的时候，正如侍女曾经做过的那样，牧鹅女这时已经通过惨痛的教训知道了：不能屈从于男孩的欲望，不能被他的愤怒所吓倒。要保持自己的本色，并做出决定。这就是人生旅途上要不断努力获得的：独立和自我实现。这个故事就是通过一个又一个情节，一遍遍地暗示孩子：我们必须战胜危险，经受考验，作出决定。只有这样，无论一时看来会遭遇到多么绝望的命运，但最终都会有幸福的结局。

另外，对于家长来说，这个故事也有重要的教益：即使像王后那样强大的母亲也无法确保孩子走向成熟的发展。要成为自己，儿童必须独立地面对生活的考验。他不能总依赖父母把他从自身弱点造成的后果中拯救出来。你看，母亲给公主的所有金银珠宝对她毫无帮助，这就意味着世俗的物质财富对孩子的内心成长并没有什么帮助。

《三种语言》：父母如何应对孩子走自己的路

这也是一个关于孩子获得自主主题的故事。但是与《牧鹅女》不同，在《牧鹅女》中，母亲表现得非常智慧，主要冲突在牧鹅女要战胜自己强烈的依赖感。而《三种语言》这个故事则强调的是在孩子发展自主的过程中与父母的冲突，因为父母对于孩子发展的不理解。因此，这个故事不但对于儿童理解自己深有好处，对于父母来说，则更像童话中那些神奇的指引之物，指向孩子成长的内心需要。

从前，有位住在瑞士的老伯爵，他只有一个儿子，可这儿子傻傻的，什么也学不会。于是父亲对儿子说："听着，儿子。我已经尽一切努力教你，可你什么都没学会。我替你找了个有名的导师，你上他那儿去，看他能不能教你点什么。"

这个故事开头就有着传统童话故事的一个重要元素，这个儿子"傻傻的"，但是同那些因为是"三兄弟"中最小的一个，所以显得"傻"的故事不同，那些故事里认为第三个孩子"笨"、"傻"，其实是孩子因为自己同兄弟相比显得幼小而没有力量，因而自卑所产生的内心感受。在这个故事中，我们却看得很明白，这个"傻"是父亲对于儿子的评价，因为"我已经尽一切努力教你，可你什么都没学会"。这样，故事一开始就揭示了父亲和儿子的冲突，我们就知道了这个故事的一些基本背景，孩子已经脱离了幼年期，该学习本领独立生活了，但是父亲教的那些生活本领却不为孩子所领会，那么，是不是儿子的学习能力真有障碍呢？我们再往下看——

就这样，年轻人被送到另外一座城市，在那里学了一年。年底他回到家，父亲问他："儿子，你这一年学了点什么？"

"父亲，我学会了狗语。"

"主啊，可怜可怜我们吧！"父亲叫起来，"这就是你所学的？我要把你送到另一个城市去，另找一位导师。"

怎么样？觉得有趣吧！不是儿子的学习能力问题，因为他学会了一样本领——狗语。可是显然这并不是父亲期待的生活本领，于是父子间的冲突不仅没有因为儿子学会了一样本领得到缓解，反而越来越激化了，儿子也因此又一次被迫离家。

于是，年轻人又被送去和另一位导师学了一年。回来时父亲问："我的孩子，今年你学了点什么？"

他回答说："父亲，我能听懂鸟语了。"

父亲大发雷霆："你这蠢货，竟然一无所获地度过宝贵的时光！你回来就不感到难为情吗？我再为你找个导师，如果你这次还是什么都学不会，我就再没你这儿子了！"

读者读到这里可能会忍不住笑了，连小孩子也不例外。儿子的学习能力现在看来，是一点也没问题的，要知道啊，在成年后学习一门外语是多么多么难啊！可是，儿子居然又掌握了一门"外语"。但是同样不幸的是，这不是父亲心目中所期望的，于是，儿子只有再次离家——

年轻人跟着第三位导师又学了一年。等回到家，父亲问他："你学会了什么，儿子？"他回答："亲爱的父亲，今年我能听懂蛙鸣的含义了。"

父亲气得火冒三丈，跳起来对仆人说："这家伙不再是我儿子，我已经把他赶出去了。我命令你们，把他带到森林里去杀了。"

仆人把青年带到森林里，但是不忍心杀他。仆人把儿子放了，然后杀了一头鹿，取了眼睛和舌头拿回去禀报老伯爵。

哈哈，这会儿读到这个故事的人可能要爆笑了，这个儿子，简直是专门跟父亲作对啊！不过在这里，我们还是要善意地提醒读者，尤其是那些做了家长的大人们，没有听过童话或者忘记了童话的大人们，如果你身边恰巧有一个小孩子的话，你把刚读过的这些讲给他听，然后再问问他："你想不想学狗语、鸟语、蛙语啊？"他肯定乐呵呵地连连点头，还跟你说出一大堆的理由来。其实啊，"狗语、鸟语、蛙语"在童话故事里都是象征，有着什么特殊的意义呢？继续听后面的故事，你就知道啦——

青年漫无目的地朝前走，走了很久，终于来到一座城堡。他请求那里的人让他歇一夜。

"可以，"城堡的主人说，"只要你愿意，就去塔楼里住一夜吧。不过我要警告你：那里很危险，有很多野狗在不停地乱吠乱叫，到某个时辰还得给它们一个人吃，它们顷刻就会把人吃光。"原来当时整个地区都被这群野狗闹得不得安宁，可又没有办法。年轻人一点也不害怕地说："就让我去吧，不会有事的。给点吃的让我去喂它们。"既然他自己要去，人们便给了他一些喂狗的东西让他去了。

年轻人走进塔楼，那些狗不叫也不闹，友好地摇着尾巴围着他转，吃着他摆在它们跟前的食物，丝毫没有伤害他。

第二天，他毛发无损地平安走出塔楼来对主人说："那些狗用它们的话告诉我为什么它们会住到这儿来，为什么会为害一方。它们中了魔法，被迫到这儿来守护塔楼底下的一笔财宝，只有等人们取走财宝时它们才能得到安宁。我还从它们的谈话中了解到怎样才能取出这些财宝。"听到的人无不欣喜万分，主人说只要年轻人做好这件事就认他做儿子。于是年轻人又来到塔楼，胸有成竹地取出一个装满了金子的箱子。从此，人们再没听到野狗的嚎叫，也再没见到那些野狗了，这个地方又恢复了原有的宁静。

过了一段时间，年轻人想去罗马。他路过一片沼泽地，听到许多青蛙在"呱呱"地说话。他听后沉思起来，感到有些悲伤。

后来他终于到了罗马，原来教皇刚刚去世了，红衣主教们正在为由谁继任教皇发愁。他们最后决定选一个有神力、能创造奇迹的人继任。这时，这个青年恰好走进教堂，两只白鸽飞到他肩头就不走了。教士们认为那是主的意志，当时就问他是否愿意当教皇。年轻人犹豫着，不知道自己是否配做教皇。鸽子建议他答应下来，于是他同意了。

接着就是涂油、献祭等一系列宗教仪式。他在来罗马的路上就听到青蛙们说自己会当上神圣的教皇，他当时大为震惊，这时正好验证了。轮到他主持做弥撒的时候，他连一个字也不会讲。两只鸽子就一直坐在他肩头，一句句教给他。

这下子你明白了吧，那三门"外语"是多么有用。虽然使用"蛙语"和"鸟语"的情节并没有像使用"狗语"的情节那样令人呼吸紧张，但不要忘了，这个故事表现的主题是父子冲突，而不是这个孩子在寻找自我上的困惑与挫折，另外对于低幼儿童来说，这并不影响他们喜欢听这样的故事。还有一点就是，在童话故事中，这三种动物有着不同的象征意义，下面我们就来解答故事中一个重要的问题：为什么主人公首先要学懂狗的语言，然后是鸟的语言，最后是青蛙的语言。

这三种动物中，狗是离人最近的动物。在狗的身上，乱叫乱咬的本能特征却奇妙地透出两种气息：一种是残暴的毁灭力量，另一种则是忠诚与友谊。因此关键在于你能不能把它驯养。由此再想得更深一些，我们的人生旅途，不是经常要面对这样的时刻吗？当我们无法压抑暴怒的情绪的时候，我们的内心不就是在和这些恶狗遭遇吗？因此了解了狗语，也就是了解了人性，这样我们可以跟它通过对话沟通，驯化它成为朋友。这样，我们与他人，与周围世界的关系也会随之改变。而如果我们回避它们或任由它们发展下去，那么这种凶暴的力量将会把我们引向毁灭。

而青蛙对于有精神分析知识背景的读者来说，显而易见地代表着“性”，关于此，在《青蛙王子》这个故事中有着再清楚不过的暗示。另外，即使没有心理知识的背景，我们也很容易从青蛙的成长蜕变中得到启示，从蝌蚪到青蛙的形态变化，代表着生活从较低阶段走向较高阶段。因此，如果拿“性”来说，就意味着主人公这会儿已经发展到了“性成熟”阶段——也就是人生的高级阶段——拥有了独立生活独立思考判断的能力。所以，故事中另外一个细节在这里就显得意味深长，当主人公听到青蛙说他“以后要成为教皇”的时候，主人公的表现却是“他听后沉思起来，感到有些悲伤”。这恰恰说明他对自己有了更理性的认识，他在思考人生的种种问题，这恰恰是更深沉成熟的人生态度。

而鸟儿的出现则代表着这种深沉成熟的人生思考，将会带来怎样的美好结果：鸟儿可以在天空高高飞翔——高远的目标与理想，让我们的灵魂超越世俗生活而上升飞扬。这样，通过“狗语、鸟语、蛙语”的学习，主人公对自己对生活已经能够完全把握了。所以，理所当然地，最后主人公的结局是获得了最美好的生活形态。

因此，如果用现代的语言来改版，就是这样的一个故事：

有一个孩子，父母希望他好好学习，以考上好的大学，以获得好的工作，以拥有好的生活。可是他却不爱学习什么数理化，只爱唱歌跳舞，为此，他和父母发生了一次又一次的冲突，以至于最后为了他所爱的音乐，离家出走。但是若干年后，他却被称为“天王”，他的影响无人可挡。

恕我在这里不用现实生活中任何一个大家耳熟能详的名字作为我们故事的主人公，但同样的故事，在我们的生活中不断地上演着，不同的就是，有的主人公的父母如故事中的父亲一样糟糕，而有的主人公则因为有理解支持他的父母而无比幸运。

我们所关心的就是这个一直流传至今的故事对于父母和孩子到底有什么启示，对于父母的，我们已经知晓。但是对于那些暗自得意的孩子，我们却仍然要提出警告：故事中的主人公在离家上路之初，就已经对自己的追求有了清醒准确的认识，然后坚持学习，不断倾听自己内心的声音，不断改造外部世界，这和放任自己的欲望是完全不同的。

不过，到这时，就有一个属于青春期应该重读的童话了。

《杰克与豆茎》：一个男孩的成长

童话故事是儿童尤其低幼儿童最有益的精神滋养，它们不但反映了儿童成长要经历的心理困境——必须放弃的童年期依赖，自恋性的失望，同胞兄弟姐妹间的竞争和俄狄浦斯式的两难困境，同时还为儿童提供了堪称最优的解决途径。

《杰克和豆茎》这个很出名的童话故事，就为男孩子们提供了一个如何摆脱童年期依赖，从而拥有力量，获得成长的典型榜样。

从前，有一位穷女人，她有一个儿子，名字叫杰克。杰克没有父亲，被一个妖怪杀了。杰克的母亲养了一头奶牛，他们母子俩就靠卖牛奶来生活。除了卖牛奶得的钱外，他们再没有别的收入了。

有一天，这头奶牛不再产奶了，所以他们就没有牛奶好卖了，他们也就没有钱用来买吃的。这时，母亲说：“我们卖掉什么呢？——是卖掉房子呢，还是卖掉奶牛呢？我们把奶牛卖掉吧，我们用卖牛的钱来买一块地。”她喊来杰克，对他说：“把牛牵去卖了，她是一头很好的奶牛，可别卖得太便宜了。”

于是，杰克牵着牛，沿着小路走了。

故事一开始，就把男孩杰克置于危机之中。温顺的奶牛不再产奶了，母亲让他把奶牛卖掉来买一块地，以使生活继续。那么，看似平常的家庭事件怎么成为“杰克的危机”呢？我们只需注意一下这几样事物的象征意义就明白了。孩子们会毫不困难地感受到“母牛断奶”潜在的意义，因为他们都经历过这个悲剧性的时刻：一直供他们吮吸的源源不断的奶流却突然枯竭了，这种痛苦的感觉是那么强烈，以至于在以后的成长中，凡是和照料他提供他生活来源的人分离，他都有“断奶”的感觉袭来。但这是必要的丧失，否则他将一直处于“婴孩”状态而无法获得成长。因此，母亲打发杰克把奶牛卖掉，买一块地来，便是更明显地暗示我们：杰克应该脱离童年的依赖，步入社会承担自己应尽的责任啦。“买地”意味着“靠土地的收成生活”，在那个年代，不管东方还是西方，这都是成年男人尽责的生活方式。

当他沿小路走着的时候，他看见一个人站在那里等着。杰克走近时，那人说：“这是头好奶牛，是谁的？”

杰克说：“是我母亲的。”

“你牵着牛上哪儿去？”那人问。

“我要去把这头牛卖掉。”杰克说。

那人说：“你能把牛卖给我吗？”

“这头牛你给什么价钱？”杰克问。

“我要给你一些豆子。”那人说。

“我不要豆子，”杰克说，“我要钱。”

“我没有钱，”那人说，“但是我有一些特别好的豆子。它们能长得很高呢。”

杰克从来没有见过像那样的豆子，它们十分美丽，看上去就像金子一样。他说：“就要这些豆子了，我把牛卖给你，给我豆子，牛你牵走。”

于是，那人把豆子给了杰克，把牛牵走了。杰克手里拿着六粒豆子回家了。

可是杰克做好迈向社会的准备了吗？从故事中我们看得很清楚，因为假如是你，你愿意用一头大奶牛来换据说是“特别好的六颗豆子”

吗？即使是一头不再产奶的奶牛？但是杰克就这么做了，为什么，因为他还是小孩子啊，他的价值判定同成人的价值判定是不一样的。但是这样带来的直接后果就是，他要接受惩罚。

杰克的母亲正在园子里干活，她抬起头说："你回来得好快呀，你怎么这么快就回来了？"他们走进屋里。

"我已经把牛卖了。"杰克说。

"你卖了多少钱？"他母亲问。

"没卖钱，"杰克说，"但我换得一些特别好的东西，瞧。"杰克就让他母亲看这些豆子。"这都是什么？"他母亲问。

"豆子。"杰克说。

"什么豆子？"他母亲问。

"这些豆子是我用牛换来的。"杰克说。

"豆子！"她喊着，"豆子！六粒小小的豆子换走我一头好牛！"她很生气。

"我还从来没听说过这种事，"她大声说着，"你用我的好奶牛换了六粒小小的豆子！拿这些小小的豆子我们换不来钱，我们一个钱也没有，我们一点吃的也没有。你很快就会知道你干了什么好事，因为今晚你就根本没吃的了，明天或者后天都没吃的了。"

她把豆子扔到窗外，"对你的这些一钱不值的豆子就只能这样！"她大声说道，"去睡觉，你这个没出息的孩子。"

杰克去睡觉了。他觉得伤心，因为他把母亲惹生气了；他觉得伤心，因为他没有东西吃；他还伤心，因为那头好奶牛没了……他哭了一会儿，但很快睡着了。

第二天，杰克醒来，他说："我一定找到那些金黄色的豆子，我妈妈把它们扔到园子里了。"

他走近窗户往外边园子里看。六粒豆子长成大的豆秧了，豆秧越长越高，顶端已经高高地伸到天上去了，杰克看不到顶。

他说："我要爬到豆秧顶端，我想看看天上有什么东西。"于是，杰克往豆秧上爬，他往上越爬越高，他往下看去，看见树的顶梢和红的房顶，他瞧见他母亲的房子，房子看上去很小，因为他在高高的天空中，但他还没有爬到豆秧顶部。

他又往上爬呀爬呀，这时，他爬到了豆秧顶端的天空，他已经在天上了。

很清楚，杰克第一次独立自主的行动不但遭到了母亲的嘲笑和斥责，并且还给了他最剥夺性的惩罚——不让他吃饭（这里，也向我们清晰地展现了父母的矛盾心理，一方面希望他独立自主，另一方面却又对孩子的行动表现出不信任）。因此杰克只好上床睡觉了。但是他心里对这样的惩罚是不接受的，因为他相信那种子是有魔力的。

在这里，请注意一个细节：魔豆是一夜之间长到了天上的。其实这是最形象的儿童心理的说明。杰克相信他的种子具有魔力。既然现实如此令人失望，那么幻景似的满足便应运而生。

五岁的小男孩翰翰每次生我气的时候，都瞪着眼睛大叫："我是警察，要把你抓走!"在他的眼里，我看到了我被五花大绑的狼狈样。杰克的妈妈比我要幸运，杰克的幻想在睡梦里得到了巨大的满足，因此，他看到了通向天空的巨大豆茎。

但是故事同时又暗示孩子，尽管对神力的信念能帮助人们鼓起勇气去独自面对生活，人们最终还是必须发挥自己的能动性，在把握生活的斗争中不畏艰险，勇于开拓。当杰克得到的那奇妙种子长成高高的豆秧时，他便沿着豆茎往上爬，完全不需别人的指点。在顺着豆茎往上攀援时，杰克灵巧地利用了他的力气，而为了获得魔物，他冒生命之险达三次之多。在故事结尾，杰克砍倒了豆茎，从而确保了他通过智谋获得的魔物。

如果杰克母亲接受儿子的意愿，相信这些种子带来的果实将同过去家里的牛奶或乳汁一样富有价值，杰克就不会急于追求梦幻似的满足，诸如相信以巨大豆茎为象征的神奇的雄性力量。

杰克的前边有一条路，杰克沿着路走去，来到一座大房子。昨晚他睡觉时没有吃东西，他醒来后也没吃，所以他要找点东西吃，他说："我想这座大房子里的人们会给我一些吃的。"于是，他走到房子门前叫门。

一位又高又胖的老太太开了门，杰克想："她不像是个好女人。"

"你要什么？"老太太说。

"我要些吃的。"杰克说。

“跟我来，”老太太说，“我会给你一些东西吃。”

杰克想：“她想要抓住我，但是我还是要跟她去看看房子里都有什么。”

于是，他跟着老太太进了屋。她给了他一些面包，一些牛奶。然后她把他关进一间小屋，说：“我丈夫是个妖怪，他现在就要回来了，如果你从这间屋子出来，他会杀了你。”

然后，她关上门。小屋门上有一个小洞，所以杰克能看到外面的情况。

妖怪进了家，他个头很大，他一手拿了一头死牛，另一只手拿着一棵树。他进了屋子，这边瞧瞧，那边望望，然后嚎叫起来：“哼哼哈哈，有一个娃娃让我闻见啦，不管他活的死的，我要夹着面包吃了他。”

妖怪的妻子说：“那间屋里有一个小男孩，我不想让他听到我说了什么，今天别吃他，他现在还不肥，两三天后他肥了，那时我再煮给你吃。”

于是妖怪坐在桌子旁，他的妻子拿来食物，在桌子上摆好，妖怪就吃。吃完之后，他说：“把我的钱拿来。”她拿来满满两盒子的金子，把它们放在靠近他的桌子上。他打开其中一个盒子，瞧瞧里面有多少金子。然后他闭上双眼，很快，这妖怪就睡着了，妖怪的妻子也很快睡着了。

在妖怪和他妻子睡着的时候，杰克打开小屋的门走了出来，他经过妖怪的桌子时拿了一盒金子。然后出了门，沿着那条路跑了，他来到豆秧顶端，然后把盒子抛了下去，接着他爬下来。盒子已经落在豆秧的底下，他捡起它，进了家。

他母亲正在桌旁做活儿，他把盒子放在桌子上并且打开了，说：“瞧，妈妈，这就是我的豆子给咱们带来的一件东西，它们还会很快带来其他东西。”

……六天过去了，这时杰克想：我要再爬上豆秧去。

第二天早晨，他起了床，他又爬上了豆秧，他又来到那条路，他沿路走去，来到那座大房子，他又一次叫门，妖怪的妻子仍然打开门，当她看见他时，说：“进来，小娃娃，到屋里来。”

但杰克害怕，他想："不，我不能跟她进去，因为她要抓住我，她会把我关在那间小屋里，她会锁上门，不让我出来，然后，当我长胖时，她就把我煮给妖怪吃。"于是，他就跑掉藏起来了。

杰克在妖怪的房子附近等着，一会儿他发现妖怪的妻子走出来，进了花园，因为，这是早上，花园里有活儿要干。于是，杰克打开房子的门，进了屋。屋里有个大箱子，杰克藏在箱子里。

一小时以后，妖怪的妻子进了屋，开始给妖怪做饭。杰克想从箱子里出来，因为上午很热，箱子又不够宽敞。但是，就在这时，妖怪进屋来了。

妖怪这边瞧瞧，那边望望，然后嚎叫起来："哼哼哈哈！有一个娃娃让我闻见啦，不管他活的死的，我要夹着面包吃了他！"

妖怪的妻子说："一个小男孩来过这房子，我本来想要抓住他给你，但是他跑掉了。"

"我闻到一个小男孩的气味。"妖怪说。他四处张望，但他没发现杰克。他朝小屋里看了看，杰克不在那里。这时，妖怪的妻子把饭菜放在桌子上摆好，妖怪开始用餐。

当妖怪吃完饭时，他说："把下金蛋的母鸡拿来。"妖怪的妻子就把母鸡抱来，放在桌子上。

妖怪说："开始。"

于是母鸡就下了一个金蛋。

妖怪说："再下一个！"母鸡又下了一个金蛋。他说："再下一个！"母鸡又下了一个金蛋。

然后，妖怪和他妻子开始睡觉，不一会儿妖怪就头枕在桌子上睡着了，他的妻子也很快睡着了。

杰克从箱子里出来。母鸡在桌子上，杰克走过桌子时，抱起母鸡就跑出了屋子。

但是母鸡开始大叫起来："妖怪！妖怪！快！快！一个小男孩带着我逃跑了！"

妖怪醒来了，就去追杰克。杰克很快跑到豆秧顶端，他爬了下去。

妖怪个头大，不能很快爬下去。杰克来到他母亲的花园，他喊他母亲，说："快点！快点！拿斧子来！"她母亲很快拿着斧子跑来。

妖怪正从豆秧上下来，杰克的妈妈勇敢地朝豆秧根部砍了一斧头，整棵豆秧倒下了。

妖怪同豆秧一起倒下来，他掉在花园里摔死了。

杰克的母亲见到妖怪，她悲痛地说：“就是这个妖怪杀死了你的父亲。”

从那以后，杰克和他母亲变得富裕起来了，生活得很幸福。

雄气勃勃的豆茎使杰克能够在俄狄浦斯冲突中同魔怪进行较量，而且由于怀有恋儿憎夫情结的妖怪妻子（象征母亲）站在他一边反对自己的丈夫，杰克在这场冲突中不仅生存下来，而且最终取得胜利。当杰克把那棵豆茎砍倒时，他实际上就放弃了对雄性自我肯定的神奇力量信念的依赖，于是成熟的男性自我发展的道路便敞开了。

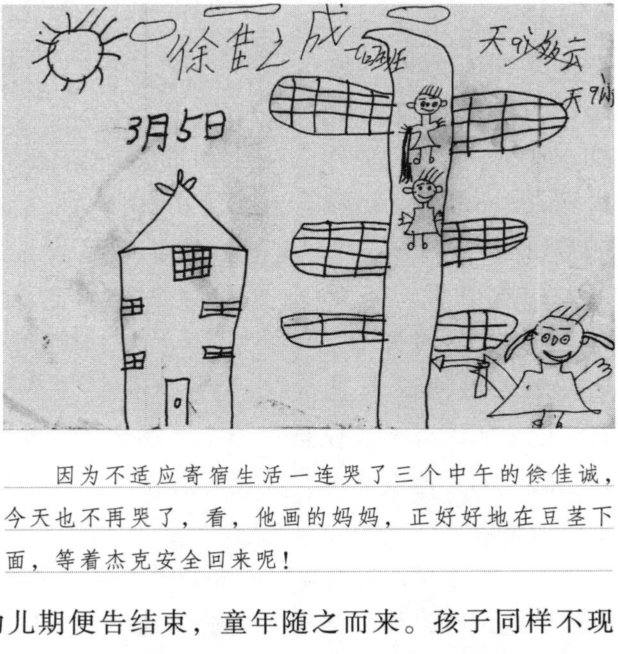

因为不适应寄宿生活一连哭了三个中午的徐佳诚，今天也不再哭了，看，他画的妈妈，正好好地在豆茎下面，等着杰克安全回来呢！

当“永不枯竭的爱和需求之源”这一信念被证明是不现实的幻想时，孩子的幼儿期便告结束，童年随之而来。孩子同样不现实地相信，现在他的整个身体，尤其在某个方面——新近发现的性能力——能够独当一面。在婴幼儿期，母亲的乳房就是孩子对生活的全部要求，它似乎象征着孩子从她那里接受的所有东西，或者他希望能这样相信。这种情况无论对男孩还是女孩都同样适合，这也是《杰克和豆茎》为男孩女孩所共同喜爱的原因。如前面所叙，当这种稚气的辉煌梦幻被抛却，当孩子的自我肯定——它甚至于反抗家长——成为生活的主要内容时，童年时代即告结束了。

不过故事告诫说，这样做会遇到巨大危险。虽然驻足在豆茎阶段对于执着于口腔阶段来说是小小的进步，但要获得真正的人格发展，只有通过新的社会及性的发展来取得相对独立，从而解决原有的俄狄浦斯情结问题。于是就有杰克与作为俄狄浦斯式父亲形象的魔怪之间的危险遭遇。但杰克也从魔怪老婆那里得到了帮助，否则他将被魔怪吃掉。在《杰克和豆茎》里，杰克表现出对新发现的男性力量信心不足，只要一感到有危险，他便“倒退”到口腔阶段，故事中他还曾两次躲在炉子里，最后则藏在铜锅——一个很大的炊具里。杰克偷走了魔怪的魔物，这也表现出他还未成熟。他之所以得手仅仅是由于魔怪在睡觉。此外，杰克还向魔怪老婆讨吃的，因为他饿坏了。这表明杰克从根本上还不能信赖他新发现的男性力量。

这次作业，有十几个都像孙肇新和王子建一样，把纸竖起来绘画。如同王子建告诉我的那样：“这样可以让豆茎显得更高大一些。”

这真是一个精彩的好点子。

创造，就是这样体现在细节之中。

第一次远征，杰克偷回一袋金子，这使母子两人解决了生活之需。然而坐吃山空，他们到头来又缺钱花了，于是，尽管他已明白有生命危险，杰克又开始他的远征了。

第二次远征，杰克获得了下金蛋的母鸡，他已懂得，如果不能自己或者使别人生产东西，不管什么都会用尽的。至此，杰克应当为下金蛋的鸡感到满足了，因为所有的生活物质需求都永久解决了。

所以，杰克进行最后一次远征不再是出于物质生活的需要，而是出于崇尚勇气和追求探险的愿望——希望发现比物质利益更美好的东西。接着，杰克又获得了金竖琴，它象征着美、艺术和生活中更崇高的事物。这次旅程伴随着最后的成长经历，它使杰克认识到，依靠神奇力量来解决生活的难题是行不通的。

在杰克努力争取并获得那竖琴代表的东西时，现实（差一点落入魔怪之手）也强烈地迫使他懂得，如果他继续依赖神奇的解决办法，他最终就得完蛋。当魔怪顺着豆茎追下来时，杰克大声呼唤母亲拿斧子来，砍断豆茎。母亲取来斧子，但一见巨魔庞大的双腿沿着豆茎而下，顿时吓得呆若木鸡，不知所措。母亲被吓住表明，做母亲的可以保护孩子，防范他在努力长大成人的过程中出现的危险（正如魔怪老婆掩护杰克那样），但她却不能包办代替地使孩子成熟起来，只有孩子自己才能完成这一过程。所以杰克一把抓起斧子，砍断了豆茎，魔怪顷刻间从空中掉下来摔死了。当他举斧砍向豆茎时，他就断然弃绝了以神奇力量来解决问题的方式，他又成为他自己了，他将不再取诸他人，也不会为魔怪而感到极端害怕，当然也不会再依赖母亲把他藏在炉子里（退回口腔阶段）。

在故事结束时，杰克已经准备好放弃雄性威势和俄狄浦斯梦幻，从而努力生活在现实之中，一如他那个年龄的孩子所能做到的那样。

这个故事也同样告诉做母亲的，小男孩需要怎样才能解决他们的俄狄浦斯难题，母亲必须肯定孩子的男性勇气，尽管它可能还藏而不露；在孩子面对危险时（这些危险可能是男性自我肯定的过程中所固有的，尤其是当这个自我肯定是针对父亲时），要保护孩子。

第三节　二年级的读写绘

相对于一年级的忙碌与混乱，二年级时，老师就可以大大舒一口气了。

一般来说，二年级学生已基本适应小学的学习生活。他们的自律能力增强，知道学校的规章制度并愿意努力遵守。在上课听讲、完成作业、遵守公共秩序、尊敬师长、简单的自我服务性劳动等方面都有了一定的基础。

不管在课堂还是课外，这些孩子都很喜欢谈话，他们对口语的表达和控制已经到了一个相当完美的程度，而书写能力则还在练习熟练阶段，因此，他们很热衷于回答问题，不管他们是否了解正确答案或意义。课堂上老师遇到并需解决的问题，不在于激发学生的学习兴趣，而在于要经常提醒儿童轮流说话，并成为一位好的倾听者。

二年级的学生已经可以熟练地处理关于学习的事情。无论写字、绘画还是课余时间的游戏都比较自如，社会交往的能力也大为提高，伴随着思维方式的变化，他们的心理趋向稳定，个人能处理的问题越来越多，自信心也随之不断增强，探索的范围也就越发深广了。

他们习惯了过集体生活，伙伴在他们的生活中开始占据越来越重要的位置。虽然吵架仍会经常发生，不过有别于一年级的是，言语的争吵多过肢体的冲突，这也表明语言正在越来越多地调控着他们的生活，但仍然有不少男童会不知轻重地拳打脚踢、摔跤以及推挤。偶尔发生的争闹是可预料的，但如果有某些学童，尤其是老是那几个学童在争闹打架，那就是他们的发展还落后于他们应该达到的水平，老师就要做一些针对性的规训，来进行指导了。

他们开始有了荣誉感和竞争心，好表现自己，因为他们已经能够判断自己的能力大小，所以在发现别人的表现比自己好或者差时，他们都相应地会发生心理的变化。当别人不如自己时，他们内心暗暗感到自豪得意，反之内心就自卑沮丧，但很快又会对自己充满信心。这种竞争表现在方方面面，无论学习、活动还是劳动，孩子都会表现出争先恐后的特点。教师让做一件事，比如擦桌子，马上会出现竞赛似的场面，最先擦完的学生会高高举起手，等待教师表扬自己。

他们开始产生了集体荣誉感。例如开运动会时，一年级学生对自己班级运动员的胜负并不太关心，老师说“咱们班胜利了，快鼓掌”，孩子们才会跟着鼓掌。而参加比赛的学生也不知道自己的胜负对班级会有什么影响。但是二年级学生就不同了，他们很清楚其中的关系，表现出来的行为很明显。自己班级运动员赢了，他们会欢天喜地，如果对方赢了，他们会默不作声。

但同时，这个阶段的儿童对于来自老师和同学的评价也格外在乎起来，他们需要经常地被赞美及肯定，这样才能让他们对自己充满信心。所以他们会急于取悦老师，他们喜欢帮忙、享受责任并且想要在功课上有好表现。

不过，最令老师兴奋的还是这个年龄段的儿童非常渴望学习，真可以媲美雏鸟“嗷嗷待哺”的状态，让每一位老师都觉得教学真是一件过瘾的事情。

这一年儿童学习的教材和方法，有若干教育上的含义，似乎值得强调一下。学习的环境，也就是思维的环境，是精心设置的。

因此，在整个二年级，老师理想的工作状态可能是这样的：

1. 学科内落实语文教学核心目标：运用习得的拼音技能，识字与朗读训练。主要以教师的示范为主。

2. 学科外认真做好低段读写绘课程。时间上保证，一般一周两次晨诵，一次读写绘课，老师要将这些内容排进课表，严格落实。

3. 继续鼓励家长做好亲子共读，开始整本书共读。

一　儿童诗

经历了一年对语言的正式学习，通过大量背诵儿歌童谣和阅读绘本，二年级的儿童在语言的发展上进入一个高峰期，他们喜欢富有表现力的语言，并且在说话和文字中运用。因此，以儿童诗为主要内容的晨诵，适逢其时。

儿童诗是专为儿童创作的，无论是描述的内容还是抒发的情感，都很贴近儿童的现实生活和内心世界。在表达形式上，儿童诗具有排列形式上的美，音韵节奏上的美，创设的意境上的美，想象新颖独特的美，抒发感情至真至纯的美，闪烁着哲理光芒的美，还有独特的质朴美和稚拙美。因此，儿童诗不仅为这个阶段儿童学习和发展语言提供了良好的范本，而且在学诗、读诗的过程中，儿童的心灵、情感会更加丰富、丰盈，他们将慢慢拥有一双善于发现美的眼睛，拥有一颗感悟美的心灵，拥有一份创造美的热情。

在二年级儿童诗晨诵的具体操作中，有以下几点建议：

（1）儿童诗先从国内金波、圣野、高洪波等优秀儿童诗人作品开始，然后学习金子美铃、谢尔·希尔弗斯坦、斯蒂文森、罗大里等诗人编写的世界优秀儿童诗。

(2) 一学年中可穿插两个月的浅显五言绝句的学习，为四五年级的“农历天空”诗词晨诵做铺垫。

(3) 每个诗人的诗作在一定时间内集中学习，以便于把握这个诗人作品的语言风格，也可以根据一段时间内的晨诵主题来集中编排。

晨诵课的一般流程

用一首每周（每月）诵诗开启黎明，然后，学一首新诗，或者将一定时间内，譬如一周或两周内所学的新诗集中起来反刍一遍，玩味一遍。若当天有学生过生日，那么那天的晨诵就围绕着这个孩子的生日送诗，让当天的晨诵成为朴素隆重的生日庆祝。

1. 开启黎明的诵诗

这种诗特别精美，意蕴特别深刻。如低年段《全都喜欢上》，中年段《我是一只小蝴蝶》，高年段《没有一艘船能像一本书》等。这些诗歌用来开启一个个黎明，让孩子的灵魂、精神因诗歌而舒展，为孩子的每一天注入生命的源泉。

2. 一般的晨诵诗歌

童谣、儿歌、儿童诗、经典古诗词、散文诗……从一年级到六年级，按照从“粉红”到“天蓝”的彩色阶梯顺序，从童谣、儿歌开始起步，随后是大量优秀的儿童诗和浅易五言绝句的诵读，在四年级的时候以“在农历的天空下憩息劳作”为主题，重点进行“经典诗文”诵读，到了五六年级，则以更广阔的视野，诵读人类最优秀的诗作了，比如泰戈尔的《飞鸟集》，纪伯伦的《先知》等等。

谢尔·希尔弗斯坦组诗：特异的天真与幻想

“真是个可爱的老头，真是本可爱的书，现在我已经为之着迷。上学背着，写作业把它摆桌上，睡觉要放在床头。从没有什么让我如此着迷，这天真的诱人的幻想！”这个孩子的评价真是精辟。

儿童诗歌都是充满甜蜜和梦幻的，但是从谢尔开始有了分界，有了睿智。他的作品不拘泥于礼节，有时甚至不能登大雅之堂，有一种特异的天真。他把儿童文学从花园和教室扩展到了很多不正式的甚至是怪异的领域。他的思路是如此开阔，生活中的任何一点小事都能被他挖掘，写得那么有生趣。不管是会做作业的机器，还是饶舌的斑马（黑条纹的白马、白条纹的黑马），他的奇思妙想仿佛让你看到了日常世界和生活的另一面，而奇怪自己为什么没有想到呢？

阁楼上的光

阁楼上孤灯一盏。
尽管门窗紧闭，漆黑一片，
我却看到微光在闪，
那是什么我全知道，
阁楼上孤灯一盏。
站在外面我看得见，
我知道你就在里面……
往外偷看。

捉月亮的网

我做了一个捉月亮的网，
今晚就要外出捕猎。
我要飞跑着把它抛向天空，
一定要套住那轮巨大的明月。

第二天，假如天上不见了月亮，
你完全可以这样想：
我已捕到了我的猎物，
把它装进了捉月亮的网。

万一月亮还在发光，
不妨瞧瞧下面，你会看清，
我正在天空自在地打着秋千，
网里的猎物却是个星星。

结冻的梦

我要留下昨晚做的梦，
把它保存在冰箱里。
很久很久以后的一天，
当我变成一个白发老翁，
便要取出我冻结的美梦，
把它融化，把它烧开，
然后我就慢慢坐下，
用它来浸泡我的一双苍老冰冷的脚。

多少

破旧的纱门能发出多少次声响？
得看你怎样使劲儿关它。
一块面包能分出多少片？
得看你怎样用心切它。
一天里能有多少欢欣和快乐？
得看你怎样去过。
朋友之间能有多少友谊？
得看你在怎样无私地付给。

作业机

作业机，哦，作业机，
世界上最完美的机器。
只要把作业放进去，再投进一角硬币，
按下按钮，等上十秒，
你的作业就会出来，又干净，又整齐。
来看看，“9 + 4 = ?” 答案是“3”。
3?
哦，我的天！
看来它没有我想的那么神奇。

小铁桶假面人

他是小铁桶假面人，
他可以担当大任。
他会舞剑，会决斗。
会领兵打仗。
他会爬山，会作诗。
会赛跑会摔跤。
他会向你展示勇气，
但无论你如何要求，
他的脸绝不会让你看到。
他勇敢，他无畏。
他是小铁桶假面人，
绝不轻易掉眼泪。

站着太傻

站着显得太傻，
爬着又会挨骂。
蹲着真像笨蛋，
走着还不是更差。
蹦着总觉得不爽，
跳着也是没劲。
坐着不过是无聊，
靠着增添烦恼。
跑快了有点滑稽，
跑慢了又被人耻笑。
我还不如上楼去，
重新躺下睡大觉。

体检

我到医生那里体检，
他把手伸进我的嗓子眼儿，

拽出来一只鞋子，
和一只小玩具船，
揪出一只冰刀，
外加一个车坐垫。
他说：“你吃饭的时候
一定要小心一点儿。”

狗窝

这是谁的窝子，真不像话！
内裤居然在台灯上挂。
堆满了东西还搭着雨衣，
发了霉的是那安乐椅。
作业本夹在了窗缝里，
丢在地上的是他的毛衣。
裤子挂在门把手上，
电视机下塞着冰鞋和围巾。
壁橱里满是书本，
马甲被留在大厅里。
他的臭袜子粘在墙上，
一只叫艾德的蜥蜴睡在他的被窝里。
这是谁的屋子，真让人生气！
唐纳、罗伯、威利，还是——
什么？你说是我的？哦，老天，
怪不得它看上去是那么熟悉！

不擦盘子的高招

如果你不得不去擦盘子
（做那讨厌无聊的家务）
如果你不得不去擦盘子
（而不是去商店购物）
如果你不得不去擦盘子

就故意掉一个在地上——
也许他们就再不会
让你去把盘子擦亮

吊床

奶奶送来了吊床，
老天公公送来了清风扬。
我想舒舒服服躺上吊床——
现在，谁去把树挪过来？

蛇的问题

并不是我不喜欢蛇，
但那件事真的让我手足无措。
下面的图上画着一条蛇，而这条蛇蜷曲成了
“I love you” 的字样

金子美铃组诗：天真、纯净

金子美铃童谣中的那份天真、明亮、清新、优雅、想象力以及那更深层次的悲悯，对一切细小之物的关怀，都使低中年级的老师们爱不释手。金子美铃童谣作为低中年级的主选诗，被广泛应用。二、三年级，在“春”、“夏”、“秋”、“冬”每个季节来临的时候，老师们都要专门做一个以金子美铃童谣为主题的晨诵小课程。

读金子美铃的童谣，仿佛进入到了另一个世界。

这样的诗歌，如果在童年错过，那就太可惜了，而且是无法弥补的遗憾。

草的名字

别人知道的草的名字，
我一点儿都不知道。

别人不知道的草的名字，
我知道好多。

那都是些我取的名字，
给我喜欢的草取我喜欢的名字。

别人不知道的草的名字，
也不过是谁给取的吧。

草的真正的名字，
只有天上的太阳才知道。

所以我取的名字，
只有我在叫。

全都喜欢上

我好想喜欢上啊，
这个那个所有的东西。
比如葱，还有西红柿，还有鱼，
我都想一样不剩地喜欢上。
因为家里的菜，全都是
妈妈亲手做的。

我好想喜欢上啊，
这个那个所有的一切。
比如医生，还有乌鸦，
我都想一个不剩地喜欢上。
因为世界的全部，
都是上天创造的。

玻璃和文字

玻璃
看着空空的，
透明透亮。

可是
很多玻璃堆起来，
就像大海一样蓝。

文字
就像蚂蚁，
又黑又小。

可是
很多文字聚在一起，
却能写出黄金城堡的故事。

不可思议

我呀我呀总是觉得不可思议
乌黑的云彩里落下来的雨
怎么会变成了银色的雨滴

我呀我呀总是觉得不可思议
绿绿的桑树叶子吃到肚子里
蚕宝宝怎么长得白白胖胖的

我呀我呀总是觉得不可思议
谁都没碰过的葫芦花儿呀
怎么会一个人就啪的开了花

我呀我呀总是觉得不可思议
怎么去问问谁谁都笑着对我说
那是当然的啦

露珠

谁都不要告诉
好吗？

清晨
庭院角落里，
花儿
悄悄掉眼泪的事。

万一这事
说出去了，
传到
蜜蜂耳朵里，

它会像
做了亏心事一样，
飞回去
还蜂蜜的。

草原

露水盈盈的草原上
如果光着脚走过，
我的脚一定会染得绿绿的吧。
一定会沾上青草的味道吧。
如果我就这样走啊走
直到变成一棵草，
我的脸蛋儿，
会变成一朵美丽的花儿开放吧？

再见

下船的孩子对大海说，

上船的孩子对陆地说。

船儿对栈桥说，
栈桥对船儿说。

钟声对大钟说，
炊烟对小镇说。

小镇对白天说，
夕阳对天空说。

我也说吧，
说再见吧。

对今天的我
说再见吧。

我和小鸟和铃铛

我伸展双臂，
也不能在天空飞翔，
会飞的小鸟却不能像我，
在地上快快地奔跑。

我摇晃身子，
也摇不出好听的声响，
会响的铃铛却不能像我，
会唱好多好多的歌。

铃铛、小鸟，还有我，
我们不一样，我们都好。

太阳，雨

芝草
灰扑扑的
雨把它
洗干净了。

芝草
湿漉漉的
太阳把它
晒干了。

都是为了让我
这样躺在上面
舒舒服服地
仰望天空。

水和风还有娃娃

在天和地之间
轱辘轱辘
转圈圈的那是谁呀？
那是水。

绕着全世界
轱辘轱辘
转圈圈的那是谁呀？
那是风。

围着柿子树
轱辘轱辘
转圈圈的那是谁呀？
那是想吃柿子的娃娃呀。

阳光

太阳公公的使者们，
一齐从天空降临。
路上遇见南来的风。
南风问："你们要去做什么？"

一个使者回答说，
"我要把光芒撒到地上，
让人们可以工作。"

一个使者愉快地说，
"我要让全世界的花开放，
让世界变得更快乐。"

一个使者和气地说，
"我要搭一座大拱桥，
让纯洁的人们通过。"

最后一个使者很落寞，
"我是为了做影子，
才跟着大伙儿一起去。"

蜜蜂与神灵

蜜蜂在花朵里，
花朵在庭院里，
庭院在围墙里，
围墙在小镇里，
小镇在祖国里，
祖国在世界里，
世界在灵魂里。

就这样，就这样，
神灵在小小的蜜蜂里。

紫云英地

星星点点
开着花的，
紫云英地
要耕种了。

目光和善的
老黑牛
套着犁头
犁过来，

花儿和叶子
一个接一个
被埋到了又黑又沉的
泥土下面。

天上的云雀
啼叫着，
紫云英地
要耕种了。

晨诵组诗：冬天的童话

根据季节、时令的变化，选择相应的儿童诗，作为一个时期的晨诵主题，这也是一个很好的方式。比如下面一组关于冬天的儿童诗。

当树叶被北风吹落，枝头变得光秃秃的时候，却有这样的诗句，向孩子们展开奇思妙想。

给冬天一点儿颜色看看

妈妈，我剃了一个秃头
怎么那些树们
也都剃成秃头了呢
理发师叔叔用的是叫“推子”的工具
那么这些树们的理发师是谁呢
它是用什么东西剃的呢

妈妈，您先别说
我已经猜出来了
一定是风

风就是那些树们的理发师
不用“推子”
只是“呼呼”地一吹
就有很多树叶子
就掉落下来啦

可是，那些松树们
为什么没有变成秃头呢
我想它们一定是想
要给冬天一点儿颜色看看

不怕冷的树

王立春

雨总是在夏天
一遍一遍地
给树洗澡
可是他们犯了一个错误
夏天的树穿着衣服

许多的树
喜欢在冬天洗澡
这些不怕冷的树
他们多么盼望冬天

冬天一到
这些树
就迫不及待地
脱了叶子
在风中等待着

银杏树性子最急
不到秋天
就把
一个一个的黄扣子
解了一地

柳树似乎很优雅
慢腾腾地脱着衣服
忸怩地扯着长长的衣角
等着深冬来临

深冬来临
树们脱光了叶子
沐浴寒风
风越冷
他们洗得越开心
你看他们在风中
摇晃着身子
大着嗓门唱歌儿

雪飘来的时候
是最快乐的时光
他们把大团大团的雪花
当做肥皂
涂了满身
（有时你会看见
树枝上堆满了雪花
那是这些树
搓出的肥皂沫）

你看，同样是写冬天的树，同样是写不怕冷，可是角度却完全不同。《给冬天一点儿颜色看看》是儿童自己创作的一首小诗，巧妙地把松树四季常绿的特点，借用“给你点颜色看看”的俗语表达出来，取得了非常幽默的效果，也显示出儿童那种特有的勇气和力量。而《不怕冷的树》，则更突出了想象的奇特，树叶是树的衣裳，这是谁都能想到的，但是树木落叶是为了冬天快乐地洗澡，雪花是它们搓出的肥皂沫，则不是谁都能想到的了。读着这样的诗句，再去看街道上的树，眼里、心中不觉也热烈起来。

会飞的叶子

钱万成

谁都怕冬天
说冬天冷
小麻雀却说不
在光秃秃的树丫上
朗诵小诗

谁都说冬天难看
孤孤单单没有绿意
小麻雀站在枝头
给寂寞的老树
添上一片

会飞的叶子

会飞的蝴蝶

——改《会飞的叶子》送二（3）班同学

谁都怕冬天
说冬天冷
二（3）班孩子却说不
在明亮的教室里
朗诵小诗

谁都说冬天难看
孤孤单单没有绿意
二（3）班孩子用火一般的活力
给冬季的校园
添上一只只
会飞的蝴蝶

《会飞的叶子》是诗人钱万成的一首儿童诗，小麻雀给冬天光秃秃的枝头，增添了一抹诗意，带来了无限生机。《会飞的蝴蝶》是新教育小学郝玉梅老师在和学生学完《会飞的叶子》后改写的。郝老师把这首诗与班级学生的生活联系了起来，配上同学们日常学习、读诗、跳绳、游戏的照片，把《会飞的叶子》改成了《会飞的蝴蝶》，成为自己的诗，孩子们读的时候，这个冬天，也更加生机盎然了。

腊梅花

腊梅花，脸儿黄，
身上不穿绿衣裳.
大雪当棉袄，
风来挺胸膛。
别的花儿怕冬天，
只有腊梅开得旺。

黄水仙

米尔恩

她戴上金色太阳帽，
穿上碧绿长外衣。
她在南风中摇曳，
一颤一颤地行屈膝礼。
她面朝阳光，
摇动闪光的头颅，
悄声对她的邻居说：
“冬天已经死去。”

梅花

［宋］王安石

墙角数枝梅，
凌寒独自开。
遥知不是雪，
为有暗香来。

虽是寒冬，但是仍然有花次第开放。当校园里的腊梅树在北风中绽放一树金黄的时候，和孩子们一起赏梅，再一起读读《腊梅花》这首童谣吧。

教室里入冬就摆上的那盆水仙，不负同学们的精心照料，终于在寒假前飘出了沁人的芬芳，那么，就来读读米尔恩的《黄水仙》吧。需要注意的是，这首深深蕴含着生命哲理的诗，孩子们却能理解，因为他们是亲身参与了水仙的生命历程啊。从那几个光秃秃的鳞茎开始，孩子们看着它们怎样慢慢地发出芽来，又怎样一天天长大，怎样在寒气逼人的天气中，仍然汲取着阳光的力量，最终开出芬芳四溢的花朵。当生命之花顽强抵抗住严冬尽情绽放的时候，我们也可以悄声说一句——“冬天已经死去”。

而当校园里的梅花绽放的时候，则又可以像千年之前的王安石了，赏梅，吟梅，“遥知不是雪，为有暗香来”。在学生能理解的程度上，把五言绝句自然也嵌入其中，既嗅到了那来自遥远过去的一缕幽香，也为后面四五年级专门的“农历天空”诗词之旅打下了基础。

雪花

雪花
是小天使扯着枕头
抖落下来的鹅毛
撒得满地都是

雪花
是天空妈妈
租给大地的棉絮
好让它做温暖的被子

雪花
是圣诞老人
送给我们的礼物
祝每个孩子都健康快乐

如果我是一片雪花

金波

如果我是一片雪花，
我飘落到什么地方去呢？

飘到小河里，
变成一滴水，
和小鱼小虾游戏？

飘到广场上，
去堆胖雪人，
望着你笑眯眯？

我飘落在妈妈的脸上，
亲亲她，
然后就快乐地融化。

雪花的快乐（节选）

徐志摩

假如我是一朵雪花，
翩翩地在半空里潇洒，
我一定认清我的方向——
飞扬，飞扬，飞扬——
这地面上有我的方向。

雪的话

蓝天

“吱嘎吱嘎……”
“吱嘎吱嘎……”
你听——
雪在说话。

雪说些啥呢？
细听听，
原来，雪在请求：
小朋友慢点走，
把你的小脚印留给我一行吧！
我是冬孩子，
等到春天来了，
我好踩着你的小脚印回家。

“吱嘎吱嘎……”
“回家回家……”

你听——
雪在说话。

冰凌花

马云超

玻璃窗像一个大花园，
开出许多冰凌花，
我要摘下一朵送给春天。
妈妈说不要这样傻，
爸爸说不要这样呆。

他们的话我当成了耳边风。
我撮口对花园吹气——
春天来喽！
春天来喽！
那最大的一朵冰凌花咧嘴笑了，
嘴呀，一直咧到耳丫。

当雪花飘落的时候，和同学们一起读这些关于雪花的诗句吧，而天真的想象啊，也就像漫天的雪花一样，飘飘洒洒了。

假如我是一朵雪花，我想飘到哪里呢？

“我想飘到教室里，和小朋友们一起读诗。”

“我想飘到爸爸的怀抱里，陪他捉迷藏。”

“我要飘到南极去，亲亲小企鹅的脸。”

“我想飘到北川去，跟那里的孩子一起过冬。”

……

这是新教育小学二年级的孩子们晨诵课上放飞的思绪。有个平素沉默寡言的孩子，在读了几天跟雪花有关的诗后，激动地告诉老师，他也学会了一首跟雪有关的诗，老师看他的本子时，上面写满了工工整整的字：

雪花，雪花，
你有几片小花瓣？

我用手心接住你，
让我数数看：
一，二，三，四，五，
咦，刚数完，
雪花怎么不见了！
只留下一个圆圆的亮亮的小小点。

我知道，这是望安的《雪花》，多可爱的诗歌，多可爱的孩子啊！

雪后

顾城

森林、森林
有一个梦
小松鼠蜷缩在树洞中

一串深脚印
一串浅脚印
好像金花银花藤

开小花的
是狐狸
开大花的
是黑熊
圆果形的
是猎人……

缠也缠不清
捋也捋不清
只有家是他们的根

森林、森林
有无数颗心

小松鼠蜷缩在树心中

雪人

[意大利] 贾尼·罗大里

雪对于雪人来说十分美丽，
雪人生命短暂却很快乐。

他站在院子里当卫士，
只戴一顶小红帽。

他不会生冻疮，
也不得风湿和感冒。

我知道有一个地方。
那里只有他一个人不饿。

雪是白的，饥饿是黑的，
儿歌就唱到这儿吧。

堆一个小小的雪人，再来念一首雪人的诗吧。雪人生命短暂却很快乐，这是冬天的童话。

不管什么地方，想象都可以到达。想象一下雪后的森林，想象那树洞里沉睡着春天的梦；想象雪地上开出的金花银花；想象狐狸怎样在雪地里轻巧地跳跃奔跑，那火红的尾巴是不是如火焰般闪耀；想象松鼠在枝头散步，看看春天是不是就要来临。想象，让儿童的心灵插上了翅膀，飞翔。

3. 生日送诗

在每一个孩子的生日，老师可以专门为这个孩子送上一首生日诗。生日诗的选择一定要慎重。诗意的含蕴一定要符合这个孩子的特质，对于那些性格内向沉默的孩子，诗句里也一定是包含着蕴藏在他身上的潜能，老师则通过生日送诗这一特殊形式，帮助学生去认识并形成良好的自我。另外，每个生命都是独一无二的，因此，一个班级里，送给每个学生的生日诗也应该是独一无二的。

毅力

——送给冀振岳

冀振岳，
太快收网的渔夫，
将无鱼可卖；
太快合上课本的孩子，
成绩一定很坏。

冀振岳，
如果想增进你的学识，
耐心点吧——别学得太快；
每天走完一千米的人，
最终将走完全世界。

可爱的女孩

——送给王梦尧

活泼如羔羊，
忙碌如蜜蜂——
我们喜欢这样的女孩，
她叫王梦尧。

聪明如宝石，
纯洁如珍珠——
我们喜欢这样的女孩，
她叫王梦尧。

谦逊如紫罗兰，
可爱如玫瑰初放——

我们心中的天籁，
就是这样的女孩。

星星和蒲公英

——送给吴秋璇

秋璇啊，
蓝蓝的天空深不见底
就像小石头沉在大海里，
一直等到夜幕降临。
可是秋璇啊，
你能看到白天的星星吗？
白天的星星眼睛看不见。
有些东西我们看不见，
看不见它却在那里——

秋璇啊，
最美的你有人是看不见的，
看不见你却永远在这里。

秋璇啊，
干枯散落的蒲公英，
默默地躲在瓦缝里，
一直等到春天来临。
可是秋璇啊，
你能看到它强劲的根吗？
它强劲的根眼睛看不见。
有些东西我们看不见，
看不见它却在那里——

秋璇啊，
最美的你

有人是看不见的，
看不见你却永远在这里。

神奇的窗子

——送给王一桥

一桥啊，
白天
你画了一扇
很大的
大窗子

大窗子一开呀
歌声进来了
阳光进来了
凉风进来了
花和树木的香气
也都进来了……

一桥啊
晚上
你凭着这扇
神奇的窗子
和遥远的
还不知道名字的
明亮的星星
对话

于是
你拥有了一个
关于大窗子的
美丽的梦

在梦里
你这开向明天的
神奇的窗子
变成了
一座浮城
一间属于你的实验室
一个你创造的
未来世界……

美丽一万倍

——送给李沂晓

晓晓啊，
比全世界所有的
国王的宫殿加起来，
还要美丽一万倍。
那是繁星点点的夜空。
那是你明亮的眼睛。

晓晓啊，
比全世界所有的
女王的衣裙加起来，
还要美丽一万倍。
那是清晨倒映水中的彩虹。
那是你永远绽放的笑脸。

晓晓啊，
比繁星点点的夜空
和清晨倒映在水中的彩虹，
全部加起来，
还要美丽一万倍。
那是天外的神的国土。

那是美丽又智慧的你。

4. 晨诵课例

晨诵课例 1:《爱读书的树叶》

欢快的音乐响起来了，二（4）班的史老师和孩子们用歌声开始了他们的晨诵。

“太阳光，金亮亮，雄鸡唱三唱。”讲台上，老师用明亮的歌声呼唤大家。

“花儿醒来了，鸟儿忙梳妆。”座位上，孩子们真的如花朵一样醒来，绽放。

“小喜鹊，造新房。”这是可爱的小姑娘刘可心。

“小蜜蜂，采蜜忙。”这是勤劳的小男孩乔德夫。

“幸福的生活从哪里来？要靠劳动来创造！”师生一起，唱响了今天热烈五月中阳光灿烂的早晨。

师生问好后，今天的晨诵开始了。

音乐继续，这会儿是优美欢快的音乐，因为孩子们要读一首同样优美欢快的诗。

一跳一跃

金波

小鸟一跳一跃，
小草伸直了腰；
小兔一跳一跃，
小野花摇一摇。

在微风的吹拂里，
小草一起舞蹈；
在小雨的欢歌里，
小野花仰脸微笑。

我们和它们一样高兴，

走路也是一跳一跃；
于是，整个春天。
都和我们一起舞蹈。

接着，孩子们又一起读了金波老人的另一首诗：《阳光没有声音》。

阳光没有声音

金波

阳光没有声音，
阳光却能带来音乐；
第一缕阳光倾泻，
像金色琴弦闪烁。

鸟儿开始唱歌，
叫声悠长而快乐；
被照亮的露珠落下来，
飞溅起五颜六色。

读完后，大屏幕上出现了一幅幅美丽的作品，那是史老师从孩子们上周的晨诵作业中挑选出来的，这也是新教育晨诵课程所倡导的。学期初，每个同学都准备一个白本，然后将每次的晨诵内容贴在上面（小学中、高段的学生就自己抄写在上面），空白处学生自己根据诗意绘上图画，若想仿作一首，也可以尽情书写。这样，一首首地积累下来，朗诵、绘画、仿写、生日送诗……等到学期结束的时候，每个孩子就都拥有了一本厚厚的“晨诵册”，这也是他童年时代精神畅游的一段难忘的旅程。

参加开放周的近百位老师们这会儿可忙着呢，他们对着孩子们的作品不停地拍照，被画面上所展现出来的那种儿童的天真可爱打动了。孩子们也睁大眼睛欣赏着，为同学的精彩作品庆祝着，同时也期待自己下次能成就这小小的骄傲。而这会儿，拥有最大的骄傲、最大的快乐与幸福的，应该是这个叫郑思哲的男孩子了，因为此时，他正挺立着，听同学们一起读他的晨诵仿写作品。

月光没有声音

郑思哲

月光没有声音，
月光却能带来音乐；
那一片月光倾泻，
像银色的宝石闪烁。

夜莺开始唱歌，
歌声美妙而动听；
萤火虫闪闪烁烁，
像天上的星星
散落在草丛。

快乐还在继续，因为新的游戏又开始了。

大屏幕上出现了一片翠绿，史老师让大家猜这是什么？孩子们脱口而出："是叶子！"多美的叶子啊，如碧玉一般，在阳光的照射下显出透明的脉络来。

史老师又出示了几片不同形状、不同姿态的叶子，让学生想象这些可爱的树叶在干吗呢。

学生兴趣盎然地说着，"叶子在说悄悄话"，"叶子在舞蹈"……然后史老师出示了今天要晨诵的新诗——《爱读书的树叶》。

爱读书的树叶

雪野

爱读书的树叶
捧着阳光读
一天一遍
读得兴奋满脸

爱读书的树叶
捧着月光读

一夜一遍
读得平平安安

一听说风老师来检查
每片树叶便
摇头晃脑
齐声朗读

然后通过老师范读、学生自由练读、男女生分角色读、指名读等多种方式，反反复复读这首诗，并且通过“你最喜欢哪一节，该怎样来读”的问题，让学生辨析三节诗朗读时的细微差别，第一节要读出“捧着阳光读，读得兴奋满脸”时的那种明亮、灿烂，声音也要响亮有力一些；而第二节则要读得轻柔、宁静；第三节却要读得调皮、活泼。

孩子们快乐地读着，老师又配上了音乐，让大家齐读。

最后以仿写结束今天的晨诵，学生有的仿作《爱读书的小草》，有的仿作《爱读书的小花》。

从上学期到现在，史老师在带领孩子们晨诵的过程中已经积累了很多的经验，不过在这里，从晨诵诗要联系儿童当下的生活来考虑，我们其实还可以做得再细腻一些。比如在出示了树叶之后（我修改后的课件为同一片树叶，以明暗的不同来分别代表阳光下的树叶和月光下的树叶），师生间的游戏可以继续：

猜一猜，阳光下，树叶会做些什么？

猜一猜，月光下，树叶又会做些什么？

让学生各自发挥想象去说，然后老师再出示前两节诗，哦，原来树叶捧着阳光、捧着月光在读书啊！由于老师和学生的阅读期待不同，所以这种陌生化会让他们趣味盎然地来读。

在读的时候可以把游戏再继续下去：

想一想，“捧着阳光读，读得兴奋满脸”，小树叶读的写在阳光上的会是什么故事呢？

想一想，“捧着月光读，读得平平安安”，小树叶读的写在月光上的又会是什么故事呢？

这样，前面孩子们读过的那些书：《我和小姐姐克拉拉》《木偶奇遇记》《跑猪噜噜》，那些曾经让他们兴奋满脸的故事，《猜猜我有多爱你》《月亮，生日快乐》等这些曾经给他们带来甜蜜回忆的故事，就再次被孩子们从记忆里唤醒了。用我们的声音，通过朗读体现出来吧。而这时候，就已经开始了“小树叶与孩子们”之间的转换。

然后，再来个调皮些的游戏吧。这些小树叶啊，等到风老师来的时候，又会做些什么呢？

这时再出示诗的最后一节，大家尽量调皮、快活地读吧。

读完后，就可以做有趣的换词游戏了。孩子们日常读书的照片一张张展示出来，同样还是那首诗，可是因为有了跟孩子的生命关联，意义也就完全不同了。

晨诵课例 2：《燕子的记事本》

清晨，绵阳火炬实验小学二年级的学生，正鱼贯进入临时教室，而讲台前的黄老师，正略显紧张，却又充满期待地用目光迎候着这些孩子们。这是 2008 年 9 月 22 日在绵阳“新教育北川行”培训现场上出现的一幕，也是黄老师第一次在这么大型的场合公开上晨诵课。

黄老师是北川教师进修学校的老师，本学期和其他两位同事一起，被特别委派在绵阳八一帐篷小学，跟随新教育研究中心的马玲老师一起，进行新教育儿童课程的实践，以期日后开展对北川老师进行儿童课程培训的工作。黄老师本来是一名数学老师，但是从 9 月开学起，随着晨诵和读写绘课程在一年级的开展，她却由衷地喜欢上了新教育儿童课程，并主动在另外的班级开始尝试带领学生晨诵。因此，这次“新教育北川行”的培训，特别邀请她为大家上一节小学低段晨诵课。

简短的师生问候过后，黄老师开始带领学生晨诵了。

她选的晨诵内容是金子美铃的一首童谣《燕子的记事本》，日本著名童谣诗人金子美铃的作品，以丰富奇妙的幻想，唯美的语言，通过对童年纯真生活的描述，使每一个读诗的人，心头都不禁充满了一种暖暖的感觉，进而体味到童谣背后，还有用一颗单纯美好的心灵去关怀这个世界的深深意蕴。也因此，在新教育的晨诵课程中，二、三年级段大量精选并推荐金子美铃的童谣作为晨诵内容。

燕子的记事本

金子美铃

在清晨寂静的沙滩上，
我发现了一本小小的记事本。
红缎面，烫金字，
里头一个字都还没写的，新本子。

是谁落（là）下的呢？
问海浪，海浪哗哗哗，
寻遍了四周，
沙滩上一个脚印也没留下。

一定是天刚亮时，
飞回南方的燕子，
准备用来写旅行日志，
特地买好却落（là）在这里飞走了。

这是一首有故事的美丽小诗，小燕子在飞回南方前，精挑细选，买了一个精致无比的记事本，结果却不知何故，落在了海滩上。而对此事的叙述却是以“我”的所见所闻所思展开的，叙事非常巧妙，对小燕子的那种遗憾和惋惜之情也就更加耐人寻味了。

这首诗很妙，黄老师指导晨诵的处理也格外巧妙。

“在清晨寂静的沙滩上，
我发现了一本小小的记事本。”

黄老师以读代讲，同时大屏幕上也出现了相应的两行诗句，然后老师稍作停顿，学生的注意力更集中了，这会儿在他们的心里，一定充满了疑问：小小的记事本会是什么样的呢？又是谁落在这里的呢？

就在学生产生联想的时候，大屏幕上出现了后两行诗句，黄老师也以惊奇的语气读了出来，重点强调了记事本的美丽精致。

“红缎面，烫金字，

里头一个字都还没写的，新本子。”

学生心头的疑惑得到了解答，黄老师请大家连起来把这四行诗句读一读，随机进行了一些朗读技巧的指导。比如声音，在读“清晨寂静的沙滩”时就应该和“里头一个字都还没写的，新本子”是不一样的，前面要轻一些，读出“寂静”的感觉，而后面的则要表现出这个记事本很小、很美、很新，突出它的精致美丽。

学生兴致盎然地练读几遍后，就熟悉了。老师让大家连起来读一遍后，问了一个问题：“你有过记事本吗？你在上面写些什么？”

孩子们很可爱，踊跃地回答着：“有！”“有！”有的用它来记家庭作业，也有的用它来记录晨诵的诗歌。

“是啊，记事本对我们很重要，这个记事本又是谁的呢？怎么会落在海滩上呢？”黄老师一句话就将学生带入了下面的诗句，大屏幕上同时也显出相应文字来。

“是谁落（là）下的呢？
问海浪，海浪哗哗哗，”

这时候，老师的语速放慢了，好像是在寻找，她问学生：“海浪哗哗哗，在说什么？”

“我不知道，我不知道。”聪明的孩子也进入了角色之中。

老师继续做出寻找的样子，读出了后两句：

“寻遍了四周，
沙滩上一个脚印也没留下。”

同样，老师让学生把这一小节也练读了几遍，重点指导读出“寻找而不得”的那种着急的心情。

“这样精致的记事本，到底会是谁落在这里的呢？哦，想起来了，早晨看见一群燕子从天空飞过——”黄老师用语言和肢体动作，又串起了诗句：

“一定是天刚亮时，
飞回南方的燕子，
准备用来写旅行日志，
特地买好却落（là）在这里飞走了。”

同样，学生又把这一小节反复练读。

这样，一首诗就在故事的情境中通过老师和学生的读，完成了。

但是黄老师并没有就此止步，她的课才开了个头呢。

"'旅行日志'，你们写过吗？你们都写了些什么呢？"

学生七嘴八舌地说了几个，但黄老师真正的目的却在这里："是啊，小燕子从北方飞回南方去，就像同学们一样，一路上会有多少见闻啊！"说着，大屏幕上出现了一幅漂亮的大海画面，这也是本次晨诵中出现的第一幅图画，前面学诗的过程，完全是充分发掘老师的声音，带领学生一起感受诗句本身的魅力。

"小燕子飞啊飞，它第一次到南方去，真没想到平常天天见的大海竟会有这么辽阔，它想，我要画下大海，把它写在我的记事本上，可记事本呢？哎呀，怎么不见了。记事本在哪里呢？"

随着老师绘声绘色的讲述，孩子们好像进入到一个更为广大的世界中去了，他们伴随着小燕子一起飞翔，一起看到辽阔美丽的大海，一起产生想把这些美景画下来写下来的愿望，又一起感受到发现记事本丢失的怅惘。

"小燕子可不知道，在它难受的时候，我们二（2）班的小朋友也正在海边的沙滩上，正为寻找记事本的主人着急呢！"屏幕上又打出诗歌的第一节，学生会意地开始朗读：

在清晨寂静的沙滩上，
我发现了一本小小的记事本。
红缎面，烫金字，
里头一个字都还没写的，新本子。

"飞啊飞啊，小燕子飞过了一座又一座高山，这些高山真是雄伟壮观啊。它多么想把高山画在写在记事本上啊。可是，记事本却不小心被落下了——"

"这时，我们二（2）班的小朋友，正在到处询问，着急地寻找记事本的主人呢！"

学生齐读：

是谁落（là）下的呢？
问海浪，海浪哗哗哗，
寻遍了四周，

沙滩上一个脚印也没留下。

“飞啊飞啊，小燕子飞了很远很远的地方，看到了绚烂无比的秋色，它多么想把这些美丽的红的黄的叶子画在写在记事本上啊。可是，记事本却不小心被落在了——”

在清晨寂静的沙滩上，

我发现了一本小小的记事本。

红缎面，烫金字，

里头一个字都还没写的，新本子。

“飞啊飞啊，小燕子飞了很远很远的地方，看到了美丽无比的落日，它多么想把这最后一缕美丽的光线画在写在记事本上啊。可是，记事本却不小心被落在了——”

是谁落（là）下的呢？

问海浪，海浪哗哗哗，

寻遍了四周，

沙滩上一个脚印也没留下。

“飞啊飞啊，小燕子还结识了很多好朋友呢，幽默的大雁给他讲了很多很多的笑话，他笑得肚子都痛了，小燕子多么想把好朋友大雁和这些笑话也都画在写在记事本上啊。可是，记事本却不小心被落在了——”

在清晨寂静的沙滩上，

我发现了一本小小的记事本。

红缎面，烫金字，

里头一个字都还没写的，新本子。

“飞啊飞啊，小燕子还有很多次惊险遭遇呢，最惊险的是一天晚上，他刚睡下，忽然听见沙拉沙拉的声音，原来有一只狐狸悄悄地过来，幸好小燕子及时发现，向大家发出了警报。小燕子多么想把这次不平凡的经历都画在写在记事本上啊，可是，记事本却不小心被落在了——”

是谁落（là）下的呢？

问海浪，海浪哗哗哗，

寻遍了四周，

沙滩上一个脚印也没留下。

就在这样的故事情境中，通过老师的描述，学生一次又一次地朗读诗句，但朗读的层次却很明显不同，随着情节的发展，孩子们对于“小燕子丢失记事本”的遗憾惋惜之情理解越来越深入，他们的朗读也越来越有味道了。

这时，画面上出现了空白，老师让孩子们想象，小燕子还会飞过哪里，还会有哪些精彩的“旅行日志”要写。然后，又一次在大屏幕上出现了海滩边那孤零零的一个记事本的画面，学生所有的感情也都浓重地汇聚在诗中：

一定是天刚亮时，
飞回南方的燕子，
准备用来写旅行日志，
特地买好却落（là）在这里飞走了。

但故事还没有完，学生这一遍读完后，感情已经深深融入其中，黄老师顺势又问：“真遗憾啊，燕子精挑细选，本来要在这个小小的红色记事本上写下精彩的故事的，可是不知什么原因却落下了，同学们，现在你们手捧着这个记事本，离燕子回来还有一年的时间，你会怎么办呢？”

“我们好好保存，等明年小燕子回来，再还给它。”

“我也在记事本上写下这些故事，等小燕子回来给它看。”

学生天真烂漫地说着。

最后，老师让大家再读整首诗，然后告诉孩子们：“有记事本的同学，请打开，看看你是否写下了精彩的‘旅行日志’。没有记事本的同学，也请像燕子一样，特地准备一本吧。等燕子回来的季节，把你们的故事讲给它听。”

一次美妙的晨诵结束了。

二　绘本

二年级的绘本和一年级的不同了，随着孩子心智的发展，关于智力挑战，关于道德两难选择的故事也加重分量了。而且，无论是画面，还是情节，都越来越复杂了，但是，这就是孩子们所喜欢的挑战！

《爷爷一定有办法》："无中生有"的精彩与创造

《爷爷一定有办法》是非常经典的一个绘本，菲比·吉尔曼用她那奇妙的想象力，为我们描绘出了这么一个极其简单却又意味深长的故事：约瑟一天天长大，爷爷为他做的小毯子也一天天旧了，破了，约瑟却怎么也舍不得丢，他相信爷爷"一定有办法"。果然，在爷爷的巧手修补下，这条毯子渐渐变成了外套、背心、领带、手帕和纽扣，最后纽扣弄丢了，再也没办法翻成新东西了，约瑟却从这个过程中，学到了从无到有的秘密，他写出了一个故事。这个故事可以永久流传，历久而弥新。除此之外，作者利用每一页的下方，连续地画出一个老鼠家庭的故事，由爷爷为约瑟缝毯子开始，剪裁下来的碎布，就成了老鼠家庭增添衣服、毯子、窗帘的材料。因此，虽然约瑟拥有的布料愈来愈少，老鼠家庭拥有的布料却愈来愈多，直到最后，连约瑟的纽扣都进了老鼠的家，成了椅垫。一只小老鼠正坐在椅垫上，念着一篇文章，想必是它也写了一个故事，一个"无中生有"的奇妙故事。

这个故事源自一首古老的犹太民间歌曲，它讲的是一个裁缝将自己的旧大衣变成了外套、背心、领带，最后变成了一颗扣子。当扣子不见时，他就创作了一首关于它的歌。正是这首歌启发了吉尔曼，于是她说："这正是我要做的事！任何东西都可以变成一个故事。"

因此，永远不要忘记，这个故事的核心就是创造！没有触及这一点，就是没有触及这个故事的灵魂。

那么，怎么把这个故事讲好呢？

1. 利用幻灯片对绘本进行大胆地创造，只给孩子们讲那块神奇的蓝色布料的故事。至于最能引起学生兴趣的小老鼠一家嘛，放在后面，会有更加美妙的呈现。

2. 绘本讲述和游戏相结合。讲故事时只需要在几个关键处——"蓝料子一次次地被爷爷裁小变成了什么？"让学生去猜一猜，其他的都是看图听老师讲述，重复的地方就大家一起做游戏来进行。这样，整个故事就非常完整地印在了孩子的心里。

下面是课堂简录：

从让学生猜测环衬页上那块蓝色星空是什么——原来是一块神奇

的蓝色布料啊！由此引入故事，然后老师开始讲述：

当约瑟还是娃娃的时候，爷爷为他缝了一条奇妙的毯子……

你们看，小约瑟盖上这条毯子，睡得多甜哪！毯子又舒服又保暖，还能把噩梦统统赶跑。这真是一条奇妙的毯子。不过，约瑟渐渐长大了，奇妙的毯子也变得很旧了。

有一天，妈妈对约瑟说："约瑟，看看你的毯子，又破又旧，好难看，真该把它丢了。"

这时候，问问学生：约瑟愿意丢掉毯子吗？从哪儿可以看出来？

学生会从画面上找出很多理由，比如他紧紧抓住毯子，脸上很不情愿的样子。可以让学生说说约瑟为什么不愿意丢掉毯子，然后老师继续讲故事。下面这段是这个故事中反反复复出现的，可以让学生参与进来，一边做动作一边读。

约瑟说："爷爷一定有办法。"

爷爷拿起了毯子，翻过来，又翻过去。

"嗯……"爷爷拿起剪刀开始喀吱、喀吱地剪。

再用针飞快地缝进、缝出，缝进、缝出……

爷爷说："这块布料还够做……"

这时候，再停下来让学生猜一猜，这块布料还够做什么？

然后再出示图画，接着讲故事。

原来爷爷做了一件奇妙的外套。

约瑟穿上这件奇妙的外套，开心地跑出去玩了。

可以联系图画内容，让细节更生动一些。老师通过讲述，扮演图画中另外的人物，看到小约瑟惊奇地叫："哇，小约瑟，你的外套真漂亮！是谁给你做的呀？"然后请几个同学扮演约瑟，来进行情境对话。

接着再往下讲故事：

不过，约瑟渐渐长大了，奇妙的外套也变小了，变旧了。

一天，妈妈对他说："约瑟，看看你的外套，缩水了，变小了，一点儿也不合身，真该把它丢了！"

这里再停下来，让学生说说约瑟愿意丢掉旧外套吗？为什么？

然后继续游戏：

约瑟说："爷爷一定有办法。"

爷爷拿起了外套，翻过来，又翻过去。

"嗯……"爷爷拿起剪刀开始喀吱、喀吱地剪。

再用针飞快地缝进、缝出，缝进、缝出……

爷爷说："这块布料还够做……"

再让学生猜一猜，这块布料还够做什么？

然后再出示图画，接着讲故事：

一件奇妙的背心！

第二天，约瑟穿着这件奇妙的背心去上学，当他推开教室门的时候，老师和小伙伴们都很惊讶："约瑟，你怎么有这么一件奇妙的背心啊？"

同样，可以通过情境对话，让学生体会约瑟那种快乐骄傲的心情。

后面的故事同前面一样，就这样按着故事自身的节奏讲下去：

不过，约瑟渐渐长大，奇妙的背心也变小了，变旧了。

有一天，妈妈对他说："约瑟，看看你的背心，上面粘着胶，又粘着颜料，真该把它丢了。"

老师问：约瑟愿意丢掉这件背心吗？为什么？

继续游戏：

约瑟说："爷爷一定有办法。"

爷爷拿起了背心，翻过来，又翻过去。

"嗯……"爷爷拿起剪刀开始喀吱、喀吱地剪。

再用针飞快地缝进、缝出，缝进、缝出……

爷爷说："这块布料还够做……"

让学生猜一猜：这块布料还够做什么呢？（注意：学生猜测的时候，老师是要引导学生按照布料越来越小的规律来猜测的。）

继续游戏：

一条奇妙的领带！

每个礼拜五，约瑟都戴着这条奇妙的领带去爷爷奶奶家。你看，一家人围着烛光，吃晚餐多温馨啊！约瑟说："……"

不过，约瑟渐渐长大了，奇妙的领带也变小了，变旧了。

一天，妈妈对他说："约瑟，看看你的领带，沾了汤，脏了一大块，弄得它都变形了。真该把它丢了。”

问：约瑟愿意丢掉吗？为什么？

继续游戏：

约瑟说：“爷爷一定有办法。”

爷爷拿起了领带，翻过来，又翻过去。

“嗯……”爷爷拿起剪刀开始喀吱、喀吱地剪。

再用针飞快地缝进、缝出，缝进、缝出……

爷爷说：“这块布料还够做……”

猜：这块布料还够做什么？

一块奇妙的手帕。

约瑟收集的小石头就用这块手帕包得好好的，这块手帕陪伴着约瑟度过了许多快乐时光。

不过，约瑟渐渐长大了，奇妙的手帕也变得很破，很旧了。

有一天，妈妈对他说：“约瑟，看看你的手帕，已经用得破破烂烂、斑斑点点的，真该把它丢了。”

问：约瑟愿意丢掉吗？为什么？

继续游戏：

约瑟说：“爷爷一定有办法。”

爷爷拿起了手帕，翻过来，又翻过去。

“嗯……”爷爷拿起剪刀开始喀吱、喀吱地剪。

再用针飞快地缝进、缝出，缝进、缝出……

爷爷说：“这块布料还够做……”

猜：这块布料还够做什么？（可让学生充分地猜，因为布料越来越小，挑战也就越来越大了。）

一粒奇妙的纽扣！

你看，约瑟把这粒奇妙的纽扣装在他的背带上，这样裤子就不会滑下来了。

情境对话：“约瑟看着镜子中的自己，再看看爷爷，他会说什么呢？”

有一天，约瑟和妈妈一起去汲水，妈妈忽然对他说：“约瑟，你的纽扣呢?”约瑟一看，纽扣不见了，背带弹了起来。约瑟、小伙伴和妈妈都大惊失色，约瑟找遍了所有的地方，楼上、楼下、庭院，就是找不到纽扣。

约瑟急急忙忙跑到爷爷家。约瑟跑得太急了，惊动了楼上的爸爸，惊动了邻居。约瑟嚷着：“我的纽扣！我的奇妙的纽扣不见了!”妈妈也跟着跑来说：“约瑟，听我说！那颗纽扣没有了，不在了，消失了，即使爷爷也没有办法无中生有啊!”爷爷也难过地摇摇头说：“约瑟啊，你妈妈说得没错。”

问：“是啊，纽扣没有了，即使爷爷也没有办法无中生有啊！可是这颗纽扣对于约瑟又太重要了，怎么办?”

第二天，约瑟去上学。嗯，回想起了爷爷、布料和自己之间的事情，约瑟拿起笔来，在纸上刷刷刷地写着。他说：“这些材料还够……”

出示最后的画面：原来还够写成一个奇妙的故事啊!

情境对话：“约瑟把这个故事念给一家人听，他们喜欢这个故事吗?”

让学生看画面上人物的表情动作：他们一家人都笑眯眯的。奶奶听了，情不自禁地鼓起了掌。妈妈、爸爸和小妹妹听得陶醉了。爷爷听了，开心地笑了，眼睛都眯成一条缝了。

再让学生想一想：约瑟写的这个故事题目叫什么呢?

然后出示《爷爷一定有办法》，再让学生想一想，故事的第一页会是什么，故事的最后一页又会是什么?

这也是一个有趣的回顾了，接着再就这块神奇的蓝色布料引导学生思考：

问题1：这个故事又叫《无中生有》，那么这个故事中谁在“无”中创造出了“有”?

和学生一起回顾，爷爷把一块普普通通的布料都做成了毯子、外套、背心、领带、手帕、纽扣，可是真正“无中生有”的是约瑟，这也是他从爷爷那里学到的。

问题2：出示爷爷家楼下小老鼠一家的画面，原来神奇的蓝色布料越来越少，就意味着老鼠家的布料越来越多，那么小老鼠家会用蓝色布料做什么呢？那颗纽扣，又会被小老鼠们用来做什么？

学生回答后，让他们用写绘作业的方式表现出来。

然后，再让学生自由阅读这本书，尽情去感受小老鼠一家的温馨美好。

《鲸鱼》：错觉和真相

有人说，五味太郎的绘本作品之所以创意独特，是因为他受过专业的工业设计训练。我则觉得，更重要的在于他对儿童的尊重，对想象力和创造力的尊重，对绘画的尊重。五味太郎对目前许多成人借教育之名侵犯孩子绘画想象力的做法，极不认同。他觉得绘画和唱歌、跳舞一样，是人类表达自我的方式。所以，在他的作品中，他自己写，自己画，自己设计版式，所有的一切都是他心中情感的表达。因而即使是极平常的事情，比如看牙医，比如蚂蚁吃西瓜，比如小孩儿在百货公司和爸爸走散了，在他的眼里也都有了别样的趣味，也就有了《鳄鱼怕怕和牙医怕怕》《蚂蚁和西瓜》《爸爸走丢了》等充满视觉趣味和想象空间的绘本作品。也因此，他从开始创作起至今已完成了300多本创意独特的绘本，每一本都充满了创意、趣味和幽默感，令每个小孩都爱不释手。

下面就让我们来欣赏一下在《鲸鱼》中，五味太郎是如何用线条、色彩和形状这些图画语言来组成千变万化的表情、姿态和动作，来讲述一个有趣味又能引人思考的故事的。

不过，在开始之前，我们也先创意一下，做一个游戏吧。先让学生读一读苏轼的《题西林壁》，诗意不懂也没关系，再把这首诗改一下，读一读：

横看（庐山）成岭侧看（庐山）成峰，
远看（庐山），近看（庐山），
在高处看（庐山），
在低处看（庐山），
庐山各不相同。
不识庐山真面目，
只缘身在此山中。

瞧，这样读一遍，是不是有点感觉了？不过这只是个游戏，接下来我们就听五味太郎《鲸鱼》的故事吧。

故事是从书的环衬就开始讲起了。湛蓝的天空里，一只候鸟飞过来了。有趣的是，这只小鸟还背着一个书包呢！书包的用处要一直到故事的最后，你才能发现呢！不过，在这里让孩子们来猜一猜，等到最后再揭晓谜底，也是非常有意思的。

一只候鸟慢慢地飞过来，飞到湖的上空时，吓了一大跳。它停在村子里最高的屋顶上，尖声大叫："鲸鱼！"

小小的候鸟引发了这个热闹骚乱的故事，"鲸鱼！"的叫声也是故事进行的重要线索，不过这些是在画面中淋漓尽致地体现的。讲述时老师要把画面上小鸟的心情变化，适时地加入到文字的故事中。

但是没有人理它。人们正在喝茶、唱歌、抽着烟斗，悠闲地玩骰子游戏呢，而且，这里靠湖边（而不是海边），谁知道鲸鱼是什么。

不过，有一位老先生知道。因为他有一本关于鲸鱼的书。他一听，马上跳起来也叫道："是鲸鱼呢！大家快去抓鲸鱼！"

可是大伙儿都一愣一愣的："鲸鱼，鲸鱼是什么东西？"

老先生怎么比画也说不清，急忙跑回家，又带着书跑回来。"身为渔夫不知道鲸鱼，太丢脸了。"

大家看了老先生书上鲸鱼的图片，都吓得两脚发软。也不喝茶、唱歌、玩游戏啦。那个抽烟斗的人，烟斗一下子从嘴巴里掉了出去；拿骰子的呢，居然把骰子放进嘴巴里，都不知道。

"哇，好可怕！""好凶恶的脸！""还会喷水呢！"

可是一听鲸鱼是可以吃的，个个又鼓起了勇气。"既然是可以吃的鱼，当然要抓了。再怎么说，我们也是渔夫啊！"

"鲸鱼不是鱼，是哺乳动……动……物……"不过，老先生的话，谁也没听进去。大家早跑了。

大家急急忙忙冲向码头。全村的人都跑过来了。

"抓鲸鱼去！""怎么可以让你抢先！"大家争先恐后地跳上自己的船去捕鲸鱼。

"不管怎样，鲸鱼是可以吃的鱼呀！"

“什么？鲸鱼不是鱼！谁管那么多。”

在这个故事里，五味太郎有着很明显的哲学思考，这些大人们，唱歌、游戏看似快乐得像小孩子一样，可是却简单、世俗得已经失去了灵性，他们已经失去了自己独立的思考和判断，当看到有利可图的时候，便马上蜂拥而至，所以绘画中的他们，面孔是僵硬、呆滞的。同那个一直很安静的小女孩，形成了鲜明的对比。老师讲故事的时候，就可以适度把大人们的动作、语言、表情夸张地表现出来。

但是，大家辛辛苦苦地找了很久很久……却一点儿也看不见鲸鱼的踪影。

这里没有，那里没有，另外一边也没有。到处都没有鲸鱼的踪影，真是奇怪。

就连爬上湖中唯一的小岛，四周望一圈，还是看不见鲸鱼。

这次把船划进湖湾里找了又找，仍然没发现。“我们才不怕鲸鱼，跳进湖里找找看……”

啊，发现了，发现了，那块石头下面露出了一个小尾巴，肯定是鲸鱼啦！抓起来一看，哎呀，原来是一个扳手啊。哦，快来快来，看我捉到鲸鱼了。一个人又叫起来，可是被他捉住的那条鱼咧着嘴大叫：“我才不是呢！”原来那是一条鲶鱼啊。周围的小鱼都哈哈笑起来，真不动脑筋啊，鲸鱼哪里会有这么小呢！

这时，又有人叫起来：“鲸鱼！”原来，他看到岸边冒出了高高的水花，这不是跟老先生图画上的一样吗？

“鲸鱼出现了，这次绝对错不了！”一群人匆匆忙忙地往对面划过去。可是到了近前才发现，原来是一个水管坏了，水花直往外喷。

“鲸鱼！”“鲸鱼！”候鸟还在天空中边飞边叫，声音更加急切了。大家对鲸鱼的渴望也更加急切了。“我们不可以就这样放弃。”“无论如何非抓到鲸鱼不可！”

大家决定轮流看守，从栈桥到小岛，从小岛到栈桥，每个地方都派了人轮流值班，从早晨到夜晚，从夜晚到早晨，一点儿也不放松……

但是，日子久了，大家渐渐不耐烦了。也不像刚开始那样认真了，他们有的开始喝酒，有的则干脆躺在那里一动也不想动了。这时，小鸟还在天空中叫着："鲸鱼!"

这个时候，可以问问学生，这些渔夫们会怎么做呢？可是故事中，渔夫却仍然只是这样简单地想：

"那只笨鸟，会不会骗我们呢?"

"没错，它一定是乱说!"

"我们真的是被这只鸟骗了!"

于是，一只酒瓶，就被狠狠地砸向候鸟，"鲸……"，候鸟被打中掉了下来。

"不找了，哪有什么鲸鱼!"渔夫们都撤了，被打下来的候鸟站在一根树桩上，非常沮丧，可是还在努力叫着："鲸鱼……鲸鱼……"

这时候，另外一个重要人物上场了，就是那个穿蓝色衣服的小姑娘，跟随她的还有一只黄色小猫，其实她一直在故事中，但是之前文字中完全没有提到，小姑娘和小猫一直是个安静的倾听者，他们对于"鲸鱼"的反应也和渔夫不同。此时，小姑娘成为故事的主角，只因为思维方式的不同，她向候鸟发出了质问。而这些，是那些大人们早已经不知失落在何处的了。这里，可以让学生扮演小女孩，和候鸟对话。

小女孩问候鸟："你有没有说谎?"

"我才没有说谎呢!"

小女孩又说："带我去，看看鲸鱼在哪里?"

"来吧，上来抓紧我!"

这时候你发现书包的妙用了吧，小女孩抱着小猫坐在书包上，候鸟把他们带上天空。这里，书包的象征意味颇值得玩味，在前面出现的老人的书里，只是呈现了具体的事实，可是，阅读者的态度和方式，才能决定书可以产生怎样的影响和力量吧。小姑娘坐在书包上飞上天空，象征着超越了环境和自身经验的限制，跳脱四周愚昧又混乱的成见（尽管那是多数的、大人的），从而认识了真相。不过，不必跟二年级的学生说这些，你只要让孩子们看，小女孩坐在书包上，候鸟带着她飞起来了，她们越飞越高，飞到了湖的上空。此刻——

真的，真的呢！真的有一只好大好大的鲸鱼！

原来，候鸟说得一点也没有错，从高空看这个湖，湖的全貌恰似一头好大好大的鲸鱼啊！

五味太郎的故事到这里就结束了，我们还可以和学生一起，把思考继续下去：小女孩告诉了渔夫们，真的有一条鲸鱼呢。这些大人会相信吗？他们又会怎么说，怎么做呢？

呵呵，在课堂上，这些“大人们”都被改弦易张，换成了小姑娘的思维了，不过也难怪，他们本身就是充满想象力的小孩子啊。

于是，在孩子们的想象中，这些大人们的创造力纷纷被唤醒了，既不再是从前那样简单的相信，也不再是盲目的自大，而是通过各种方式，搭建高塔，制作飞行物，来寻找鲸鱼。而改换了思维，则拥有了另外的对美好风景的体验。于是，这个湖就有了一个好听的名字：鲸鱼湖。这个渔村的人们也就有了一处令他们自豪和骄傲的风景。

这个时候，再把《题西林壁》读来让孩子们听，对于“不识庐山真面目，只缘身在此山中”的理解，也就更加深入了。

最后，可以再玩几个类似这样的视觉游戏，“不识庐山真面目，只缘身在此山中”啊，要想更加了解事物的真相，我们不但要横看竖看，远看近看，而且有时候还要跳出来，飞起来看啊，就像这个坐在书包上飞翔的小姑娘一样，“啊，原来是这样！”

这是多么令人惊喜与心动！

《小种子》：生命的盛开

还能有一本图画书能这么完美地把人生四季和自然四季结合在一起吗？

还能有一本图画书能用这么浅显易懂的方式讲出最深奥的人生道理吗？

这就是美国著名绘本作家艾瑞·卡尔的《小种子》。

年仅6岁的卡尔在德国上小学时经受了严苛甚至体罚的求学遭遇，这使他成年后致力于为孩子创造一个愉悦自由、充满想象创意的童书世界。他坚信，让孩子在游戏中学习，寓教于乐，是最好的教育方式。

《小种子》就是这样的一个故事。孩子们跟着一粒小种子展开一段风中之旅，经历从离开果荚，到萌芽、开花、孕育出下一代的生命历程，从而体会到生命生生不息，活着不易，也会更加关注生命，珍惜生命。

那么，如何在班级共读中把这个故事讲好呢？

角色

> “很久很久以前，也是一个这样的秋天，花妈妈正在送别它的孩子们，好多好多的花种子，让它们随着风，飞啊飞啊，找到一个最好的地方，然后发芽、长叶、开花……种子们都迫不及待地等着要出发了，可是，花妈妈还是对一粒特别细小，比别的所有种子都小的小种子不放心，还在一遍遍嘱咐着。这时，一阵大风吹来，把花种子们高高地扬起来，带到远方去。这最小的小种子能不能跟上别的种子呢？这些种子又会去哪里呢？孩子们，让我们一起把这个故事讲下去吧，从现在开始，你们就是这一粒最细小的小种子了，一路上，你们会遇到什么，你又会怎么来对待呢？”

在这里，散文化的叙事语言被改编成了故事语言，配上投影在大屏幕上的作家用色彩精心渲染出的大幅灿烂壮丽的秋天景色：草仍绿、树已黄，绿色、黄色和金色的秋叶舞进了蓝澄澄的天空。秋风吹散了花朵上的种子，种子翩然在空中起舞、飞翔。可以让学生寻找、辨认那粒最小的小种子在哪里。啊，就在众多胖鼓鼓的大种子后面呢！这样，把画面和“角色扮演”自然结合在一起，从而也更引起了孩子们对小种子命运的关注：它那么小，能不能跟上别的种子呢？它最后又能到哪里呢？

> 一粒种子飞得特别高，越飞越高。它飞得太高了，炽热的阳光把它烧着了。而我们的小种子呢，同别的种子一起继续旅行。

卡尔的画面实在太精彩了，亮黄与大红拼贴出的太阳足足占了近一半的构图空间，那粒被烧着的种子，带给孩子最直观的体验是：飞翔不易啊，充满着危险。那看似耀眼明亮的（比如名声、地位啊），却是死亡之火。通过画面和老师的讲述，对这粒不幸的种子表达出惋惜的时候，不妨为故事添加这样一个细节：“小种子啊小种子，这个时候你会怎么想怎么做呢？”

这样，通过对故事空白的填补、丰富，学生将自己原有的经验也融入了故事中，从一个被动的听众变成了更为积极并参与创作的读者，在以“重复”为主要写作手法的绘本故事中，他们也得以一次次重组、更新自己的经验，更加自主地参与创造，从而促成新的认知，为新的可能和变化打开通道。这就是“建构”。而在这里老师们要注意学生参与的分寸感，以不破坏故事本身的完整性为原则。

这样，故事就在画面、老师的讲述和学生的角色参与中继续下去。需要提醒老师注意的还有两点：

第一，从种子们开始飞翔一直到落到地上，是一个漫长而危险重重的过程，可以说每前进一步都要经历一次危险、一次考验。这就要求老师在讲述时把画面、故事及学生的情绪整合起来，从而促进学生扮演角色时产生更丰富、更深入细腻的情感和认知体验：叹息、庆幸，小心、谨慎，坚持、不放弃……

第二，对于那些旅途中的“失败者”，只通过画面和语言去呈现事实即可，不要让学生脱离“小种子”角色，而对这些“失败者”妄加评议。其实，在现实生活中，我们见到更多的应该是这些“失败者”，生命有其自身的复杂与神秘，但对于低段年龄的孩子，需要反复强化的是“小种子”这样虽然弱小，但却凭着努力和信心，最终怒放的完美形象。

而在后面的故事中，来自冰雪的考验，来自小鸟、老鼠等外在的危险，以及来自同伴的竞争，还有那漫长的孤独的独自生长，面对这些现实世界的真实写照，老师一定要把握住分寸，故事的核心在“小种子”，要引发学生在每一种新的问题出现时思考：“小种子啊小种子，你会怎么想怎么做呢？”这样，简单的对话，也是一个让学生面对生活困境，学习做出判断、选择的过程。

节奏

每一个故事都有自身的节奏。讲述的节奏与之符合，则课堂张弛有度，生气勃勃。

小种子一生的故事跌宕起伏，但仍然可以划分为下面5个阶段：

1. 飞翔（太阳、冰山、大海、沙漠）；

2. 落地（小鸟、冰雪、老鼠）；

3. 生长（同伴的竞争、孩子的采摘、孤独）；

4. 开花（生命怒放，美丽无比）；

5. 孕育（生命延续）。

因此，在每一个阶段相同内容的叙述中可以有所侧重，比如在第一阶段飞翔中，就可以选取“太阳”“大海”片段，让学生更细腻地表现。而在落地和生长部分，则重点通过老师的讲述和画面，表达出对小种子安然无恙的庆幸。而在开花部分，则可以通过师生角色对话（老师扮演小鸟，访问巨型花），通过老师的引导，让学生感受到感恩、谦逊。

每一堂课也都有自身的节奏。在低段读写绘中，课堂的节奏是和绘本、学生紧密相关的。

因此，在第一遍讲演完这个故事后，老师可以将文字出现，画面缩小（或变暗）作为背景，根据学生情况，由老师，或者师生共同合作把故事内容再朗读一遍。

对于一二年级的学生，重复是必要的。

附：作业及拓展

1. 有条件的话，可在课前或课后组织学生到大自然中观察，若能收集些花种子更好，让他们妥为保存，等到下一个春天来临的时候，重温故事，并亲手播下小种子。若无条件集体出游，可建议家长，利用周末，带孩子到野外秋游；

2. 故事续编。这些小种子，又会飞到哪里，发生怎样的故事呢？把《小种子》的故事讲给爸爸妈妈听后，再一起编一个故事，在写绘本上完成。

《哦，美丽的巴拿马》：关于友谊、梦想与寻找

《哦，美丽的巴拿马》是德国儿童文学大师雅诺什的名作，用了整

整48个页面的文字和图画，描述了一个如书名一样美丽的故事。

故事内容其实很简单，小老虎和小熊快乐地生活着，直到有一天它们知道有一个更加快乐更加美丽的地方叫巴拿马。于是小熊就戴着它的大帽子，小老虎就拖着它的虎鸭子车，去找巴拿马了。可是找来找去找不到，最后乌鸦指给它们看，巴拿马就在那儿。那儿是哪儿呢？它们走啊走啊，经历千辛万苦，原来巴拿马就是它们原来住的地方啊。

可是故事读完后给人的思考却又不那么简单。人生的哲学，就在里头了。不过，对于二年级学生来说，故事里所透出的关于友谊、梦想，还有为梦想而上路、寻找的描述，则应成为他们这个年龄适宜的心灵滋养。

那么，如何讲好这个故事呢？

重要的仍然是角色，是游戏式的参与，是在共同参与故事的过程中，很自然地让学生去体验与经历。

因此，在角色的定位上，就可以请全班男生扮演“小熊”，而女生扮演“小老虎”，老师在讲故事的时候，就可以随着情节的发展而请“小老虎”和“小熊”作出角色的选择了。如果班中学生的朗读足够好的话，那么随着故事的发展，故事中“小熊”和“小老虎”的一些简单对白，就可以放手让学生来承担了。

那么，故事就开始吧：

> 很久很久以前，有一头小熊和一只小老虎。他们住在一条小河的下游。瞧，他们就在那棵大树旁，那炊烟升起的地方。他们还有一条小船呢。
>
> 小熊和小老虎的小屋特别舒服。屋顶上还有一个烟囱。

在这个绘本里，假如没有画面，也丝毫不影响故事的感染力，因为文字足以表达一切了。所以当“很久很久以前……”被老师用自然平和的语调讲出来的时候，就已经是向孩子们发出了邀请：请来到另外一个世界，那里有你们想要的新奇与美好。至于画面上的东西，也不用刻意让学生再三去观察，因为随着你的讲述，孩子们的眼睛自然会在画面上寻找他想要的一切。

> “我们的生活多好啊。”小老虎说，“想要的都有了。我们都还很强大，什么都不用怕。你说呢，熊？”

"当然了，"小熊说，"我壮得像一头大熊，你也和一只大老虎一样强健。这已经足够了。"

画面上，小熊和小老虎肩并肩、手拉手，亲密地站在一起，小老虎的另一只手里还紧紧地拉着它最喜欢的虎鸭子车。他们一任天真的语言中透出的是快乐与满足，因此，在这里，老师要注意用两种不同的声音来表现两个角色。很明显地，还拖着虎鸭子车的小老虎更幼小一些，所以在后面故事中它的梦想也是来自小熊，在"寻找巴拿马"的旅程中，它是一个积极的参与者，一个对同伴充满信心，并且给予充分支持的合作伙伴。因此老师在表现小老虎的时候，声音就可以幼稚一些。而小熊在故事中则是一个已经充分认识并发展了自我的角色，所以它是领导者，能主动地去追求理想并积极付诸行动，在寻找过程中又很关心同伴，所以声音上就要成熟而坚定。说到这里，还是忍不住赞一句，"我们都还很强大，什么都不用怕""当然了，我壮得像一头大熊，你也和一只大老虎一样强健。这已经足够了"，这样天真的自信与幽默，真是作家对语言的创意表达，所以老师惟妙惟肖地表演出这两句，对孩子来说就是最好的语言熏染和学习了。也只有在故事的情境中，这些语言的精妙才能表现出来，所以，一切提问在这里都似乎是多余的。

小熊每天带着鱼竿去钓鱼。小老虎去森林里采蘑菇。

小熊天天煮饭。他可是一位非常棒的厨师哦。

"虎小姐，您是喜欢吃撒上盐和胡椒的鱼，还是喜欢配柠檬和洋葱的鱼？"

在这里，就可以游戏了，老师故作认真状问扮演"小老虎"的女生们，让她们选择吃什么。三四个小老虎选择好了之后，老师再接着以夸张的语气讲故事里小老虎的选择：

"都要。别忘了给我一份最大的。"

这会儿你就看孩子们的表情了，他们都吃惊得睁大了眼睛，接着他们的眼睛瞪得更大了，因为他们听到了，小熊和小老虎丰盛的美餐后还有……

他们的饭后甜食是炖蘑菇和糖水煮野草莓加蜂蜜。

小老虎和小熊生活得多快乐啊……

这个时候，所有的孩子几乎都“哇”起来了，他们已经进入到了故事当中，“小老虎和小熊生活得多快乐啊”一下子变成了一场动态的连续的生活场景了。

有一天，河里漂过来一个小箱子。

小熊把箱子从水中捞了起来，闻了闻：“嗯……香蕉。”

小箱子发出一股香蕉味儿。箱子上写着什么呢？

“巴——拿——马——”小熊念出了声。

“这个从巴拿马来的箱子有一股香蕉味儿。噢，巴拿马是我梦想的地方。”小熊说。

他连忙跑回家，给小老虎讲巴拿马的故事。讲呀讲呀，直到深夜。

在这里，老师可以问“小熊”们一个问题：“小熊啊小熊，你去过巴拿马吗？没有去过，那么你怎么知道巴拿马那么多的故事呀？”这样，孩子们就知道了，小熊讲的那么多故事都来自他的梦想。然后老师可以让“小熊”们展开想象：你都给“小老虎”讲了哪些有关巴拿马的故事呢？这样，你就可以听听你们班“小熊”的梦想了，语言表达和学生的内心世界就这样自然结合在了一起。而且，几个学生回答之后，不但不破坏故事的完整，反而是对故事的一种补充，因为“讲呀讲呀，直到深夜”呢！然后，老师再收回到故事中幽默的叙述上。

“巴拿马，你知道吗？那里的一切都更加美丽，因为它闻起来从头到脚都有一股香蕉味儿。虎，巴拿马可是我梦想的地方呀。我们明天就去找它好吗，虎？”

“行，明天就出发。熊，我们什么都不怕。但一定要带上我的虎鸭子。”

在这里，别忘了，先让“小老虎”们做出回答啊，这样故事的角色就一致了，也可以问一个女生，为什么“一定”要带上你的虎鸭子啊？听听她会天真地说些什么。

第二天，他们起得特别早。

“如果不认识路，应该首先需要一个路标。”于是他用箱子做了一个路标。

“一定要带上我的鱼竿。”小熊说，“有了鱼竿，就有了鱼。有了鱼，就不会挨饿了。”小老虎接着说：“如果不挨饿，也就什么都不怕了。你说对不对，熊？”

小老虎还背上了一口红色的锅。“熊，这样你就能每天给我做好吃的了。你做什么我都喜欢吃。嗯……”

小熊戴上他的黑帽子后就和小老虎一起上路了。他们沿着小河，朝着路标指的方向走去……

路上，他们碰见了一只老鼠。

“喂，老鼠，”小熊说，“我们现在去找巴拿马。那是我们梦想的地方。那里的一切都和这里不一样，还都大好多……”

“比我们的老鼠洞还大吗？”老鼠问，“但这是不可能的。”

在这里，老师扮演老鼠的角色，这只堪称“夜郎”的自大老鼠，对你的声音和语调，又是一种挑战哦！

走啊走，寻找巴拿马。噢，美丽的巴拿马。

这句话在故事中重复出现，来表现小熊和小老虎走了很多很多路，到了很多很多地方，来寻找巴拿马。所以每逢这句话出现的时候，让全班学生齐读就可以了。在一遍又一遍的重复中，“寻找”、“美丽的巴拿马”慢慢地就进入他们心灵深处了。

他们遇到老狐狸。他正准备用一只鹅来欢庆自己的生日。

“去巴拿马怎么走？”小熊问。

“向左。”狐狸不假思索地说。他可不想让谁搅了自己的生日宴会。

但是向左是错误的。如果他们不向老狐狸问路也许会好些。

走啊走，寻找巴拿马。噢，美丽的巴拿马。

他们遇到一头母牛。

“去巴拿马怎么走？”小熊问。

“向左。”母牛说，“右边住着农民。农民住的地方肯定不是巴拿马。”

又错了。如果总是向左走，会走到哪儿去呢？

对呀！肯定就是出发的地方了。

童话里一切都是象征，老鼠啊，狐狸啊，母牛啊，都是象征着人生旅途上遇到的形形色色的人。在讲这一部分的时候，老师要注意的一点，就是克制自己“道德灌输”的欲望，比如在描述“狐狸”的时候，不应把重点放在“残暴、狡猾、凶狠”上，而让孩子从故事旁逸斜出开来。这个绘本故事重在“寻找梦想、友谊合作”的主题，因此，这些地方讲过就是，“小熊”和“小老虎”没有吃惊的地方，老师们也就更不用大惊小怪了。

另外，在“总是向左走，会走到哪儿去呢?”这个问题上，假如班里的学生有些还明白不过来，也不用急于解释，因为到故事的最后他们会明白的，如果还是不明白，那么黑板上画一个简单的示意图，问题也就解决了，重要的是故事，故事!

突然下雨了。雨水从天空中落下来，嘀嗒，嘀嗒，嘀嗒……

“只要我的虎鸭子不被淋湿，我就什么都不怕。”小老虎说。

晚上，小熊用两个铁皮桶搭起一个避雨小屋。他们点起篝火取暖。“多好啊,”小老虎说,“如果拥有一个会搭避雨小屋的朋友，就什么都不怕了。”

雨停了。走啊走，寻找巴拿马。噢，美丽的巴拿马。

没过一会儿，他们饿了。

小熊说:“我有鱼竿，可以钓鱼。虎，你在大树下点一堆火等我，我们煎鱼吃!”

但那里没有河。没有河的地方就没有鱼。没鱼，鱼竿也没用。

太好了，小老虎找到了蘑菇。

“如果拥有一个能找到蘑菇的朋友,”小熊说,“那就什么都不用怕了。是不是，虎?”

在人生旅途中，不仅要遇上很多很多形形色色的人，还要经历很多很多形形色色的事，尤其免不了失败与挫折。在这里，遇到“下雨”和“饿了”这样的困难时，老师可以停下来，先问问学生:“‘小熊’和‘小老虎’啊，你们怎么办呢?”先让学生表达一下他们的意见，然后再继续往下讲。这样，可以更好地体验小老虎和小熊之间的合作与友谊。

走啊走，寻找巴拿马。噢，美丽的巴拿马。

他们遇到一只兔子和一只刺猬。他们正背着刚收获的庄稼往家走。

“跟我们一起回家吧。”他俩说，“你们可以在我们家过夜。我们非常欢迎会讲故事的客人。”

他们让小熊和小老虎坐在舒服的沙发里。

“这是世界上最美丽的沙发。”小老虎说，“我们今后在巴拿马一定要买一个这样的沙发，那么我们想要的一切就都有了。是不是？”

“是。”小熊说。

小熊整个晚上都在给两位主人讲巴拿马的故事。

“巴拿马是我们梦想的地方，因为它从头到脚都有一股香蕉味儿。是不是，虎？”

“我们还从没走出过我们这块地方。”兔子说，“以前，我们的土地一直是我们梦想的地方。因为这里可以生长谷子。我们生活在这里。但从现在开始，巴拿马是我们梦想的地方了。是不是，刺猬？”

主人让小熊和小老虎在沙发上睡觉。在这个夜里，他们四个一起梦见了巴拿马。

这一段也是我非常喜欢的，温暖、温情又温馨，而且含义丰富，足够耐人寻味。同上面那些人物相比，作家为儿童染上了最亮丽温情的人生底色，刺猬和兔子，应该有着另外的“小熊和小老虎”的故事，他们的梦想在某种意义上已经实现：在土地上收获谷子，拥有一张很舒服的沙发，生活自足而幸福。但是小熊带来的故事，却让梦想也有了超越的可能，“美丽的巴拿马”将一直不断把人引向更高更深层次的幸福生活。不过，在讲这段的时候，老师仍然需要把重点放在讲述“巴拿马”的美丽，可以把刚才学生讲到的梦想编辑在一起，如果讲得你自己都想去了，那么真要大大恭喜你了哦！

走啊走，寻找巴拿马。噢，美丽的巴拿马。

他们遇到一只乌鸦。“一般乌鸦都十分聪明。”小熊说。

于是他向乌鸦打听路。

“哪条路？”乌鸦问，“有成百上千条路。”

“通往我们梦想地方的路。那里的一切都不一样。更美丽，更大……”

“我非常愿意带你们去看你们想去的地方。”乌鸦说，“跟着我一起飞吧。”

呼——！

她先跳到一棵大树最矮的一个枝丫上。然后就一点一点地向上飞。但他们俩不会飞，只会向上爬。

“千万别松手啊，熊！”小老虎喊道，“否则我的虎鸭子会折断一个轮子的……”

“到了。”乌鸦说，“瞧，就是这儿。”她用翅膀指着周围的颜色。

“噢，噢——”小老虎喊，“太，太，太，太美了！是不是，熊？”

“是呀，这是我见过的最美的景色。”小熊说。

“噢，噢，这就是巴拿马……”小老虎说。

还是再啰嗦一句，现在知道讲这个故事最大的挑战了吧，就是人物众多，老鼠，狐狸，母牛，还有刺猬和兔子，以及聪明的乌鸦，寥寥数语，但每个形象却都非常鲜明，所以如果你能用声音来准确生动地演绎出来，那可真是太有成就感了哈！另外再说一句，这里的小熊和小老虎的对话，学生是完全可以胜任的，他们就喜欢这样说话。“太，太，太，太美了！”是不是？

“走，我们赶快接着走吧，到河边去。我们要在那里建一幢舒舒服服、带烟囱的小房子。我们什么都不怕，熊。”

他们从树上爬下来，很快就到了河边。

“你去找些木头。”小熊说。然后他做了一只木筏。

“多好啊，能拥有一个会做木筏的朋友，就什么都不怕了。”然后他们就把木筏放到水里，乘着它划到河对岸。

“当心，熊。”小老虎说，“别弄翻我的虎鸭子。它游泳的水平可不怎么样。”

他们在对岸沿着河边走。小熊说："你就跟着我走吧。我认识路。"

"这样我们就什么都不用怕了。"小老虎说。

他们接着往前走，在一座小桥旁停下来。

这座小桥是小熊当年建的。而且，他们马上就能看到他们小屋四周的灌木了。但他们已经不再认识他们的小桥。随着时间的流逝，河水让小桥改变了模样。

"我们一定要把小桥修好。"小老虎说，"你在下面托着桥板，我在上面修。当心，千万别让我的虎鸭子滚到水里去。"

他们在河对岸发现了一个路标。路标翻倒在草丛里。

"你看，那是什么？虎？"

"哪儿？"

"这儿！"

"一个路标。"

"上面写的什么？"

"不知道。我不认识。"

"巴……"

"巴哈乖。"

"不对。"

"番图佛。"

"不对，你真笨。巴——拿——马。巴拿马！虎，我们已经在巴拿马了！在我们梦想的地方。噢噢噢——来，让我们跳舞欢庆一下吧！"

他们高兴地转着圈圈，跳了起来。

这里也是让孩子们笑逐颜开的地方，太有趣了，这不明明是小熊当初自己钉下的那个路标吗？虽然知道了"谜底"，可是孩子们却仍然很开心地看小熊和小老虎后面继续做些什么，你呢，就不要约束自己了，和孩子们一起欢乐地跳舞庆祝吧！

当他们又往前走时，看到一幢已经开始坍塌的带烟囱的房子。

"哎，虎，"小熊喊道，"我们明亮的眼睛看到什么了？

说呀！”

“一幢房子，熊，一幢美妙神奇的房子，还有烟囱。世界上最美丽的房子。熊，我们就住在这儿吧。”

“这里多宁静，多舒适呀！虎。”小熊大声地说，“听！”

风吹雨打使他们的老房子和以前不一样了，所以他们没有认出它。同时周围的树和植物也都长高长大了许多。

“这里的一切都大多了，熊。”小老虎大声地说，“巴拿马真是太美丽、太神奇了。是不是，熊！”

于是他们开始维修房子。小熊盖上屋顶，又做了一张桌子和两把椅子还有两张床。

“我最想要一把摇椅。”小老虎说，“要不然我就不能坐着摇晃了。”她做了一把摇椅。

然后他们在花园里种了各种植物。很快，一切就和以前一样美丽了。小熊钓鱼，小老虎采蘑菇。他们买了一个长毛绒的软沙发，生活变得比过去更舒服了。绿树丛中的小屋是这么美丽，世界上没有任何一个地方可以和它相比。

“噢，虎，”小熊每天都说，“多好啊，我们终于找到了巴拿马。是不是？”

“是，”小老虎说，“这是我们梦想的地方。我们永远不再离开这里。”

画面又回到了最初，小熊和小老虎肩并肩、手拉手，亲密地站在一起。这也是童话的特点，总是按照“在家——离家——回家”的结构来写的，这样能给儿童安全感。而成人小说则通常是“在家——离家”的结构，长大意味着心智成熟到能够独立去面对这个变化莫测的世界了。但是有了一番离家的经历后，儿童的心智也经历了一番成长，所以这个时候，有些问题，是可以再和“小熊”和“小老虎”讨论一下的：

“‘小熊’和‘小老虎’啊，现在你们知道了吧，你们找到的‘巴拿马’就是你们原来的家啊，你们是不是觉得，你们当初就该待在家里？”

“你们是不是觉得，如果那样的话，他们就不会浪费时间了？”

想知道听过这个故事的孩子们的真实回答吗？他们真是智慧，他们说的跟作家想告诉他们的几乎一样啊！

“哦，不，因为如果我们待在家里的话，那么我们就不会遇到兔子和刺猬了，也不会有一个那么舒服的沙发啦！”

“而且，也不会遇到聪明的乌鸦了，也不会知道在树上看，是多么好玩啦！”

“还有，也不会遇到狐狸、母牛，还有老鼠了。”

“还有还有，他们就不会知道原来自己的家有这么美丽啦！”

听了这些，你还能再说些什么呢？只想再为孩子们讲一个雅诺什写的故事吧！

不过，还是先把写绘作业布置一下吧：

你是不是想去一个地方
一个很远很远的地方
噢，美丽的“巴拿马”
那就动身，我们一道去“巴拿马”
带上你最亲密的伙伴
带上爸爸、妈妈
和所有你爱的人
走啊走
走啊走
我们去寻找
寻找“巴拿马”
哦，美丽的“巴拿马”

画一画你梦想中的“巴拿马”，你会和谁一起去，怎样去寻找与生活呢？

《花婆婆》：做一件让世界变得更美丽的事

“做一件让世界变得更美丽的事”是《花婆婆》这个故事的主题。故事本来是从倒叙开始的，但是我却建议，如果用幻灯片给全班的孩子讲这个故事的话，还是从最经典的“很久很久以前……”开始吧。

就像阿里巴巴那个神奇的咒语，念下它，一个无比巨大的藏宝洞便开启了，“很久很久以前……”，念下这句神奇的咒语，便将孩子们带入了另一个世界，一个过去的世界，一个远离现实、远离讲故事的人和听众的世界。

很久很久以前，有一个小女孩儿，叫艾莉丝。她住在海边的城市。从她家门口的石阶上，可以看到码头和来来往往的大船。

大海、码头、船只；船头的人像、印第安人像、绘有帆船和沿海地区风景的油画，随着主人公小艾莉丝的视角，那个遥远的世界在孩子们的眼睛中真切起来，也愈发引起他们对远方之远的一种向往与期待。

他们和小艾莉丝一起，看爷爷雕刻，看爷爷作画。

他们看着小艾莉丝也拿起画笔，在画布上画白云。

他们和小艾莉丝一起，听爷爷讲那些很远地方发生的故事。

这是故事里的故事啊，爷爷在这里是讲故事的人，他在讲他自己的故事，如果说每个人的一生要成为一个故事的话，那么必须得经过“讲述”或者“书写”，否则只能是一堆故事的原材料罢了。而在不断地讲述中，在不停经历中，人们也会发现生命更深刻的意义。爷爷也是如此，所以他在听了艾莉丝的两个愿望之后，为她补上了重要的第三个愿望：做一件让世界变得更美丽的事。

这是爷爷一生的经验，是他对生命的感悟和最睿智的概括。因此，在这个片段的讲述中，在欣赏完艾莉丝坐在爷爷腿上听故事的那幅温馨的画面后，艾莉丝和爷爷的这段对话要很清晰地打在大屏幕上，老师和学生一起分角色来读（可在幻灯片上将师生的话用不同颜色显示出来）。

晚上，艾莉丝常常坐在爷爷的大腿上，听他说一些很远的地方所发生的事情。

每次爷爷说完了故事，艾莉丝就接着说：“爷爷，我长大以后，要像你一样去很远的地方旅行。当我老了，也要像你一样住在海边。”

“很好，”爷爷笑着说，“但是，你一定要记得做第三件事。”

“什么事？”艾莉丝问。

“做一件让世界变得更美丽的事。”

“好哇！”艾莉丝答应得又快又大声。

读后，老师可以提出一个问题：“为什么爷爷要让艾莉丝一定记得做一件让世界变得更美丽的事呢？这会是一件什么事呢？”但这个问题，不需要学生回答，只是唤起他们的注意与思考，使他们在这样的情绪背景下，继续去听后面的故事。

可是老师是一定要知道的，因为这时候的艾莉丝，她只是一个很小的小女孩儿呀，她的所有经验都是慈爱的爷爷，和这间熟悉的房子周围的一切给予的。所以她只能提出“到很远的地方旅行”和“住在海边”这两个愿望，如果说爷爷的故事已经定稿的话，那么，艾莉丝的故事才刚刚开始。而在孩子的成长中，通常会把某个故事，或者生活中的某个人，当做自己一生故事的蓝本，而这个蓝本最终能否成为一个精彩的故事，则是需要他在漫长的岁月中，去经历、体验、寻找，甚至在痛苦的抉择中，慢慢书写的。

这儿也提醒每个孩子身边的成年人，除了注意自己的言行，提供一个优良的摹本外，我们能做到的就是像爷爷一样，在“小艾莉丝们”的童年时代，播下一颗美丽的种子，然后，托付给岁月和大地。这也是新教育儿童课程选择《好饿好饿的毛毛虫》《小种子》《花婆婆》《丑小鸭》等故事，在儿童浪漫阶段中的开学、生日等人生重要时刻讲给他们听的原因。

因此，虽然小艾莉丝还不知道将来会做什么样的事，虽然她每天起床、洗脸、吃早餐、上学、放学、做功课，看似和这个年龄的所有孩子一样生活着，但是她的心里，却充满着对未来的渴望与期待。

完成了人生必要的学习准备后，长大了的艾莉丝，现在我们该称她为卢菲丝小姐了，她独立自主，有能力把握自己的生活，开始实现自己的愿望了。老师要借助充满温暖色调的画面，充分展示给孩子们：

在图书馆里，卢菲丝小姐和孩子们在一起，她温柔、优雅；

在公园温室里，卢菲丝小姐陶醉在花草的芬芳中，但又充满遗憾；

在热带小岛上，卢菲丝和渔村村长一家在一起，她快乐、感动；

而从骆驼上摔下来的卢菲丝小姐，开朗、豁达。

画面温馨恬美，可是我们却依然能通过细微的情绪变化，感受到卢菲丝小姐在实现愿望的过程中所经历的生命经验：高兴、遗憾、放弃、寻找、忧伤、豁达……当然，若是在真正的现实生活中，卢菲丝小姐的经历要远远比这波折得多。

《花婆婆》这个故事是美国著名绘本画家芭芭拉·库尼的后期作品，她毫不掩饰地说："在我所有的作品中，《花婆婆》《小岛男孩》和《海蒂和激浪》最贴近我的心灵，堪称我的自传。"当卢菲丝小姐"到处旅行"去体验、经历时，芭芭拉·库尼也在人生之旅中经历着波澜，她曾两度结婚。我不敢妄猜芭芭拉的一生究竟是怎样的，但是我却知道，所有的生命体验都成为她创作故事的材料，即使是悲伤、哀怨的生命经验，也能被她理解、接纳、欣赏，并创造成生命中的美好故事。所以，我们在画面上就看到了"摔伤"却依然豁达开朗，并积极想着可以实现第二个愿望的卢菲丝小姐，我们也看到了画出那令专业人士都惊奇的讲究细节的芭芭拉，"连背景上的窗户、女孩子戴的帽子和头上扎着的蝴蝶结，都经过了考证，是严格按照上个世纪初时的样子画出来的。"（摘自彭懿《图画书》）

相比于呈现实现前两个愿望的几个单页，第三个愿望的实现，作家用了整本书剩下的大量篇幅来描绘，这其实也是暗示着：第三个愿望的实现难度要比前两个大得多，也重要得多，因此过程也更复杂。

这是为什么呢？

我们来看看这三个愿望吧。根据马斯洛的"需要层次理论"，我们知道，人作为一个有机整体，具有多种动机和需要，包括生理需要、安全需要、归属和爱的需要、自尊需要和自我实现的需要。其中"自我实现的需要"是超越性的，追求真、善、美，将最终导向完美人格的塑造，此时产生的"高峰体验"代表了人的这种最佳状态。这个时候是人处于最激荡人心的时刻，是人的存在的最高、最完美、最和谐的状态，这时的人具有一种欣喜若狂、如醉如痴、销魂的感觉。

而在高层次的需要出现之前，低层次的需要必须得到适当的满足。

这样，我们就充分理解了为什么“做一件让世界变得更美丽的事”是“第三件事”了，在低层次的需要满足后，人就有寻找更深刻意义，追求更顶端的幸福的需要，并且相信自己能对生活对世界做出有意义的贡献——如果不是现在，就是将来某个时候。

而在童年，这个儿童最初开始体验世界、认识世界和发现世界的浪漫阶段，他所拥有的理想和愿望，将决定他如何塑造和丰富他未来的生活。

所以我们就看到了小时候在艾莉丝心中播下的那粒种子，现在已经漫山遍野盛开。

> 第二年春天，那些种子几乎同时开花了！原野上、山坡上开满了蓝色的、紫色的和粉红色的鲁冰花，它们沿着公路和乡间小路盛开着，明亮地点缀在教室和教堂后面，连空地上和高高的石墙下面，都开满了美丽的鲁冰花。

定格在那美丽的画面上，老师应该用娓娓的声调，结束卢菲丝小姐的故事：

> 后来，卢菲丝小姐非常老了，她的头发也白了，可是，她还是不停地种花，每年都开出更多更美的鲁冰花，现在，大家还叫她“又老又疯的怪婆婆”吗？

这时，就可以出示那张“花婆婆”穿着绿色风衣、高昂着头、撒着花种的封面了。

然后，可以卖个小小的关子，问学生：“故事到这里结束了吗？”

然后啊，就可以出现那个花婆婆给孩子们讲故事的画面了，告诉他们：“故事还没有结束呢！像爷爷一样，卢菲丝小姐也有一个小孙女，也叫艾莉丝。小艾莉丝和朋友常站在篱笆外面，好奇地看着卢菲丝小姐种花。朋友们都认为她是世界上最老的一位老婆婆，她偶尔会邀请孩子们进屋子里，听她说故事。”

像刚才一样，把卢菲丝小姐和小艾莉丝的对话投影在大屏幕上，分角色朗读。

> 花婆婆常说一些很远的地方所发生的故事。有一次，小艾莉丝告诉她：“等我长大以后，要像你一样去很远的地方旅行。当我老了，也要像你一样住在海边。”

“很好，”花婆婆摸摸小艾莉丝的头说，“但是，小艾莉丝，你一定要记得做第三件事。”

“什么事？”

“做一件让世界变得更美丽的事。”

“好哇！”小艾莉丝答应得又快又大声。

这样，整个故事就全部讲完了。用时差不多十五分钟，就可以把故事再讲一遍，这样的重复对于二年级及以下的孩子是必要的。

这次可以按照原书的顺序从头到尾讲了，除了让学生感受作者倒叙的手法外，也可以在内容上做些许变化，以引起他们的注意。另外，同之前以画面为主，只有那两段对话文字出现不同，这次可以将故事的全文，在幻灯片上打出，而画面则相对退让到次要地步。根据学生具体情况，老师可让学生全文朗读，或者选取部分朗读。

而到最后结束的时候，又可以卖个小小的关子了：“故事现在结束了吗？”这时，大屏幕上又出现这样的话：

今天，我们班的小朋友听到了花婆婆的故事，听到了花婆婆说的在很远的地方所发生的故事。

听完故事，小朋友们告诉花婆婆：“等我长大以后，要像你一样去很远的地方旅行。当我老了，也要像你一样住在海边。”

“很好，”花婆婆对小朋友说，“但是，小朋友们，你们一定要记得做第三件事。”

“什么事？”

“做一件让世界变得更美丽的事。”

“好哇！”小朋友们答应得又快又大声。

然后布置作业：小朋友，你想到什么地方去旅行，又想做一件什么样的让世界变得更美丽的事情呢？请写下来画下来吧！

另外，还可以配合时令或者请家长协助，做一些拓展性的练习。

如果是春季开学讲这个绘本，请每个同学都选一种自己喜欢的花种子（最好是可以开花的），种下它，然后向它许下一个承诺。

家里有祖辈老人的话，也可请学生访问，听听老爷爷老奶奶的故事，帮他们画下来（不过，访问前要先写一封信同家长做好沟通）。

《老鼠牙医地嗖头》：面对危机的两难选择

优秀的童话故事，总是通过暗示的方式向儿童讲述人类的故事，故事中人物面对困境的选择，集中了人类生命体验的智慧，为成长中的儿童提供了最值得借鉴的榜样。《老鼠牙医地嗖头》就是这样一个无比精彩的故事。

面对狐狸可怜兮兮的哀求，医术精良、医品更优的地嗖头夫妇内心经过了一番斗争，终于引狐入室。一个老套的“以弱胜强”的故事，却被威廉·史塔克讲得跌宕起伏，再加上他为故事精心配就的插图，更是让人在翻页之间，有一种观看电影大片的感觉。

那么，讲这个故事的时候老师还需要做些什么呢？

当然是锦上添花——让孩子们更深入地进入到地嗖头的内心世界去！

故事角色在遇到危机时的两难选择，将是讲述的关键。

故事从封面就开始了，所以如果想取得更好的讲述效果，绘本中的文字和画面可以用幻灯片分离开，根据需要确定文字或者画面的出现顺序。比如第一页中的文字，其实在封面和书名页，就已经用画面介绍了。

> 地嗖头是个牙科医生（封面），他的技术非常好，所以病人总是很多很多。跟他的身材差不多的病人，像迷你兔、天竺鼠等等，坐在诊疗椅上，让地嗖头医生为他们看病。（书名页）

“遇到个子比较大的病人，像猪啊，地嗖头会怎么给他们看病呢？”可以先问问学生，再出示画面，让他们将自己的想象和画家的想象做比照。

> 个子比较大的病人，就坐在地板上，地嗖头医生得爬到梯子上，为他们看病。

“那要是遇上比猪太太还大的病人，比如像牛啊，马啊，鹿啊等等，地嗖头又会怎么给他们看病呢？”接着挑战学生的想象，然后再出示画面和故事。

> 要是遇上一些身材特别高大的，也难不倒地嗖头。他有一

个特别的房间，可以由他的助手——也就是地嗖头太太帮忙，把他吊在半空中，为他看病。

人人都说地嗖头医生好，大动物们更是特别喜欢他。地嗖头医生可以穿着雨鞋，把头钻进他们嘴巴里工作，他用轻巧的手指、细细的钻子为他们修补牙齿，所以他们一点儿都不觉得痛。

就是这样，史塔克在一开始，就把孩子们带入到一个神奇的世界，看着那个小小的灵巧的身影，吊上吊下为病人认真看病的样子，哪一个学生心里不会装着这样的念头呢："这样看病可真有趣！我要是地嗖头医生就好了！"

马上满足他们的愿望！现在，男同学就是地嗖头医生，女同学嘛，就是地嗖头太太啦。

接着，出现新的画面，那个大大的营业招牌上的字格外醒目：猫及任何危险动物恕不治疗。然后老师故意问问学生："地嗖头医生和地嗖头太太啊，危险动物除了猫还有谁啊，你们为什么不给他们看病呢？"孩子们都很喜欢这种明知故问的方式，他们会更加认真地告诉你："当然了，我是老鼠嘛，猫来了我的小命还不玩完了，其他吃老鼠的，我当然统统都不能看。"

因为地嗖头医生是一只老鼠，所以他拒绝为任何可能伤害老鼠的动物看病，这一点，他在招牌上写得清清楚楚的。每当楼下的门铃一响，他和太太就跑到窗边向下望，即使是看起来很胆小、很害羞的小猫，也不让他进来。

有一天，他们竟然看见一只穿得很整齐的狐狸站在下面，从头顶到下巴绑满绷带。地嗖头医生大叫："我不能帮你看病，你没看见招牌上的字吗？"

狐狸低下头哭起来："求求你，行行好，我的牙齿好痛好痛！"他哭得眼泪、鼻涕直流，看起来真是可怜。

这里，老师就要把这只狐狸的可怜样惟妙惟肖地学出来，这可是很大的挑战哦。然后问男生一个很重要的问题："地嗖头医生啊，狐狸看起来真是可怜，你怎么做呢？"

这样的问题就是道德两难问题。作为医生，救死扶伤是他的职业操守，不能见死不救；而作为老鼠，接纳狐狸就意味着自己和太太的生命有巨大的危险。这该怎么办？道德两难选择是生命旅程中经常遇到的困境，能做出理性明智的选择意味着道德发展到了较高的阶段，也就能更好地把握自己的生活。而学生参与讨论故事中人物的道德两难选择，心理上是安全的，他们既可以充分发表自己的观点，同时故事中人物最后的典型化选择，也将为他们的人生经验带来提升。此时此刻学生们可能为地嗖头医生做出种种选择：可能坚持不让狐狸进来，因为生命不能拿来冒险；也可能让狐狸进来，因为生命有善良的本能，而且地嗖头医生又那么关心病人。在这里特别提醒老师注意的是，对于学生发表的任何观点，老师不要以“对”或者“错”来进行评价，这样简单化的评价会让学生养成为博取老师欢心而“察言观色”做虚假发言的习惯，老师只需要让他们真实表达出来就可以了，故事自然会告诉孩子们，怎样的选择才是最符合人生价值的。

地嗖头医生说：“你等一下。”然后小声地问太太：“我们怎么办呢?”

地嗖头太太说：“我们就冒一次险吧。”她按下电钮，打开门让狐狸进来。

同样，这里可以问一下女同学：“地嗖头太太啊，你为什么选择冒险了呢?”这样，通过角色扮演，一方面强调了“善良”的品质，还有“病人重要”的职业道德；另一方面，也暗示着，我既然做出了这样的选择，就表明我有能力面对可能发生的危险状况。选择既简单又复杂，理性的选择则往往需要预料到选择的结果，而面对两难问题做出不一般的选择，则意味着对自己能力和信心的强烈信任。

狐狸飞快地跑上楼，跪在地上说：“上天保佑你们的好心肠，快救救我吧，我的牙痛死了！”

“先生，请坐在地板上，”地嗖头医生一边洗手一边说，“把绷带拿掉。”

地嗖头医生爬上梯子，勇敢地跨进狐狸的嘴巴里。“呜——”他简直要透不过气了，因为狐狸的嘴巴实在太臭、太难闻了。

“这颗蛀牙要拔掉，”地嗖头医生大声宣布，“不过我们可以帮你做一颗新牙。”

“噢——”狐狸呻吟着说，“做什么都可以，只要牙齿不再痛就好了。”

故事精彩，画面也非常精彩，在讲故事的时候，老师可要注意发掘画面元素，把故事讲述得更加扣人心弦啊。比如，狐狸和地嗖头夫妇在同一个空间内，超级悬殊的身体大小比例，更加营造了紧张的氛围，而地嗖头医生一边洗手一边留心着狐狸的情况，地嗖头太太也紧密注意着狐狸的动向，都在说明，他们全力以待。

虽然牙齿很痛，狐狸还是感觉到嘴里有个好吃的东西在那里动来动去。他的下巴忍不住抖起来了。

“张开！”地嗖头医生大叫。

“张大点！”地嗖头太太也跟着大叫。

这里可以插入问题，分别问“地嗖头医生”和“地嗖头太太”：“你们为什么大叫啊？”

这样，孩子更加生动地体验到当时的紧张气氛，而地嗖头太太对丈夫的关心，也通过“张大点”这三个字淋漓尽致地显现出来了。

地嗖头医生说：“现在我要让你闻一种东西，待会拔牙就不会觉得痛了。”

狐狸很快地进入梦乡，还说起梦话来：“呣，嗯，好香啊，啧啧，我最喜欢吃生的……上头撒点盐巴，再配上一杯葡萄酒……”

你们猜也猜得出狐狸正在做什么梦。地嗖头太太把一根木棍交给先生，撑开狐狸的嘴巴。

地嗖头医生用拔牙器夹紧了那颗蛀牙，然后和太太合力转动绞盘，绳子愈转愈紧，终于，“啵”的一声。牙齿给拔了出来，还在半空中荡来荡去。

“啊！我流血了。”狐狸清醒过来，尖声叫着。

地嗖头医生爬上楼梯，把纱布塞进拔掉的牙齿洞里，他说：“最难受的都过去了，明天早上十一点整再来，我给你装上假牙。”

狐狸的头还晕晕的，他说声再见就走了。在回家的路上，狐狸一直在想："如果明天地嗖头把假牙装好了，我一口就把他吃掉，会太卑鄙吗？"

呵呵，狐狸也在道德两难选择中呢！不过在这里建议保持角色的一致性，不要让学生进行选择，老师可以把狐狸的复杂心态，充分演绎出来。从另一个角度进行体验，对于学生来说也是必要的。

下班以后，地嗖头太太忙着磨一颗纯金的假牙。

地嗖头医生气呼呼地说："他还想吃生的，加盐巴呢！我竟然会笨得去相信一只狐狸。"

"他不知道自己在说什么啦，"地嗖头太太说，"他怎么会害我们呢？我们是在帮他呀！"

"因为他是一只狐狸，这些可恶的、坏心肠的家伙。"

晚上，他们两个都担心得睡不着。"明天我们要不要让他进来呢？"地嗖头太太问。

是啊，这是最重要的问题，地嗖头夫妇又面临选择了，因为这个时候，已经非常明确地知道了狐狸的险恶居心，危险的程度可以说是99.99%。那么，地嗖头医生和地嗖头太太啊，你们明天要不要让狐狸进来呢？让孩子们尽情地说一说吧，那场面一定相当热烈啊。

"一旦开始做一件工作，我一定要好好把它做完，就像我父亲一样。"地嗖头医生坚决地说。

"但是我们总得想办法保护自己啊！"

夫妇俩谈着谈着，终于想好一个办法。"一定行得通！"地嗖头医生说完，就放心地睡了。

看，这就是地嗖头医生的选择，这也是我们生命中的榜样。那么他们怎么保护自己呢？让学生再尽情地猜一猜吧。

第二天早上，才刚十一点，狐狸就高高兴兴跑来了。他一点儿也不觉得痛了。

地嗖头医生刚爬进狐狸的嘴巴里，狐狸就"啪嗒"一声，把嘴巴闭起来，再打开，一边发出难听的笑声说："嘿，嘿，我只是开个玩笑。"

"正经点！"地嗖头医生严厉地说，"我们还有事要做，哪有时间跟你开玩笑！"

地嗖头太太抱着纯金的牙齿慢慢爬上梯子。

狐狸看见了，高兴地说："哇，好漂亮的牙齿。"

地嗖头医生把金牙齿镶进牙齿洞里，再把它和两边的牙齿套紧。

狐狸用舌尖舔着新牙齿，心里想："啊，感觉真好，我实在不该吃他们。可是，我怎么忍得住呢？"

真是富有张力的情节与画面，狐狸的自鸣得意、狡猾，地嗖头夫妇高度的警惕、戒备。老师的任务就是要把狐狸演得惟妙惟肖，这样，学生的表演潜能会被你激发出来的。如果学生不能够流利说出人物对话也没关系，那么就老师一人饰三角好了。

"等一等，还没好，"地嗖头医生拿出一个大罐子，说，"我跟我太太最近发明了一种神秘药水，涂在牙齿上，以后就永远不会牙痛。你愿不愿意第一个试试这种独门秘方啊？"

"我当然愿意，这是我的荣幸。"狐狸满口答应，因为他一向最怕痛了。

地嗖头医生说："你以后再也不需要来看我们了。"

狐狸心里想：也没有人会再看到你们了。他已经下定决心，要用他全新的牙齿把地嗖头医生和他太太吃掉。

地嗖头医生提着装满神秘药水的小桶子，钻进狐狸的嘴巴。他用刷子把药水涂在每一颗牙齿上，一边做，一边快乐地哼着歌。

地嗖头太太站在旁边的梯子上指挥，告诉他哪儿还没涂到。

狐狸呢？他安静地坐着，看起来很愉快。

全涂好了，地嗖头医生走出来告诉狐狸："把下巴合起来，咬紧一分钟。"

狐狸照着做了。但是当他想把嘴巴张开的时候，牙齿全粘住了。

"啊，真对不起，"地嗖头医生说，"我忘了告诉你，这一两天，你的嘴巴会暂时打不开，好让药水渗进牙齿里。不过，请放心，再也不会牙痛了。"

狐狸呆住了，他看看地嗖头医生，再看看地嗖头太太。

他们也微笑地看着他。他只好咬着牙说：“feī chí xì xì lǐ。”然后站起来，假装很有礼貌地向他们道别。

狐狸迷迷糊糊地下楼走了。

地嗖头医生和他太太竟然从“狐口”逃生了。他们互相亲了一下，然后给自己放了一天假。

这些情节要讲述好，重点在于如何表现人物的内心，在极度危险、紧张的气氛中，为了让计策实现，也就是说，不但要有“谋”，还要有“勇”。地嗖头医生跟狐狸说话，还有涂药水、唱歌，都要表现出若无其事的样子，而地嗖头太太也同样要配合，做出轻松正常的表情，否则狐狸可是会起疑心的哦。这些都要通过老师的声音、表情，还有对画面的提示传达出来。

这样，一个故事讲完了，学生真的就像经历了一次异乎寻常的冒险。也不用再画蛇添足地讨论些什么了，一切要说的，都在故事里呢。

附：作业及拓展

1. 将这个故事作为一份特别的礼物，送给爸爸。因为敬业又机智勇敢的地嗖头跟爸爸对他的影响是分不开的啊。

2. 这真是一只很坏的狐狸。他又会想出怎样的坏主意，地嗖头医生又会有怎样的惊险遭遇呢？（这是对学生思维的挑战，实践证明，孩子们很喜欢这样的挑战，他们也有自己智慧的选择。）

下面是学生续编《老鼠牙医地嗖头》的写绘作品：

狐狸的牙被老鼠用胶水粘住之后，就很生气，一直在想办法报那一箭之仇。于是，狐狸找到猫说：“猫大哥，听说你是捕鼠能手，那边有两只老鼠说猫见了他们就会吓得屁滚尿流，你敢去抓他们吗？”猫说：“天下还有这种事，快带我去。”

老鼠听见“叮”的一声，就从窗户望下去，一看原来是狐狸，就问鼠太太说：“让不让他进来？”鼠太太说：“他的牙已经粘住了，不会有危险，就让他进来吧！”老鼠就冲下楼去打开了门。

猫“嗖”地钻了进去，露出凶神恶煞的样子说：“听说你们在这为

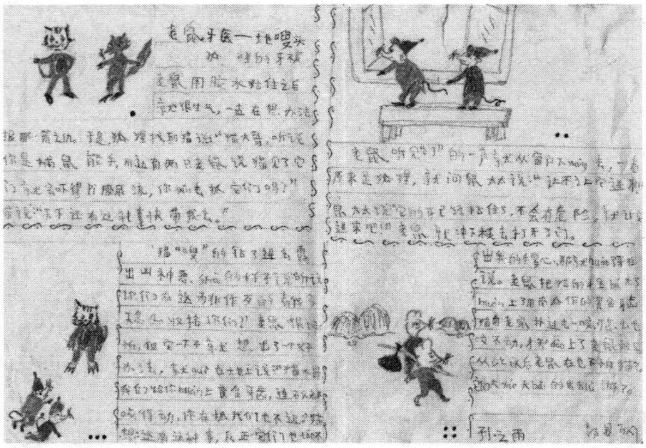

作品名称：续编《老鼠牙医地嗖头》

作者：四川师范大学附属小学二（8）班　孙之雨

非作歹的，看我今天怎么收拾你们。”老鼠很害怕，但他一下子就想出了一个好办法，就跪在地上说：“猫大哥，我们给你换上黄金牙齿，连石头都咬得动，你再抓我们也不迟。”猫想：“还有这种事，反正他们也逃不出我的手掌心，那就换了牙齿再说。”

老鼠把猫的牙齿拔光了，换上了用南瓜做的黄金牙齿，猫向老鼠扑过去一咬，可怎么也咬不动，才知道上了老鼠的当。

从此以后，老鼠再也不怕猫了，他们大摇大摆地出去旅游了。

点评：二年级下学期，写绘作品中“绘”的分量就逐渐淡化，文字的分量逐渐加重，此时，应鼓励学生锻炼故事续编（创编）的能力。

宫西达也的“温馨霸王龙”系列

（一）

严格说来，日本著名绘本作家宫西达也的“温馨霸王龙”系列，并不适合低龄儿童。《你看起来好像很好吃》《我是霸王龙》和《你真好》都不是典型的童话故事。

典型的童话故事，一般都遵循主人公“在家——离家——回家”的结构，不管是因为被迫离家，还是主动离家，都需要主人公通过艰苦的经历，最终拥有独立自我，让自己的生活得到升华。回环的结构给了儿童心理上的安全感，而离家的经历，暗含人类面临生活困境表现出的智慧，给儿童的心灵注入力量与勇气。

而这几个故事却都不是这样的。在《你真好》里，凶恶残暴的霸王龙在做坏事的时候，因不慎落水陷入生命危机，幸而被海洋里善良的薄片龙所救，两人成为好友，霸王龙内心深处的爱也被激发出来，变得温柔体贴了。可是故事的最后结果却是薄片龙最终被海洋里另外的“恶龙”所害而重伤身亡，留下霸王龙自己，绝望而孤独地生活着。虽然故事的结尾处，作家用了更加细腻温情的一个细节来体现它们的友谊：霸王龙抱着死去的薄片龙，哭泣着：“我还没有告诉你，我就是霸王龙……”可是仍然不能消解故事带给儿童的心理负担。儿童在听故事的时候，内心会认同其中的某一个角色，可是在这里，善良的薄片龙“好人不得好报”；“改过自新”的霸王龙不但没有幸福的结局，还陷入痛苦和绝望；而那个从来没有真正出现过的“海里恶龙”，却逍遥自在地活着……这无法让年幼的儿童满足心理认同的需要，他们的心理需要找不到出口，只能像霸王龙那样绝望地哭泣。可是很多家长和老师却很欣慰，认为孩子有了同情心，学会了爱，其实，这是“丢了西瓜，去捡芝麻”。学习爱和同情，没有必要用这样的方式，对于这个阶段的孩子，惠特曼说得好：“有一个孩子向前走去，他看见最初的东西，那东西也就成了他的一部分……”他是靠耳濡目染，而不是靠反思来学习的。

相比之下，另一本更显温情的《你看起来好像很好吃》要适合孩子一些，因为火山爆发，所以小甲龙刚出生就陷入了危险的境地，遇上了霸王龙，可是小甲龙的天真却融化了霸王龙那颗冰封已久的心，为此，他不仅和吉兰泰龙搏斗保护小甲龙，还承担起小甲龙“父母”的角色，教小甲龙生活的本领。最后，当小甲龙能够独立生活的时候，霸王龙使出计策“骗”小甲龙离开自己。而故事结尾处，小甲龙拼命跑向的那一端，两只大甲龙正悠闲走来，那是小甲龙真正的父母。在这个同样赚取我们眼泪的故事里，尤其结尾处霸王龙悄然转身，给我们留下的那难忘的一角身影，却也有着小小的遗憾。可以说，在这个故事里，满足了儿童对安全和爱的需要，却没有满足儿童进行内心探索的强烈愿望，小甲龙能够独立生活后却又回归父母的怀抱，这其实是一种心理的退化，退归到安全之所，所以我宁愿把那两只大甲龙看做是小甲龙的同类，好让小甲龙的成长得以延续。

我们这样评述是从儿童心理需要出发的，儿童在听一个故事的时候，都要寻找角色上的认同。但是从作者角度来说，宫西达也创作的第一主角是霸王龙，主题都是围绕“爱”来进行的，虽形式不同，但都是弱者感化了强者，从而使坚冰融化，性格改变。霸王龙是作为一个有明显性格缺陷的人物出场的，这对于低幼阶段的儿童来说缺乏普适性，孩子们可以接受他很平庸，比如像传统童话故事里最小的儿子、大拇指等最小最弱的角色，可是决不会自我认同到“我很坏”。而且作为“霸王龙”系列故事的配角，小甲龙和薄片龙却并不具有他们渴望的神奇魔力，能够拯救并且创造出一个新的美丽世界。而只有《我是霸王龙》里小翼龙的角色，才可以和霸王龙平分秋色，虽然最后仍然是一个不可知的结尾，但是却能更多地给予孩子成长的力量，而不是陷入伤感中去。

“霸王龙”系列受到很多低龄孩子喜欢，有一个非常重要的原因，就是受市面上流行的恐龙知识画册影响。很多低龄幼童，尤其是小男生，对恐龙有着特别浓厚的兴趣，再加上宫西达也的绘画技法，完全是符合孩子绘画特点的，所以他们喜欢“霸王龙”系列，更多的是因为喜欢恐龙画面。

因此，如果班级共读“霸王龙”系列的话，建议在二年级开始，这时，他们的心智已经发展到可以理解这些含义较深的故事了。

（二）

《我是霸王龙》中的小翼龙，就比较符合这个阶段小孩子的成长图景。因此，老师在讲述这个故事的时候，就要抓住小翼龙成长中的几个关键点，让学生进行预测，或者做出选择。

很久很久以前，在一个悬崖顶上住着翼龙爸爸和翼龙妈妈。

有一天，翼龙妈妈下了一个蛋。

一天晚上，那个蛋骨碌骨碌地转起来……“劈啪”——可爱的翼龙宝宝出生了。

爸爸和妈妈高兴得不得了。他们很用心地抚养着宝宝。

爸爸给宝宝喂了好多好多吃的东西：“多吃点吧，你要成为一只强壮的翼龙！”

妈妈抱着宝宝哄他睡觉：“你要成为一只善良的恐龙啊！”

爸爸教他怎么飞行：“你好好听着，拼命地张开翅膀，用力地踢打地面，乘着风就行啦！只要你飞得高，就算遇到粗暴的可怕的霸王龙，也用不着害怕。”

寒冷的下雨天里，妈妈用自己的翅膀护着宝宝：“不管谁遇到困难，你都要帮助他啊！”

小翼龙出生后受到父母的关爱、呵护和精心照料，这是讲述的重点，老师除了绘声绘色地描述这种温馨场景外，还要注意让学生感受翼龙爸爸和翼龙妈妈不同的教子之道。翼龙爸爸重在“能力”——你要强壮有力，学会飞行，这样，就算遇到粗暴的可怕的霸王龙，也用不着害怕。而翼龙妈妈则教小翼龙要“善良”——不管谁遇到困难，你都要帮助他啊！在这里，老师不用问学生翼龙爸爸妈妈为什么要这么教小翼龙，只需要让学生将翼龙父母的话重复几遍，牢牢记住就可以了。故事，自然会给出解答的。

翼龙宝宝扑棱着一天天长大了，终于长得和爸爸一样大了。

一天晚上，爸爸看着睡着的儿子说：“这孩子长这么大了，快要和我们分开了。”

“他一个人能行吗?”

“不要紧，这孩子已经长大了。”

“可是，他还不会飞呢。”

“那就靠他自己了。”听到爸爸这么说，妈妈忍不住扑簌簌流下了眼泪。

然后，他俩一起飞上天空。

这是一个安安静静的夜晚。

读到这里，我们不得不佩服小翼龙的爸爸妈妈，深谙教育之道，在小翼龙出生后，他们给予了足足的“母性之爱”，根据埃里克森人格形成阶段理论，婴儿出生的第一年，是与这个世界建立信任或不信任关系的关键期，如果能得到养育人（主要是母亲）惯常的照料和爱，那么婴儿就会建立与养育人之间的爱与信任的关系，这也是他一生对世界、对社会信任的基础。他会认为这个世界是安全的、可预测的，充满爱的，反之婴儿则不会信任这个世界，并且充满焦虑，对一生的人格形成都造成难以弥补的影响。而随着孩子慢慢长大，他们探索的需要越发强烈，对幼儿的“父性之爱”就要开始并慢慢加大比例，如果还像上个阶段对幼儿进行过分地保护，将会增加他们的依赖感，因此，这时要增加他们独立自主的机会。在故事里，此刻的小翼龙虽然已经长大，具有一定独立生活的能力，但是还不会一项技能——“飞行”，这在整个故事中是一个至关重要的细节，也是小翼龙成长的关键。因此，在这里，可以让学生讨论一下：假如你是小翼龙的爸爸妈妈，你会不会离开小翼龙呢？但是有一点老师需要注意：对于学生的任何意见，老师不要以“对”或者“错”来进行简单判断，让学生充分发表观点就可以了。因为为什么这么做，故事中都暗含着了。

早晨，小翼龙醒过来，“哎呀，爸爸妈妈不见了！他们到哪儿去了呢？是不是去找吃的东西了……”

可是，等呀等呀……爸爸妈妈还是没有回来。

小翼龙大声地喊叫：“爸爸——妈妈——”他不断地叫啊叫啊……

小翼龙哭着哭着就睡着了。

在这里，学生会和小翼龙一样伤心，因为这也是他们经常遇到的困境，但这是必要的丧失，孩子们在故事中获得了体验。因此，对于这个已经很煽情的细节，老师没有必要再刻意强化这种丧失之后的悲痛，故事的结局已经告诉他们，在成长过程中，这是必要的经历。

这个时候，从悬崖底下……

“嘿嘿嘿嘿嘿嘿……”一只霸王龙瞪着眼睛爬了上来。快够着小翼龙啦！

这个时候……

轰隆！

火山喷火了！

大地咚咚咚地摇晃起来……

霸王龙从悬崖顶上骨碌骨碌骨碌……

咣——霸王龙摔到了地上。

小翼龙走过去的时候，霸王龙正疼得嗷嗷嗷嗷地叫呢。

“啊……”

小翼龙想：“怎么办呢？”

爸爸曾经说过：“霸王龙是个粗暴可怕的家伙呀！”

过了一会儿，霸王龙一动不动了。

这个时候，小翼龙又想起妈妈曾经说过："不管谁遇到困难，你都要帮助他啊！"

这段情节很吸引人，老师可以结合画面让学生猜一猜，把小翼龙遇险又幸运获救，霸王龙遭到报应的情节讲得高潮迭起，然后让学生讨论：面对受伤的霸王龙，小翼龙该怎么办呢？到底该听爸爸的，还是听妈妈的呢？充分让学生发表意见，并且说说为什么这么选择。

"好吧！"小翼龙把岩石一块一块地搬开。

他把岩石全部都搬开了，但霸王龙还是一动不动。

哎呀，他伤得好厉害啊！

"要不要紧啊？"小翼龙轻轻地说。

这个时候……

"哎呀呀……身、身体动不了啦！眼、眼睛也睁不开啦！怎么了，怎么了？我什么都看不见啦！"

霸王龙很伤心。

"原来，他连眼睛都受伤了。"

小翼龙正想着，霸王龙突然用很可怕的声音问："谁、谁在那儿？"

小翼龙吓了一大跳，不由得说："我、我是霸王龙。"

"啊，和我一样的霸王龙？那你的声音怎么那么细？"

"那、那、那不是因为大声说话对你的伤口不好吗？"

小翼龙使出浑身力气，扯着嗓子吼叫着。

这里也有个细节，小翼龙虽然选择了帮助霸王龙，但是他却仍然充满警惕，这说明他的心智在发展着。因此，在小翼龙说"我、我是霸王龙"后，可向学生提问，为什么小翼龙要这么说。

小翼龙觉得受了伤的霸王龙好可怜，决定照顾他。

下雨天，小翼龙用叶子盖住霸王龙，像妈妈曾经为他做的那样，温柔地，轻轻地。

小翼龙还喂霸王龙红果子吃。

"好吃吗？"

"嗯……好吃。"

“其实，鱼更好吃，但我还不会飞到海边……不，不，我是说，我还不会跳到海边呢。”

霸王龙一声不响地听着。

从这以后，小翼龙不断把红果子衔回来喂霸王龙，就像爸爸曾经为他做的那样，喂好多好多。

这里，老师可结合画面，将小翼龙照顾霸王龙的过程讲得更加细腻一些，可以补充细节。另外，对于那个小翼龙说漏嘴的细节，老师只需要讲故事的时候讲出来就可以了，可到后面霸王龙叼鱼给小翼龙的时候，再照应一下。

过了好几天……

一天晚上，当小翼龙抱着红果子回来时，他看见霸王龙正瞪着眼睛，嘴里叼着鱼呢。

啊，他站起来啦！眼睛也看得见啦！

小翼龙吓了一大跳，红果子噼里啪啦掉了下来。

听到声音——

霸王龙回过头，叼着鱼蹦蹦跳跳地走了过来。

这里，故事情节发生了很大的转折，也是小翼龙再次面临选择的时候，老师要停下来，让学生选择：小翼龙这时候会怎么办呢？为什么？

这个时候，小翼龙想起爸爸曾经说过……

“你好好听着，拼命地张开翅膀，用力地踢打地面，乘着风就行啦！你飞得高，就算遇到粗暴可怕的霸王龙，也用不着害怕。”

小翼龙拼命地张开翅膀，“啊——”

“乘着风就行啦！”小翼龙觉得风正托着自己的翅膀。“爸爸说得对，我在飞呢，飞得很高，我会飞啦！”

乘着南风，小翼龙扑棱扑棱地越飞越高。

这个时候，对于小翼龙来说，也是成长的重要阶段。在前面，他听取妈妈的话，用善良的心来对待曾经想伤害他的霸王龙；而这时，在重新面对已经恢复了的霸王龙的时候，他选择了爸爸曾经教过的，小翼龙终于学会了飞行！这也代表着他真正可以独立地掌握自己的生活了。

“嗷——”霸王龙吼叫着。

望着越来越远、越来越小的霸王龙，小翼龙想：霸王龙的伤好了，眼睛也能看得见了，太好啦！如果我真的是只霸王龙，也可能和他成为好朋友吧？再见，霸王龙！

霸王龙不再追赶小翼龙了。

他朝着星空小声地说：“我早就知道你是翼龙……我特地捉来了你最喜欢吃的鱼，想和你一起吃……然后，看着你的脸说声‘谢谢’。真的，谢谢你啊！”

这样的结局自然让我们遗憾而伤感，因此，很多书评者把重点放在了友情要“沟通”上，他们写下了这样温情的文字：“彼此曾经相守相伴，小翼龙的悉心关怀感动了粗暴凶残的霸王龙，但他们都差了一步，差了沟通这一步。无疑，在这个故事中，要注重友情的萌生条件：爱。但是，更值得关注的一个主题是沟通。再深的感情，如果没有及时而有效的沟通，最终只能是两相遗憾。霸王龙手里拿着鱼、眼中流出泪水追赶小翼龙的那一幅画面，让人不禁眼睛湿润，为之感动、为之叹息、为之心疼。不要忘记告诉你所爱着的每一个人你对他们的爱。”的确，从霸王龙的角度来说，缺乏沟通是造成遗憾的主要原因，因为他内心早已经知道照顾他的是小翼龙而非霸王龙，但是我们前面已经说过，对于二年级的学生，普遍适用的不是霸王龙的角色，而是小翼龙的成长，因此，小翼龙做出的这个选择是理性而明智的，这也说明他已经成为一个心智发展成熟的翼龙了，像他的爸爸妈妈那样。爸爸妈妈对他的爱和教育，已经能够完美地在他的行动中体现了。

成长，就是要学会爱，有能力去爱！

至于故事本身带来的遗憾嘛，我们就可以通过写绘作业来让学生发挥创造了。

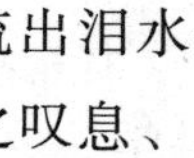

附：写绘作业

1. 霸王龙这时候又伤心又后悔，他想，要是我早点告诉小翼龙，我知道他不是霸王龙，我很感谢他就好了。那么，霸王龙是什么时候开始知道小翼龙不是霸王龙的，从那里你可以把故事进行改写，让它有一个你想得到的结尾。

2. 小翼龙和霸王龙就这样带着遗憾分开了，他们后来有没有再见面呢？如果有机会再见面，是在什么情况下？小翼龙还认得出那是他曾经精心照顾过的霸王龙吗？而霸王龙也能认得出那是曾经照顾他的小翼龙吗？

第四节　二年级下学期之后

随着二年级下学期整本书共读的引入，儿童在发展上又开始要进入一个新的阶段了。他们的逻辑思维的能力明显增强，口语和书面语言的表达都日臻熟练，而“绘画语言”则度过黄金期，开始进入较难的“写实”阶段，大部分的儿童会在此阶段遭遇障碍，从而缓慢发展，直至停滞。这也是很多成人画出的画只相当于10岁左右孩子绘画水平的原因。

因此，根据儿童的这种特点，读写绘逐渐淡化，逐步过渡到以整本书共读的班级阅读方式。同时，班级建立一个以整本书为主，适当配置部分精选绘本的具有相当数量的自由书架，内容涉及科学、文学、历史、人物传记、军事等诸多方面。这样，一方面以“毛虫与蝴蝶”儿童阶梯阅读项目组推荐的共读书，开始老师指导下的“共读共写”儿童课程；另一方面则根据学生自己的具体情况，开始自由阅读。

而通过读写绘实验，对于已经形成良好美术素养的班级整体，可以通过下面的方式继续发展：

继续与晨诵课程结合，为自己的晨诵本配画或进行装饰；

与“整本书共读”结合起来，可以为书中内容配画插图，或者制作读书小报，或者排演童话剧时制作道具等。

对一些展露出美术才华的学生来说，也可以通过以下方式继续促进他们这方面的专业发展：

可将这些学生会聚在一起，成立专门美术小组，通过参与班级、学校等相关活动，让他们有机会发挥自己的创造力；

向美术老师推荐这些学生，给予更好的专业指导；

跟家长沟通，鼓励家长从家庭角度为他们提供更好的成长环境。

1. 绘本在中高年段的运用

二年级后，随着整本书共读的进行，绘本在学生的阅读中比率将越来越低，可适当选择部分作为自由阅读读物，充实进班级书架。

不过，在绘本中，也有一些可称为特别典型的人类故事，讲述着生命的真谛，讲述着存在的真谛，这些绘本，特别建议在中高段适合的时候讲给学生。比如《犟龟》《彩色的乌鸦》《活了一百万次的猫》《一片叶子落下来》《雪人》《石头汤》等等。

另外，还有一些绘本可以和写作教学结合起来，比如《三只小猪的真实故事》等。

2. 整本书共读

进入二年级下学期的时候，经过一年半的晨诵和读写绘的课程旅程，学生的阅读能力和思维能力都已经达到了可以进行更深层次阅读的阶段。因此，整本书共读的介入成为学生精神生活的必需，他们，已经迫切地需要在更多用文字描述的故事世界里漫游，汲取生命所需的更为丰沛的营养。

所以，从二年级下学期开始，老师就要有意识地开始从“绘本”到“整本书”的过渡。

选择一本合适的书，打开又一个新奇世界的大门，是非常必要的。

怎样挑选适合二年级下学期和三年级开始的整本书共读的童书，可根据下面的一些基本原则：

（1）情节性强，语言通俗；

（2）好玩，充满童趣；

（3）短小，或分章节；

（4）有较好较多的插图，或者可以是文字较多的绘本。

另外，特别要说明的是，不要挑选抒情性强的童书，不要简单地以为拼音读物就适合低段儿童。比如有一本叫《一百条裙子》的优秀童书，对于帮助学生理解校园里的心理伤害问题，培养高贵、具有创造性的心灵，拥有谦逊、内省的优秀品质，以及对世界、对他人的一种基本视野，都有着无与伦比的巨大价值。被“毛虫与蝴蝶”儿童阶梯阅读项目推荐为中高年段的重要共读书，甚至还建议，共读完的班级每年要重读这本书，并专门设立一个日子为“旺达节”，来提醒自己不要忘了这样一个故事，及其中彰显的精神价值。

经过很多班级的实践验证，我们特别推荐下面这些童书作为整本书共读的起始书：

“了不起的狐狸爸爸”系列、“我和小姐姐克拉拉”系列、“晴天有时下猪”系列，《女巫》《香草女巫》《小女巫》《木偶奇遇记》《查理和巧克力工厂》（共读完可与学生一起看根据此书改编的同名电影）《小猪唏里呼噜》《笨狼的故事》等。

那么，如何带领二年级的学生开始整本书共读的旅程呢？

方法仍然沿袭读写绘——大声朗读＋写绘。老师大声朗读故事给孩子们听，然后让孩子们用写绘的方式，进行故事续编或者创编。

比如《苹果树上的外婆》讲了这样的一个故事：

> 其他孩子都有外婆，只有安迪没有外婆（也没有奶奶），这让他很伤心。他十分羡慕同学的外婆能与同学一起玩旋转木马；羡慕同学有个美国奶奶，会说“哈啰，警察”。可是安迪什么也没有，虽然妈妈说要陪他去坐旋转木马，但他知道妈妈会头晕；爸爸更愿意在周末时打理花园，寂寞的安迪在苹果树上为自己幻想出了一个外婆。外婆来到了苹果树上，和他一起做一切他所盼望的事：神奇的汽车，到印度历险……直到有一天，安迪家旁边搬来了一位新邻居——一个孤独的行动不便的老奶奶。与神奇外婆不同的是，她很贫穷，整天都要工作。安迪很喜欢这位和蔼的奶奶，帮她搬家具，整理房间。老奶奶没有外婆那么强大神奇，可就是这样一位老奶奶让安迪明白，老奶奶是比苹果树上的外婆更需要自己的人。他因此感到快乐，产生了真正的幸福感。

读完一章后可以让孩子尽情想象：外婆还会带安迪到什么地方去？把它写绘出来。等到整本书共读完后，可以进行一些简单的主题小讨论，比如：如果你是安迪，你选择苹果树上的外婆还是邻居老奶奶？为什么？

因为篇幅所限，关于整本书共读更详细的介绍，我们将在新教育实验整本书共读项目用书中进行。

第三章　我们都在读写绘中

孩子，是由一百种组成的。

孩子有一百种语言，一百双手，一百个想法。

一百种思考、游戏、说话的方式。

一百种倾听、惊奇、爱的方式。

一百种歌唱与了解的喜悦。

一百种世界等着孩子们去创造。

一百种世界等着孩子们去梦想。

——罗里斯·马拉古奇

实验班级学生写绘作品选

作品名称：《月亮，你好》

作者：绵阳八一帐篷小学一（2）班 赵鹏

作品名称：晨诵配图《分果果，吃果果》

作者：绵阳八一帐篷小学一（2）班 胡莹

作品名称：绘本《好饿好饿的小蛇》复述作品

作者：四川师大附属小学一（3）班 唐文静

作品名称：《刘方轩的大秘密》（根据绘本《玛丽的大秘密》创编）

作者：江苏翔宇实验小学二（3）班　刘方轩

作品名称：《犟龟》故事配画

作者：焦作市万方学校二（1）班　李娟

第一节 孩子们的读写绘

我们不一样，我们都很棒

——一次写绘作业完成的影像观察记录

这是2008年10月，江苏翔宇实验小学二（2）班的一节读写绘课。语文老师周红艳给孩子们讲完《小阿力的大学校》的绘本故事后，还剩下的十几分钟就是孩子们的写绘时间了，他们开始用彩笔，在白纸上描绘“我和我的大学校”的故事。

下面，就让我们随着照相机的镜头，看一看这短短的十几分钟，在孩子们身上发生着什么呢？

这个孩子，是我确定的这次观察的主人公，从写绘本上的作业记录来看，他不是那种一看就让人眼睛发亮的孩子。他的三次作业，不知道什么原因，两次都没有完成，只留了个题目放在那里。今天课堂上时间很充足，他也拿起画笔，开始了今天的写绘。今天等待他的会是什么呢？

他开始画了。同别的孩子一样，好像压根儿就没有进行思考，提笔就画。

哦，原来还是先写上这次写绘作业的题目：《×××和他的大学校》。

小男孩左边的同桌，是一个小姑娘，她的速度更快些。瞧，毛衣袖子被利落地撸到了胳膊肘，名字都快写完了。

我转过去看看其他同学后，发现这个男孩子已经把题目写好了，并且很熟练地在页面上分好格子，开始凝思他的多幅画创作了。看来，他对写绘作业是驾轻就熟了。

相邻的同学，在绘画的内容及构图形式上总是会受到邻座的影响。因此，在编排座位的时候老师就可以充分利用这一点，让创造性强的同学和比较拘谨的同学坐在一起。

再回来看我们的主人公，很明显地可以看出，这个男孩子和他同桌两个女孩也是一样，几乎一模一样地把人物画在了合缝处，但也不同啊，他的小人没有小辫子，呵呵，因为他是男孩子嘛！

一眼就可以看出来，这个男孩子正在画的学校，就是翔宇实验小学的教学楼啊。他每天进进出出的校园，就这样被他一笔笔描画出来了。在描画的过程中，在他的心里，对学校又涌动着一种怎样的感情呢？学校与他的关系，就这样被写绘表达出来了。

这个孩子则不同，他先画的是学校的大房子，此时他正在房的上空添上飞鸟和云朵。注意到他是用红色笔勾勒线条了吗？这不是问题，恰恰说明这个孩子还在形象的分化期，当他的构图达到他满意的程度时，他就会注意到颜色的运用与表达了。

对于低年段儿童来说，红色是他们最喜欢的颜色之一。

转了一圈，再回来看他，人物轮廓已经画好了，正在沉思后面如何进行。他笔下的人物五官很精细，但是双腿还没有画，不知是忘了还是怎么。他的同桌也画好了，正在给人物形象涂上颜色，头发已经涂好，小姑娘画的居然也是个小男孩，看来是故事中的小阿力吧。

这个孩子出手快而大气，同桌还在琢磨如何构图，他已经画完了学校的轮廓，可能细节需要琢磨，所以就把太阳和云彩先画了出来。

这个小姑娘，画了学校后（注意，她画的可不是她生活中的学校，而是通常所见到的孩子们喜欢画的尖顶房，不过房子和人的比例很相配），她画了一个小姑娘在跳绳，小姑娘的羊角辫儿很有特色，是她特意描画的。此时，她正在画另一个小孩子。

这个头趴得低低的同学是其他同学向我推荐的，他们说他画得可好啦！注意到他是用铅笔画的吗？在他文具盒的旁边，还有好几根削好的不同型号的铅笔呢！

我告诉他把头抬起来，这样照相机的眼睛会更喜欢的。他笑了，抿着嘴接着画。

不到十分钟的时间，很多同学基本上已经画好了，正在添加细节，或涂上颜色。

所有的孩子都很专心，这是真正的专注，甚至没有意识到我的存在。

他画好了，已经开始涂颜色了。请注意，他是用水彩笔勾勒轮廓，而后用油画棒涂色的。对于不同材质的画笔，他已经熟悉了他们的特点。这就是能力啊！

而这个孩子也让我欣赏了他的作品，看见他桌面上摆的小纸了吗？原来他画好了房子后，不会画小人，就先找了一张纸打个草稿。孩子如此慎重地对待自己的作品，我们又怎能不好好欣赏呢！

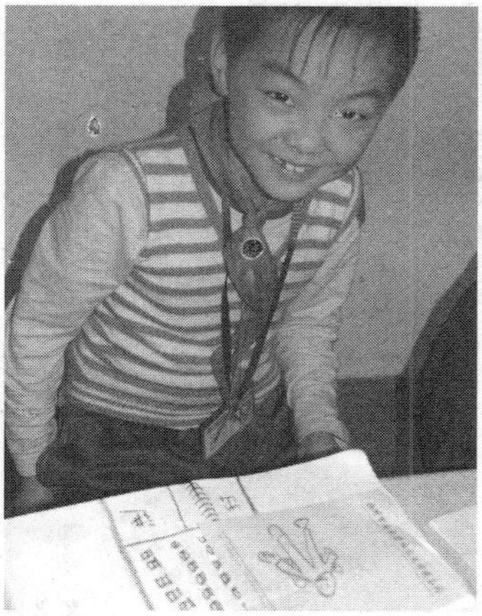

再回来看，我们的主人公也完成大部分了。小男孩有了一双结实的腿，正高兴地拍着红皮球呢！而小作者还嫌不够，除了用泡泡给小男孩设计了台词“原来上学这么……”之外，又开始绞尽脑汁思考还可以怎么表现了。

而他右边的女同桌速度反而比他慢了，她画的是小姑娘在跳绳，这会儿，正在把故事写下来。

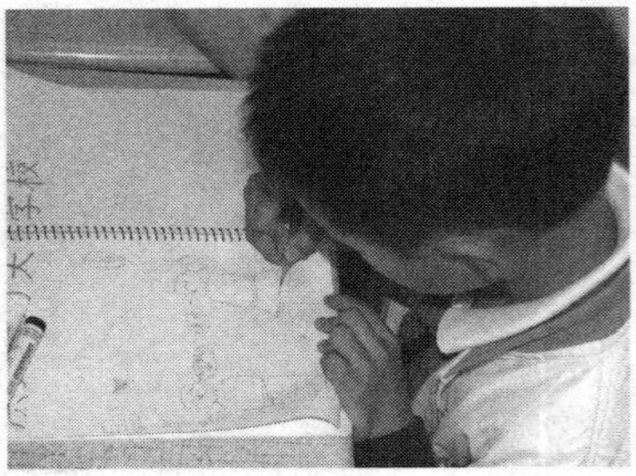

这就是那个用铅笔画画，画得最好的男孩。果然很细致。他和别的孩子不同，他细心地画出了两个游戏的小孩。原来在他心里，他和同学是学校中最重要的。我也这样认为，你呢？

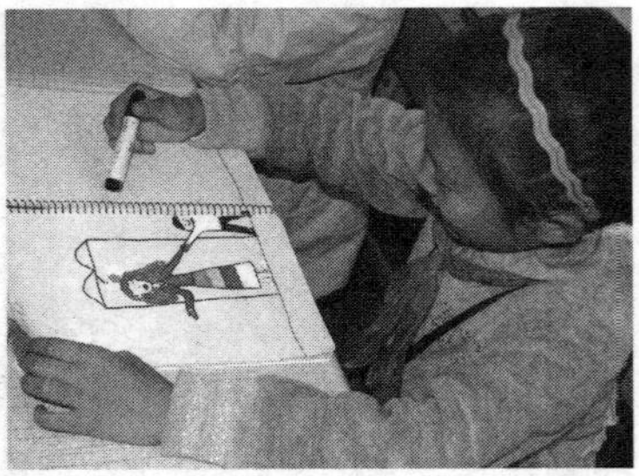

无独有偶，这个女孩子用了无比漂亮的颜色画出了一个大人带着一个孩子。

在这个女孩子心里，他们和美丽的周老师在一起是最重要的吧！

再回到主人公身上，他开始画学校啦！呵呵，这下子你会发现学校和人物的比例不相称了。但谁能说这不是一张精彩的作品呢？不过下次他也会更加注意构图了！

有趣的是，同桌女生现在反而受到他的影响，也开始在类似的位置，画一个和他本子上一样的尖顶房子。

飞翔吧，彩色的白鹭

——一个一年级女孩开学两个月的写绘作品分析

8 岁的清尧，长相甜美，眉眼仿佛影视明星孙俪，可惜口吃给她带来了很多她自己现在还不知道的困扰。她的成绩也不是很好，开学后的几次单元测试，一直都在最后几名上晃悠着，而这已经是她第二次上一年级了。

那么，除了成绩之外，清尧是个怎样的孩子呢？

让我们的眼睛跃过成绩的围墙，来看看从入学到现在两个月的时间里，清尧在读写绘上留下的痕迹吧。

作为低段读写绘的实验班，史老师一周要上两次晨诵课和一节绘本课，学生则在一个专门的白本子上，为学过的童谣配上画面，转述故事给父母听，并且续编故事把它画下来。

现在，让我们通过清尧两个月来主要的写绘作业，来了解一下颜色和线条世界中的这个小姑娘吧。

这是清尧进入一年级后在写绘本上留下的第一幅画。并不是所有同学都在第一页上留下了自己的画，很多孩子是从老师正式布置的第一次晨诵《小蚂蚁》开始的，而喜欢画画的孩子，在完成为晨诵童谣配画任务之前，就已经先在本子上开始快乐地涂鸦了。

再来看清尧的画，和一般孩子常爱画的太阳、树、房子不同，她画了一朵小花和一条游泳的鱼，色彩鲜明丰富。而让人有些摸不着头脑的是，她怎么会在画面上用粉红蜡笔写下“国家”这个抽象的词呢？很明显，这两个字对她很重要。经过交谈得知，这两个字是她上幼儿园的时候，很喜欢她的姜老师教她写的。很明显，在刚刚进入新环境的时候，她的画表达了她内心对于安全的需要，如姜老师那样熟悉的温暖与爱。

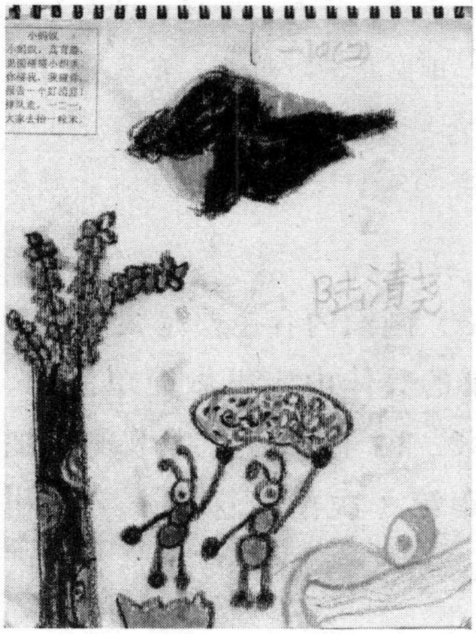

这是清尧第一次完成有明确目标的写绘作业——为晨诵童谣《小蚂蚁》配画。从画面来看，她和别的孩子有较为明显的不同，主要表现在树的枝叶不像一般孩子画成比较笼统的圆形树冠，小蚂蚁也画得成熟而老练，看来这是她以前学画的经验。但也有一个细节表现了她认知上的稚拙，她把“一（12）班”写成了“一10（2）”。

但是那一团浓浓的乌云却又有意无意向我们透露着什么（她的口吃，另外这个班是个全寄宿的班级，家长在周五接回孩子）。

下面这幅写绘作品是在开学第五天的时候画下的。因为这个班的学生全部在校寄宿，周末家人才来接回。所以很多一周没有见到家人的孩子，在情绪上都有了明显的反应。班主任史老师在前一天留下了这样的记录：

今天是星期四，离周末越来越近了，想家的孩子也多了起来。下午有两三个孩子小眼圈儿红红的，让人看了心里说不出的酸。不过，为了安定他们的情绪，我一边装作没有看见，一边故意找些事儿来分散他们的注意力，效果还真不错。看着他们转晴的脸，我想：孩子们，除了教你们学习，我还该拿什么给你们呢？明天，明天讲一个好听的故事吧！

周五，史老师特意给孩子讲了一个《妈妈心，妈妈树》的故事，故事是专门为刚刚入学（园）的孩子量身定做的，小苹果面对要上学与妈妈的离别，充满了焦虑，然后妈妈专门为她做了一个“妈妈心”，让她挂在学校的树上，这样“妈妈”就一直陪伴着她了。这个故事引发了班上孩子的共鸣，在后面的写绘作业中，孩子们几乎都给爸爸妈妈们完整地讲述了这个故事。清尧把这个故事画了好几次，左边的图片是她刚听完故事后画的。

画面很耐人寻味，黑色的云团，以及黑色线条粗粗的雨，直接宣泄着情绪。在故事上清尧也做了改动，那棵妈妈树上不仅挂上了“妈妈心”，也挂上了“爸爸心”、“宝宝心”，除此之外，妈妈树的树梢还画了一只鸟巢，鸟妈妈和鸟宝宝住在里面，而鸟爸爸正往家飞去呢！

以后的写绘作业中，清尧继续着她的风格，画面内容主要是太阳、云朵、人物、树和房子，其他则根据童谣或故事的具体内容再做简单添加。只是晨诵了儿歌《写字很重要》后，“国家”两个字又连续出现在她的画面上。但是这时我们已经可以知道，跟第一次出现这两个字时相比，清尧的情绪已经不一样了，“国家”二字是美好回忆的表征了吧！

在画到写绘本第22张的时候，清尧画的风格出现了明显的变化：

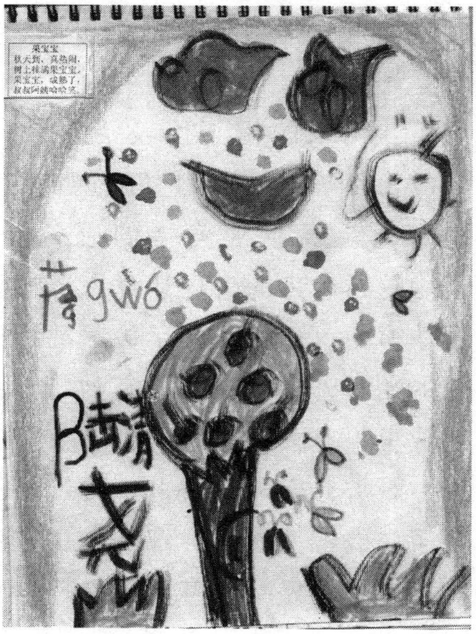

画面上的景物给人的感觉一下子粗犷起来，线条很粗，云朵也不像以前那样精致地排成一排，看起来很写意。这样的风格一直持续到绘本故事《亲爱的小鱼》，问她为什么会有这样的变化，你猜她怎么说：“哈哈，是因为我的水彩笔没水了，我是用笔芯画的。”可是，谁又能说这不是一种对于绘画材料的新的创造性的探索呢？而且，班里就有同学也开始学着她的样子画了这样风格的画出来了。

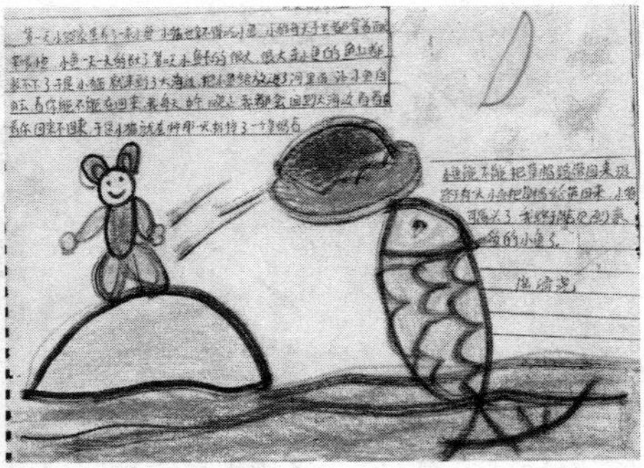

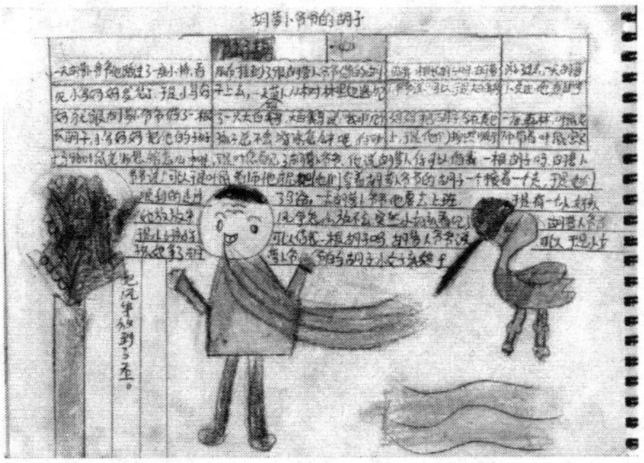

《亲爱的小鱼》她画了两次，在第二次的作业中，令人颇感一种力量。这个故事是老师用幻灯片播放着给他们讲的，可是她却画出了故事的神韵。大鱼、飞来的帽子以及泛着波浪的海面，还有右上角的明亮金黄，给人非常美妙的感觉。但她这样出色的表现却没有继续下去，在《胡萝卜爷爷的胡子》的绘本故事中，画面回到了最最简洁的象征意义上，除了胡萝卜爷爷那长长的胡子外，几乎没有其他特点了，但是一只鸟儿却亭立其上，这是跟故事没有关系的。

原来，这段时间里，父母带清尧去了南京动物园。在那里，她看到了白鹭翩然飞翔，那美丽的姿态深深地触动了她。于是，一段时间内，她都在做一件事情——把美丽的鸟儿画下来。

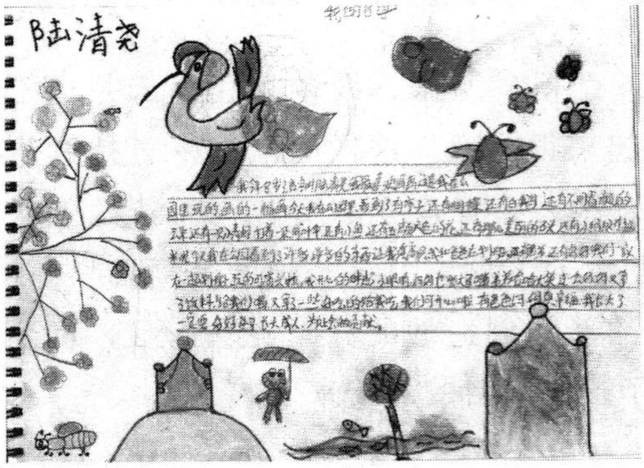

于是不管是晨诵写绘还是故事写绘，都有了清尧心中这只美丽的鸟。

终于，这只鸟在她的本子上大放光彩了，问她这只鸟为什么不画成白色的呢？她说："我就是要画成彩色的，这样才是最美丽的！”

这就是沉浸在写绘世界中的清尧。

而如果将儿童美术中显示出的发达的智力、敏锐的感觉和深层的情感运用于许多儿童感到困难的科目中，结果会怎样呢？

清尧的故事真的给我们很多启示。

给他（她）一张白纸，一支画笔就够了

——两个孩子历时一年的读写绘故事

男孩子南天章的故事

2006年9月，一个叫南天章的小男孩，和其他孩子一样，迈进了苏州工业园区娄葑二小的校门，成为了一名小学生。所不同的是，他们恰好赶上了学校新开始的新教育低段读写绘实验。

可是这个叫南天章的小男孩，却令刚刚接触到他的班主任周素芳老师颇有些担心：他不是本地人，随父母从老家刚来到苏州。而且年龄还比别的孩子小了整整一岁，显得更加贪玩调皮。那么，他的学习能不能跟上呢？

日子流水一样过着，但是孩子们的欢笑声却留了下来。因为周老师除了每个周五给孩子们讲一个绘本故事外，平时等孩子们的拼音学习结束后，周老师还把这些好看的绘本故事借给同学们自由阅读。南天章几乎每次都是第一个抢着来读的，读完后就迫不及待地问周老师再借绘本看。除此之外，周老师还发现，他常把自己看到的故事讲给其他小朋友听。

后来，周老师就让孩子们听完绘本故事后，把故事的内容也画一画。没想到孩子们的劲头可足了，三下两下就完成了。

读完了“鼠小弟”系列，周老师开始带领孩子们阅读“淘气宝宝”系列，有《小熊的喷嚏》《猪爸爸的屁》《小鼹鼠吸手指》《小熊散步》《小熊的肚脐》等，这套书孩子们可喜欢了。得到表扬后的南天章画画特别认真，他第二次的作品《小熊的喷嚏》有连续的四张，妈妈也帮他把讲的故事记录在作业上。

这就是南天章听完《打破杯子的鼠小弟》后完成的第一个写绘作品。

1. 小熊不停地打喷嚏。妈妈认为他感冒了，于是，要带他去看医生。

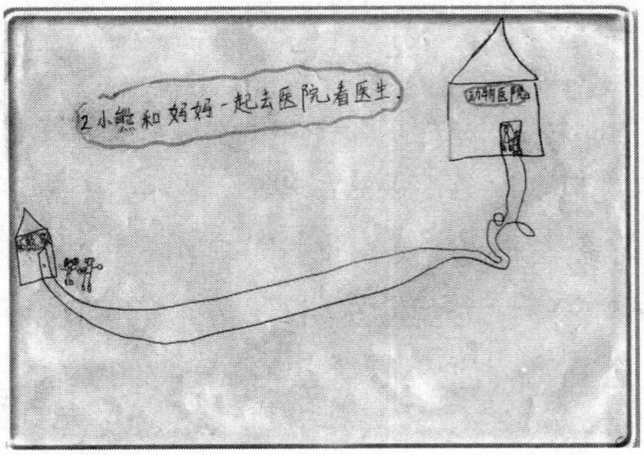

2. 小熊和妈妈一起去医院看医生。

3. 小熊来到医院，又不停地打喷嚏，他喷得医生一脸，医生说他感冒了，要吃药、打针。而且医生还给小熊上了一堂卫生课，教育他要讲卫生，打喷嚏时头掉过去，不要对着别人，这样不礼貌。

4. 小熊感冒好了，喷嚏也跑了，小熊快乐地玩耍。

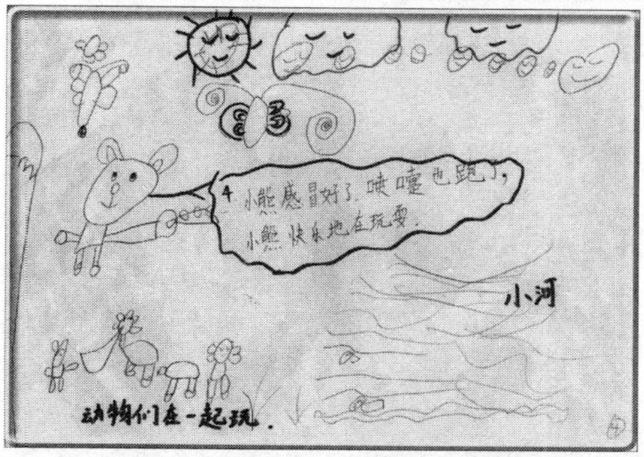

南天章写绘作品《猪爸爸的屁》节选。

这次周老师在评讲孩子们的画时，引导他们：如果涂上色彩，这些画一定会更好。于是，南天章第三次的作品《猪爸爸的屁》就有了色彩。

南天章写绘作品《小鼹鼠吸手指》节选。

接下来不光有了色彩，他还在画面构思上下了功夫，从《小鼹鼠吸手指》的作品就看出他开始精心构思了。

随后，南天章的写绘作品进步的速度就越来越令人吃惊了。从最初的单幅图到最多的十多张图，而且还都精心配上了文字。因为家长看到孩子这么喜欢阅读，所以每次孩子讲故事时，南天章的妈妈总是很认真地听，帮他记录下来。

而这时候，他的故事也开始不再限于复述了，开始更多地自己续编创编故事了。

右边两幅图为南天章续编的故事《小熊的肚脐》节选。

南天章写绘作品《我有友情要出租》节选。

南天章写绘作品《太阳生日快乐》节选。

得到老师和家长的肯定后，南天章的作品更加成熟了，每周一次的写绘作业，都能拿出非常精彩的写绘作品出来。而与此同时，班级其他孩子的写绘作品也都表现出很高的质量，以至于连美术老师都赞叹不已。

而家长们也被孩子们的出众表现所感染，开始更加自觉地进行亲子共读。南天章的妈妈特别带他到书店去，买了很多适合他看的绘本、童书。

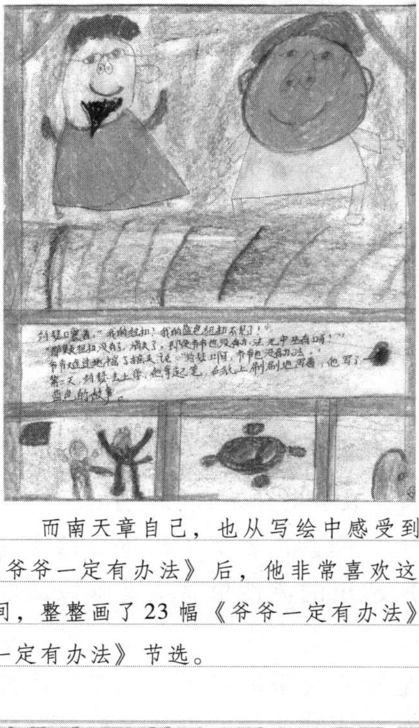

而南天章自己，也从写绘中感受到更大的快乐。有一次，妈妈和他一起读了《爷爷一定有办法》后，他非常喜欢这个绘本，就连着用了五个下午放学后的时间，整整画了23幅《爷爷一定有办法》的故事画。上面两幅为其写绘作品《爷爷一定有办法》节选。

南天章作品《白蝴蝶》节选。

南天章作品《不会汪汪叫的小狗》节选。

南天章写绘作品《小白马》节选。

南天章写绘作品《狐狸和仙鹤》节选。

除了和孩子们读绘本以外，周老师还按照项目组的建议，精心选择童话故事讲给孩子们听。《不会汪汪叫的小狗》《白蝴蝶》《小鸟、老鼠和香肠》等故事深受孩子的喜爱。虽然故事不同于绘本，没有了精彩的画面，但孩子的画想象更丰富，孩子们的灵性和创造力得到了极大的发挥。

进入一年级下学期后，周老师继续坚持读写绘，给孩子们讲了 20 多个绘本、故事。

南天章也在不断成长着，他的画又上了一个新的台阶，从上学期的油画棒、蜡笔，到下学期的水粉颜料，而且色彩搭配合理，他的家长也反映，现在孩子都是独立完成画画，故事也开始自己写了。

同时，班级中其他孩子也同样爱上了阅读，爱上了绘本。每次写故事、画画总是那么认真，而作品中所透出的灵性也总给老师以新的惊喜。

因此，周老师说，每逢星期一，是她最快乐的日子。她总是静静地欣赏着孩子们美丽的画，读着他们的精彩故事，感受孩子们灵动生命所带来的创造的喜悦。

南天章作品写绘欣赏：《有责任心的小熊》

1. 蜜蜂妈妈要出门办事，她把蜜蜂宝宝送到了邻居小熊家，请小熊帮她照看蜜蜂宝宝。

2. 蜜蜂妈妈留下了一坛坛甜甜的蜂蜜。小熊用蜂蜜喂蜜蜂宝宝。蜂蜜好香啊，小熊却闭紧嘴巴，不去尝一下。

3. 红狐狸来了，他对小熊说：“小熊，你把坛子打开，我们把蜂蜜分了。我一半来你一半，然后美美地吃掉它。”小熊皱着眉毛，闭紧嘴巴，摇摇头。

4. 小兔来了，他喊小熊一块儿打球。小熊可喜欢打球了，可是蜜蜂宝宝要吃午饭了，小熊走不开，他只好冲小兔摇摇头。

5. 小猴来了，他约小熊一块儿去街上买蜂蜜。小熊很想吃蜂蜜，再一看，蜜蜂宝宝睡得正香，就锁上门，跟着小猴出去了。半路上，小熊摸摸口袋，哎呀哎呀，钥匙哪儿去了？小熊急得满头大汗，小猴说：“别急别急，咱们一起回去找。”

6. 还好还好，钥匙落在小熊家边上的青草堆里，小熊这才松了口气，笑了。

7. 这时，蜜蜂妈妈回来了，她看见小蜜蜂被照顾得那么好，高兴得直夸小熊：“真能干！”小熊终于吃到了蜂蜜，这是蜜蜂妈妈奖励他的，哈哈，真甜！

女孩子小亚的故事

2006年9月，同样在娄葑二小，同样在一年级，发生着另一个故事。不过，这个故事却是因为班主任顾舟群老师的特别关注引起的。

由于一些特殊情况，原本要教毕业班的顾老师来教一年级，而她将要带的一（3）班是一个不被大家看好的班级，因为从学生入学测试成绩来看，这个班的孩子比其他两个班要差很远。但是顾老师是一个很认真负责的老师，她下决心要让这个班呈现出新气象。于是，除了认真完成语文学科教学任务外，她特别注重做新教育低段读写绘的实验，她相信阅读、故事是能改变孩子的，所以虽忙忙碌碌带着孩子们读绘本，讲故事，背儿歌，给家长写信……但是她却乐此不疲。而学生的确也有了很大的起色，得到了家长的认可和好评。

可是，有一个女孩却一直让顾老师难以释怀。

这个白净、漂亮又略显柔弱的女孩子，与其他同龄孩子相比，显得非常“特别”。顾老师在入学测试的时候就对她印象很深，因为测试结束后老师们就担忧地说：“一个叫小亚的女孩子，在测试的时候竟然一句话也没说，一道题也没完成，测试成绩是零分。不知道以后会分到哪个班级？”可是，顾老师却没想到她居然与自己这么有缘。

在开学新生报到那天，顾老师让孩子们介绍自己。叫到小亚的时候，孩子们都说：“老师，你不要叫她，她不会说话的，在幼儿园里从来没有说过一句话。”这真让顾老师惊讶又震动。第一次和别的孩子们吃饭，小亚竟然吃了一个多小时。第一次做作业，其他同学都早早完成了，可是小亚却用了整整一节课才抄写完一排“a”。第一次教她写笔顺，顾老师又专门把她叫到办公室补课，可是用了整整一节课，她还是没有学会一个字的笔顺，数学课也是这样。

第一次语文测试是入学后的第一次月考。监考的又是那个负责入学测试的朱老师。事先顾老师特别请求她多关注一下小亚，提醒她动动笔，尽量多得几分。可是，考试结束后，朱老师一脸愧疚地说：“顾老师，对那个小亚，我实在没办法，我蹲在她面前，足足教了她十几分钟，可是她就是一个字也不写……”

面对这种情况，顾老师急得泪流满面，别的老师也纷纷劝她，像这样特别的孩子你就放弃吧，别白费力气了。

可是，没想到随着读写绘的开展，这个特别的女孩却慢慢地开始有了变化。

顾老师说，刚开始进行实验的时候，她其实也对小亚不抱希望的，也没想到她会对读写绘感兴趣。在读“可爱的鼠小弟”系列绘本的那两个星期，当别的孩子都开心地交上来写绘作业，吵着要听故事的时候，也没发现小亚对绘本有特别的喜爱，因为她从来没有交过一次写绘作业，而且说实话，顾老师也并不指望她能回家去复述故事、画画和续编。

可是又讲了一个月，当顾老师开始讲“淘气宝宝”系列绘本故事的时候，令顾老师意想不到的事情发生了：在讲完《小熊的哈欠》后，她居然收到了小亚的第一幅写绘作品！从画的内容上可以看出，她完全听懂了故事，画中出现了小老鼠的家、蜜蜂的家、小兔子的家、狐狸的家。而她妈妈也在作品的右上角上写下这样一段话：今天是我最难忘的一天，放学了，我骑着三轮车接女儿回家的时候，女儿不但主动开口和我说话了，还有头有尾地给我讲了《小熊的哈欠》的故事，我一边骑，她一边讲，女儿长大了懂事了。

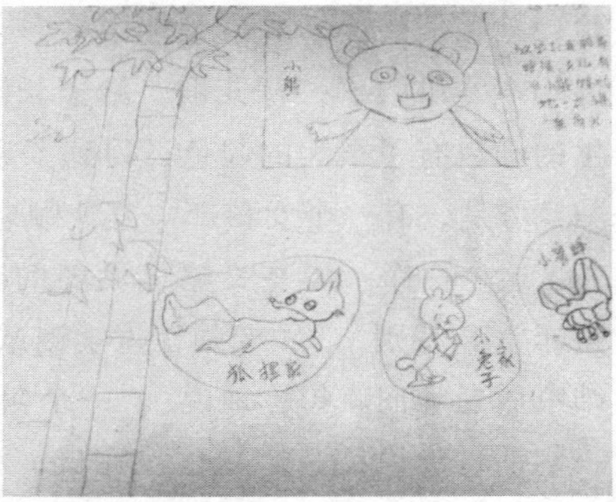

小亚的第一次写绘作品《小熊的哈欠》。

看到这份特别的作业，顾老师又惊又喜，想不到这样一个特别的女孩竟然对绘本、对故事如此感兴趣，还能完整地叙述出来。于是她连忙在全班表扬了她，并给她的作品颁发了奖状，这是小亚生平得到的第一次表扬、第一张奖状。从此小亚的兴趣被激发起来了。每节绘本阅读课她听得可认真了，每次画画、续编故事她也都能认真地完成。一个学期结束时，全班只有她一人从未缺过一次读写绘的作业。

小亚一年级上学期写绘作品《阿丽的红斗篷》。

让顾老师记得很清楚的是，一年级上学期期末测试结束后，孩子们又嚷嚷着让老师给他们读绘本。于是她就给孩子们讲了《胡萝卜种子》，但没有再布置写绘作业。可是第二天早上却仍然有一个同学把写绘作业交上了——她就是小亚。于是顾老师又一次表扬了她，还给她颁发了奖品——一套画笔。

就这样，只要小亚有了进步，顾老师就及时表扬。每一次顾老师都会把小亚的写绘作品上传到教育在线论坛班级主题帖，还把她的作品在学校的“毛虫与蝴蝶”专栏中展出。

一次次表扬、一份份奖品使小亚变得越来越自信了，渐渐地她的脸上有了笑容，开始走下座位和同学们交流起来了，她的成绩也提高了。

而这时候，小亚的妈妈也向顾老师介绍了小亚更多的事情。她妈妈说以前的她在家也是一声不响，没有玩伴，没有任何爱好，抱着个娃娃坐在沙发上一待就是大半天。现在的她可不同了，放学回到家忙着背课文、默生字、背儿歌，给爸爸妈妈讲故事，画画，和爸爸妈妈一起续编，忙个不亦乐乎……每当看到这样的情景，小亚妈妈都非常感激顾老师，她说小亚多亏了顾老师的帮助，她说小亚还有一个哥哥，和她一样白皙漂亮，也和她一样一句话也不说，和她一样的入学测试成绩。可是六年过去了，她哥哥还是一句话也不说，毕业测试成绩还是零分，现在只能休学在家。

小亚一年级下学期写绘作品《小白马》。

一年过去了，小亚的改变越来越大，作业速度也越来越快，她不但能和其他孩子交流，还能主动上台表演讲故事；不但能自己吃饭，还能主动帮老师做事，测试成绩也一次比一次好。最令人惊讶的是班级开展了经典儿歌诵读活动后，一个多学期下来，她竟然能熟练地背出上百首儿歌。

在小亚一年级下学期写绘作品《小白马》下面，她用文字记录下她的续编故事：

小白马看到他所到过的地方都变得美丽了，他回到画里很高兴。可是，小白马在画里住了几天又闲不住了，他想：外面的世界这么大、这么美，我还有好多地方没去呢，我要把世界变得更加美丽。

天亮了，小白马“砰”的一声从画中跳了出来，小白马来到了一座荒山，荒山立即长满了青草，枯树长出了绿叶，还结出了许多野果，引来了许多的动物在山上居住。

第二天，小白马到了一个穷山村，山村的庄稼立刻结出了丰硕的果实。村民们都在广场上敲锣打鼓庆祝丰收。

第三天，小白马去了沙漠，沙漠就立即变成了绿洲。小白马还去了很多地方，真的把整个世界都变得一样美丽。

从平原到大山

——河南和湖南两个读写绘班级的共读故事

在中原大地，被誉为“中华龙乡”的濮阳，有一群快乐的“油娃”，他们就是濮阳油田第一小学二（3）班的孩子们。两年来，在班主任侯长缨（网名：快乐小荷）的带领下，69个孩子在读写绘的花园中自由地徜徉。从晨诵儿歌童谣、阅读绘本起步，两年下来，这些“小毛虫们”胃口越来越大，已经不满足于绘本故事，而开始独立阅读整本书了，于是，从《笨狼的故事》开始，侯老师便开始带领孩子们步入更需要想象力的文字世界。

而在遥远的湖南常德，一个有着与陶渊明名篇《桃花源记》同样名字，也同样美丽的地方——桃花源，也有着一个从一年级开始进行

侯长缨老师和她的二（3）班孩子们。

了两年读写绘实验的班级，它就是敖双英老师（网名：桃花仙子）和有着56个孩子的二（丙）班。大山遮挡了孩子们的视线，可是却遮挡不住飞翔的心灵。虽然农村经济条件很不好，敖老师自己也不富裕，但是她在接触了“毛虫与蝴蝶”儿童阶梯阅读项目后，下决心无论如何不能让孩子的童年缺失阅读，于是她不仅自己出资近千元为班级的孩子们购买绘本、童书，而且还利用休息日走入学生家中，向家长讲述读故事书的重要性，鼓励文化程度不高的家长尽力参与到亲子共读以及孩子的写绘作业中。

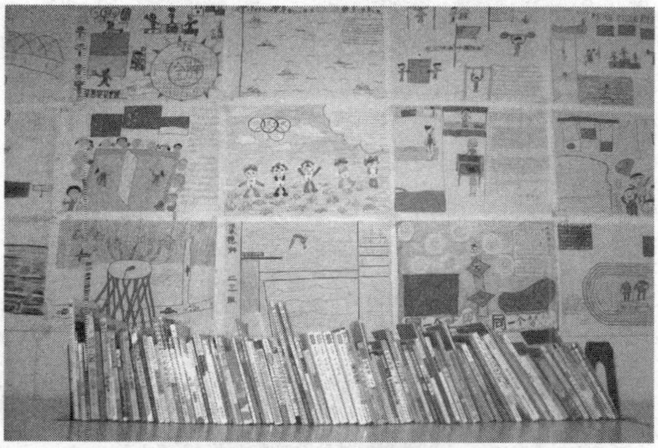

班级图书角和教室墙面上贴满的孩子们的写绘作品。

用儿童诗开启黎明，开启生命中一个个重要的日子。

给过生日的孩子送诗。

赛诗会。

敖双英老师和她的孩子们。

开学前，孩子们在出黑板报。

二月春风似剪刀
二月春风剪出了地里的油菜花，绿绿的青草，美丽的蚕豆花，光坛坛的水沙，温暖的太阳，飘飞的云彩，欢唱的鸟儿和孩子们的笑脸。春天真是个好季节！

桃花源孩子的快乐生活。

像这样的班级，在教育在线“毛虫与蝴蝶”论坛还有很多很多，江苏、河南、新疆、浙江、山东、福建、黑龙江……致力于童年阅读，为孩子一生精神打底的老师们通过论坛会聚起来，在儿童课程项目组的引领下，寻找每个年级最优秀的实验榜样。大家除了通过论坛班级实验主题帖及时获得信息、交流学习之外，还通过“毛虫 QQ 群”的方式分享经验、研讨问题。侯老师和敖老师就是其中最活跃最认真的两位，因为她们都希望把美好的事物带给孩子，用经典儿童文学塑造孩子的童年，所以虽然远隔千里，也未曾谋面，但是“毛虫们”却有着共同的语言与密码，彼此之间更加惺惺相惜。

2009 年年初，当侯老师带领孩子们共读《笨狼的故事》时，就产生了这样的想法，把孩子们共读过的书籍，寄给大山里桃花源的孩子们，让他们能读到更多适合的书，而且对自己班的孩子来说，也能真正体验到“赠人玫瑰，手有余香”的含义。于是在和敖老师商议确定了种种细节后，侯老师就带领着孩子们给遥远的桃花源孩子写信，写关于《笨狼的故事》的故事，写自己的生活了。

而桃花源的孩子们，接到这些书信兴奋得不得了，他们在敖老师的组织下，不但认真读书，还将读写绘班级的特别礼物——“画信”，同样寄给了远在河南的小伙伴们。

就这样，从平原到大山，从河南到湖南，一封封内容丰富、色彩斑斓的美丽信笺飞翔穿梭起来。而这62 本《笨狼的故事》，从2009 年3 月3 日寄达一直到这年 4 月底，已经走过了桃花源小学的 6 个班级——二（甲）班、二（乙）班、二（丙）班、三（甲）班、三（乙）班、三（丙）班。并还将继续在孩子们的友谊和欢笑声中，继续传递下去。

在爸爸的帮助下，谭博洋小朋友终于把信封写好啦。

到邮局啦，马上就要寄信啦，该投到哪里呢？啊！原来要投到信箱里，真希望湖南小朋友马上收到我的信！

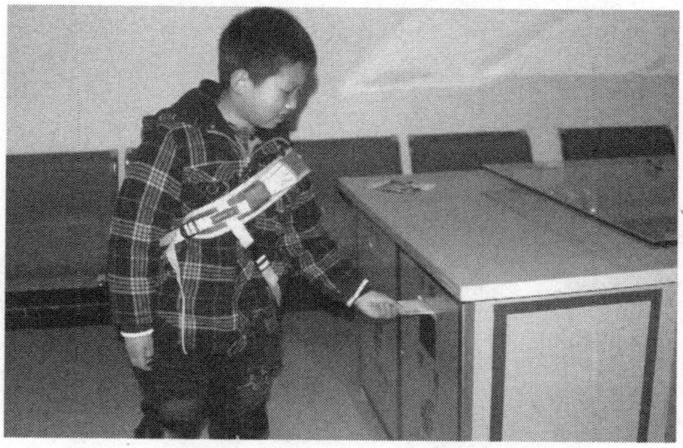

回信来啦——

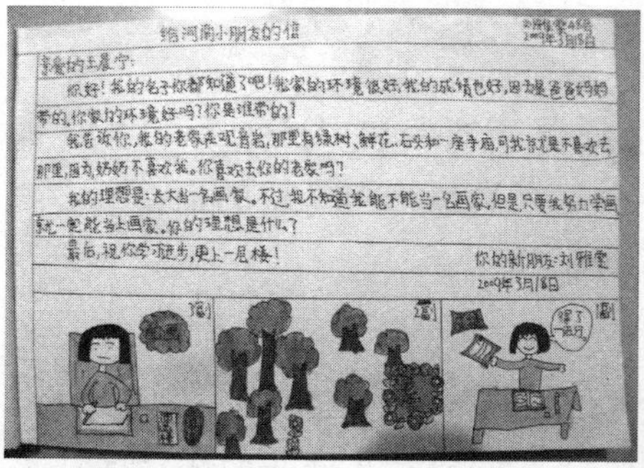
给河南小朋友的信

亲爱的王晨宁：

你好！我的名字你都知道了吧！我家的环境很好，我的成绩也好，因为是爸爸妈妈带的。你家的环境好吗？你是谁带的？

我告诉你，我的老家在观音岩，那里有绿树、鲜花、石头和一座寺庙，可我就是不喜欢去那里，因为奶奶不喜欢我。你喜欢去你的老家吗？

我的理想是：长大当一名画家。不过，我不知道我能不能当一名画家，但是只要我努力学画就一定能当上画家。你的理想是什么？

最后，祝你学习进步，更上一层楼！

你的新朋友：刘雅雯

2009年3月18日

亲爱的周马奇凡：

你好！听说你们要给我们回信了，还要用邮票寄，我们特别高兴。

我们班的何柯霖同学的手骨折了，我们都很伤心。今天是雨天，很冷。你们那儿呢？我家有只小狗叫非朵，它长着一个像花儿一样的尾巴，可爱极了！

我们学校里的桃花开了，有白色的，还有红色的。迎春花、紫玉兰也开了。前几个星期，我们还春游了，花儿都开了，非常美。

祝你学习进步，团结友爱！

你的朋友：满兴逵

2009年3月27日

第二节　教师与家长的互动

和孩子一道起航

——给一年级新生家长的一封信（郝玉梅老师）

在一年级新生报到的第一天，江苏翔宇实验小学一（3）班的家长，就收到了班主任郝玉梅老师这样一封充满热情与希望的信。

亲爱的家长朋友：

你们好！明天，9 月 1 日是新学期开学的第一天，这将是你们的孩子——我的学生，人生的一个重要转折点，他们将是真正的小学生了。

亲爱的家长，每一个学生，对于我来说，都是一个 100% 完完全全的立体的“人”。我知道，在你们心中，更是这样！那么，让我们与孩子们一道起航吧！在他们即将开始的征程中，让我们认真地做他们的长辈、他们的知心朋友、他们的合作伙伴吧，让我们和他们一起，向着明亮那方挺进，分享他们成长的快乐，感受他们成功的喜悦！

亲爱的家长，您向我交出您可爱的小男孩儿、小女孩子，而我将还您一个怎样的孩子呢？我深感肩头重重的负担。

现在，我想说：我会用我满腔的热情和全部的爱，去浇灌他们，滋润他们。亲爱的家长，您想说什么呢？

最伟大的教育家苏霍姆林斯基说过：家庭的教育修养决定着孩子的成长。如果家庭教育和学校教育没有一致性，那么学校的教学和教育过程就会像纸做的房子一样倒塌下来。那么，亲爱的家长，您做好准备了吗？

亲爱的家长们，所有那些有教养、好求知、品行端正、值得信赖的年轻人，他们都有着一个共同的特点，那就是对书籍的热爱。看到这里，亲爱的家长，您一定知道应该怎么做了。

那么，让我建议您，让我们一起做一个喜欢读书的人——和孩子一起静静地捧起书本，一起沐浴书籍的芳香，一起走进书籍为我们创造的美妙的世界吧。

……

亲爱的家长，明天，我们将带领孩子真正走进神奇的绘本世界，让一粒“小种子”快乐地发芽、长叶、长大……开最漂亮的花，结最硕大的果，相信您的孩子，他们纯洁的心灵，将成为这粒“种子”最肥沃的“土壤”！

亲爱的家长，我已经准备好了，您也一定准备好了吧？那就让我们和孩子一道向着那最光明的地方，扬帆起航吧！

谢谢您细细阅读这封信，请保留此信并及时让孩子带回学校反馈。

你们的朋友：郝玉梅

今日建议：

一、跟孩子一起按要求包好新书，教育孩子爱护新书，按课程表准备好明天的学习用品。

二、在孩子的书包里装一本轻便的课外书，他作业完成或自己闲暇的时候可以看。

三、按表格填写好内容，尤其是孩子的生日，统一填写阳历。

填写表格：

姓名	生日	父亲	工作单位	母亲	工作单位	联系电话	家庭住址

家长反馈：

向着梦想飞翔

——给二（4）班家长的第一封信（史桂华老师）

史桂华老师已经和家长们一起走了一个学年，现在又将带领孩子踏上二年级新的阶梯，面对已经建立了真诚合作关系的家长，在开学后的第一个星期，家长们收到了这样的一封信，里面不仅对孩子的寒假生活做了详细的点评，而且针对二年级新的要求，也向家长们提出了新的建议。

亲爱的家长朋友：

你们好！

时间过得真快，转眼开学已经一个星期了。这个星期里，我一直被很多孩子和家长感动着，享受着教育带来的幸福与快乐。

我们先来看看这些可爱的孩子吧！

他们寒假里的课外阅读（《绿野仙踪》）导读题完成得非常认真，尤其是李欣雨同学，一本小小的作业留下了她一串串阅读的足迹：图文并茂，非常认真。为此，我特意把她的假期阅读作业全部扫描并上传到我们新教育小学论坛上的家：欢乐梦幻岛——新教育小学二（4）班的精彩故事（2008 年春夏）。

网址：http：//bbs. eduol. cn/2008 －2/17/18454591572. html

……（这一星期学生的学习、生活等情况表扬略）

看着孩子健康茁壮地成长，是每个家长和老师最开心的事情了。但是如同树木生长一样，优质的栋梁总是需要很长的时间才能长成，教育也是一样，需要我们对孩子长期地关注和耐心细致地指导。非常幸运的是，我们二（4）班就有这么多优秀的家长，正是由于你们一学期来的付出，尤其是寒假期间对孩子学习和游戏的有效引领，所以孩子们才有了这么突出的表现。瞧，下面这些孩子的家长在春节前就督促孩子完成了《寒假生活》：

……（表扬孩子姓名略）

新的学期又开始了，向着理想，我们二（4）班的孩子们又开始了新的飞翔。而家长和老师就像为鸟儿的翅膀提供的上升气流，托起他们稚嫩的双翼，在飞翔中磨炼翅膀，在磨炼中去更高更远的地方。

2008 年，充满梦想和希望的一年，对于我们二（4）班的孩子也一样。到今年秋季，那个色彩斑斓的季节，他们将从充满浪漫的粉红阶梯登上迈向追寻精确的浅绿阶梯，他们要上三年级了。而这半年，就是他们开始更高阶段的成长的关键时期。因此，在这个特别阶段，什么才是他们此刻最需要的营养？对此，我给您提出以下一些建议：

1. 给您的孩子一份童年和人生中最珍贵的礼物。

这份最珍贵的礼物却不需花费您一分钱，只需要您每天花一点点时间，与孩子共读在灯下。还记得“丑小鸭”、“灰姑娘”这些形象吗？这真是伟大的故事，任何时代的人类都能和它产生强烈的共鸣，从心底里生出一股不绝的力量。拥有一颗高贵的心，拥有不屈服命运的坚强意志，在任何时候都能宽容、爱与善良，充满正义与责任感，永远积极、乐观、向上……这些决定人生命运的最重要的品质，一定要在童年的时候，在他们的心灵里埋下种子，这样，在现在和并不遥远的未来，种子会萌芽、生长，直到在岁月中长成一棵参天的生命橡树。因此，选择像《丑小鸭》《灰姑娘》《犟龟》（这是一些非常美妙的绘本故事，今天晚上孩子将和您一同分享犟龟陶陶带给我们的启迪）等这些故事中的形象，在孩子的成长过程中不断地重现并赋予它们现实的意义，那么，随时间流逝，这份积极的“自我镜像”将深深植根于您孩子的心田，成为他（她）的希望和力量之源。

2. 看您的孩子时，目光中要充满高期望。

有两个著名的关于教育学和心理学的故事，您可能听说过。“罗森塔尔效应”——哈佛大学心理学教授罗森塔尔交给老师一份名单，说这些学生很有发展的潜力。8 个月后，名单上的学生，成绩果然优于其他学生。其实，他对这些学生也并没有考察过，只是照学生花名册随意挑选。还有“皮格马利翁”效应——在西方传说里，有个国王皮格玛利翁，他喜欢一尊少女的石雕像，每天和她私语，和她交流感情，倾吐爱意。后来这尊石像竟然有了生命，来报答他的热望。

亲爱的家长，您肯定明白了，在我们一直以来对孩子的耐心细致关注的基础上，再加上对孩子成长的高期望，我们就会不断把信心、鼓励和希望传递给孩子，也就越发能激发他们的积极性和创造性，从而取得更优异的学业成就，获得更大的发展。

3. 养成优良的学习习惯，要靠长期的训练。

良好的学习习惯的重要已是人所共知，可是世界上大多数人却并不具备。惰性、拖拉、自我约束力低等都是养成良好行为习惯的大敌。但是在和它们斗争的同时，也在培养着勤奋、坚韧等卓越品质。其实习惯的养成一点也不难，只需“滴水穿石”即可。因此，每天花上一个小时左右的时间，检查孩子的学习情况，和孩子一起阅读，是一件有益终身的事情。具体到本学期，要养成哪些习惯呢，我的建议如下：

A. 阅读的习惯。建议除完成老师布置的“亲子共读”外，还要给您的孩子多多准备优秀的书籍，具体的书目我们将在以后的时间，通过信、便笺或者论坛的形式及时推荐给您。每天和孩子有半小时的阅读时间，请相信：童年阅读过的这些优秀的书籍，将会铭刻在孩子人生的年轮里，成为生命最本源的力量。

B. 学习的习惯。这里的学习专指学校中的学科学习。让学生取得高的学业成就，是老师和家长共同的期望。这学期，新教育小学对于学生的学习，是研究的重点，从预习、课堂到作业、检测，追求有效是我们的共同目标。这也将是我们这学期和您通信的一个重点内容。预习和家庭作业是涉及家庭学习中的重要两项，也请家长按照老师布置的作业要求，一丝不苟地认真落实。我们也将在论坛或者便笺中及时将孩子的学习情况跟您交流。我们相信，对孩子的高期望加上良好的学习习惯，这样长期有效的对学生的关注，势必能让孩子们学得有效而轻松，从而拥有理想的童年学习生活。

新学期开始，总是有太多太多美好的期望，看着孩子们一张张天真可爱的笑脸，看着他们每天雀跃着走向课堂，我们的心中，总是幸福而又充满责任感。从二月份到六月份，四个半月的旅程对于我们——每一个学生，每一位家长，每一个老师，都是一段值得经历的、值得花费心思去行走的旅程。

亲爱的家长，让我们的手和您的手紧紧相连，为孩子们的行走撑起一片——童年的绿荫。

敬致

各位家长

2008 年 工作顺利 生活幸福快乐

您的朋友：史桂华 朱怀玲 管丽丽

2008 年 2 月 21 日

附：

我们班这学期重新建帖，已经登陆的有刘可心家长、卞浩轩家长和乔德夫家长，希望有条件上网的家长也能够尽快登陆，让这个网上家园能够成为我们家校联系最方便的平台。不能上网的家长也请在下面的意见反馈表中注明，以方便我们采取其他方式和您经常沟通，保持联系。

我们的班级网址：http：//bbs. eduol. cn/2008 -2/17/18454591572. html

请填写家长意见反馈表后沿虚线剪下，请学生带回。若有不方便学生知道的内容，可装在信封中或者面交老师并面谈，我们非常欢迎。谢谢。

二（4）班家长意见反馈表

学生姓名				
家长上网条件	能		否	
新学期家长对老师的期望和建议：				

一个许诺的奇迹

——给家长朋友的第二封信（陈美丽老师）

上学期从另一个学校调入任教三年级的陈美丽老师，已经开始将这一周来家长、学生还有老师，围绕着新学期的希望，围绕着阅读与学习发生的那些美好的故事，精心编织在一起，并且开始为家长编写第一份《家教指南》。

亲爱的家长朋友：

您好！

转眼又到了星期四。经过一个星期的紧张、忙碌，疲惫是可想而知的，然而终究不能也不敢懈怠啊！想到58个家庭对这封信的热切期盼，想到没有信时孩子眼中的失落，想到自己对生命的承诺，我抛开心中的杂念，收拾好自己的心情，沏一杯茶，放一段音乐，开始给您写信。

静下来想想，这是多么美好的一个星期啊！从上个星期天开始，我就在网上陆陆续续地看到了不少爸爸妈妈写给孩子的新学期寄语，那些温馨的话语在温暖了孩子的同时，也温暖了我的心。马悦的妈妈说："亲爱的马悦，你是我们一家人快乐的源泉；是我们一家人的骄傲。新学期开始了，爸妈希望你要认真学习，你们现在处于学习知识的黄金阶段，学习的同时要讲究学习方法；要与同学团结友爱，互相帮助，要善于学习小朋友的长处；还有要相信自己能做好每一件事情，敢于发表自己的想法。爸妈相信，你通过自己的努力能取得更好的成绩，去证明你自己！爸妈希望你每天都是快乐的天使！"沈志鹏的妈妈说："新学期开始了，我们觉得你肯定会有很大的进步的，因为你现在的表现比原来好，而且越来越好。生活上你从不让我们操心，自己洗手洗脸，甚至自己烧饭吃，没有大人在家时你一个人很乖地待在家里，特别是最近的表现更好，比如：一放学回家就写作业、看书，有时还嚷着要到书店看书，或让我们为你买书，尽管书买回来了，有的没看，但你已有看书的意愿，有时看起书来那认真劲，真让我们高兴。"

其实这样温暖的话很多，这里就不一一摘录了，请您上网去我们班级的帖子里看吧。这里尤其要向大家推荐的是倪新鹏的妈妈写的《亲爱的儿子，我想对你说》、戴清宇的妈妈写的《愿你快乐前进》、杨浩帆的妈妈写的《订下成功的船票》。

在网上相互交流的方式让家长们都互相得益。金雨蒙的妈妈这样说："今天，我在三（2）班的网页上看到许多家长写给孩子的寄语，是那么真诚而实在，可我只写了短短两行字，简直是一种敷衍，一种应付，此时我觉得自己好苍白好渺小。我要认认真真写好家长寄语。"然后她重新认认真真地写了一份。问姝轩的妈妈这样说："发完帖后我看了其他家长的帖子，感到受益匪浅。希望你们能经常把你们的教子经验贴上来，让我们学习学习。"

有的爸爸妈妈因为不上网或不会发帖，所以就将自己对孩子说的话写在了信笺上。我已经精选了一部分贴在了我们班级后面的墙报上，您一定要到教室来看一看。这里特别要提到的是陈志远的爸爸，这份寄语他竟然写了整整五页，可见他对孩子用心之深。

星期二早晨，我们的晨诵诗是《墨水瓶》。那天的情景来听课的老师已经用文字记录下来了，就在我们的专帖上，您可以自己慢慢欣赏。不过，好的东西我们要一起分享，让我们一起读一读马玲老师送给我们三（2）班的这首《墨水瓶》吧，相信您也会感觉到这一份对幸福的憧憬的。

墨水瓶

——修改贾尼·罗大里的诗送三（2）班的同学们

多么美的诗句，
如果能用
一束阳光来写。

多么纯净的诗句，
如果能用
一丝轻风来写。

亲爱的三（2）班同学们啊，
在墨水瓶底，
隐藏着宝物，
用你的智慧、勇气和努力，
将它打捞。
配上最黑的墨水，
就能写下人生灿烂的词句。

还想借用胡琴老师的话，来传达心中的这一份幸福：

走出三（2）班的教室，我又想起了课堂上的一个细节——陈老师在范读时，不留神将“灿烂”的“灿”读成翘舌音，孩子们马上齐刷刷地轻声纠正道“灿（càn）烂”，那一刻，我看到陈老师没有一般老师的那种窘迫或者别扭，只是会心一笑，纠正过来又继续了。而我，也忍不住会心一笑。是啊，要是没有相互信任的和谐、民主、平等的师生关系，师生间是不会有这样的默契的。回到办公室，我又打开了教育在线网页，再一次浏览了三（2）班的主题帖。在那里，我再一次感受了陈老师和孩子们、家长们相互编织的美好的、温馨的幸福生活，那一声声亲切的叮嘱，那一次次融洽的交流，那一条条精心的记事，那一张张温馨快乐的全家福，使我感动的泪水不由再次盈满眼眶！呵呵，美丽的班级，幸福的家！

星期三的早晨，我们的晨诵诗是与水仙花有关的：

王充道送水仙花五十枝

［宋］黄庭坚

凌波仙子生尘袜，水上轻盈步微月。
是谁招此断肠魂，种作寒花寄愁绝。
含香体素欲倾城，山矾是弟梅是兄。
坐对真成被花恼，出门一笑大江横。

关于教室里的那一盆水仙，大家可以看我写的《美丽的水仙》这篇文章。那盆水仙到了教室后，孩子们比我更细心地关注着它，照顾着它。到了课间，孩子们就会围在它的身旁，闻它的香味，数它的花苞。到现在，水仙花已经展示出它最美的风姿。而黄庭坚的这首诗，更是让孩子们对这盆水仙有了别样的感觉。我和孩子们，在分享花香和花容的过程中，也分享着彼此在一起的从眼神到心灵的默契与快乐。干国祥老师在我们的这个帖子后面说："这是一个许诺的奇迹，却不是所有的人都懂得欣赏，以及知道自己的生命，也不过是一盆待放的水仙。"不过，我相信，我们的孩子，经过这些花、这些诗熏陶的孩子，一定会更多地懂得生命的意义吧。

星期四下午，我们上了《绿野仙踪》的读书课。一本书就是一段旅程，而实际上，孩子们的这段旅程从寒假就已经开始了。而我们亲爱的爸爸妈妈，从上个星期六也和孩子一起上路了。现在，和孩子一起看书、讨论的爸爸妈妈越来越多了，像王雨菁、赵胜杰、杨宇、胥越、胡萌萌、徐智璇、王逸飞、刘海峰、莫帆、成炳萱、沈婕、问捷、沈明、金雨蒙、倪新鹏、问姝轩等孩子们的家长，在这次的亲子共读中做得特别好。爸爸妈妈们的一些精彩的话语我在星期三晚上都已经进行了整理并发到了网上（如果您能自己发上来，可以省去我不少时间，那就更好了。以后这样的作业，如果您发在了网上，就可以不必再写在本子上）。这里，我还是要选取一部分与大家一起分享，因为就像王雨菁的妈妈说的："一本好书，教育着两代人。"

徐智璇的妈妈说："我和徐智璇一起看的这本书，他看得很认真。

这些阅读题是他自己独立完成的。我希望徐智璇以后要向多萝茜学习。在学习上学习多萝茜，不怕困难，充分利用自己的智慧，学好每门功课。生活上学习多萝茜，要努力地做好每一件事情，并且和同学之间搞好关系，互相团结互相帮助。”

莫帆的妈妈说：“星期五晚上我认真地读了《绿野仙踪》这本书，一直读到凌晨两点，但我觉得一点都不困。多萝茜、铁皮人、稻草人、狮子，他们为了实现各自的愿望，在寻找奥芝的旅途中遇到了种种困难和危险。他们团结合作、勇于拼搏的精神深深打动了我。孩子在成长的过程中，一定也会遇到许多困难，我衷心希望我的孩子具有拼劲和钻劲，做一个真正的男子汉。”

成炳萱的爸爸说：“这是他第三次读这本书，也是最认真的一次，并自己独立地完成了阅读题。不过，有些题目在回答时还不够具体。看完这本书，我觉得孩子也同样在经历跟《绿野仙踪》一样的旅程，这条路上需要乐于助人的爱心，团结互助的友谊，不畏艰难的斗志和实现美好理想的愿望。而这种经历是否顺利，跟孩子乐观开朗的心志，克服困难的信心，不断坚持的努力等因素是分不开的。”

闫捷的妈妈说：“这一次的经典阅读真的是一次快乐的旅行。这份快乐来自于进入时空隧道身临其境的体验。这是个关于多萝茜他们四个人历险的故事，他们找到了智慧、爱心、勇气、善良、勇敢，像一颗星星恒久地挂在我们的心头。我们的心随多萝茜他们紧张、欢喜、忧愁。魔力四射的奥芝王国好像在向我们招手，发出了让我们一起出发的邀请。这真是一本魅力无穷的好书，我希望自己的孩子拥有他们一样的在学习上不断战胜困难、勇于进取、超越自我的勇气。”

沈明的妈妈说：“和儿子共读一本书是我们拥有的幸福。看到这本书中的一支旅行队伍，他们在共同的历险中互相帮助，互相关心，共同完成这次旅行，他们为各自心中的梦想，付出了自己的努力，让我们看到了人与人之间的爱心，同时让我们也好像走进了这支队伍中……让我们一起走进孩子的世界吧！书是我们共同的知音，书是我们共同的语言，让我们一起读书，找回失去的童年！”

亲爱的家长朋友们啊，生命就是这样地神奇，在岁月的路上轻轻许下的一个承诺，在孩子成长的路上不经意间埋下的一颗种子，在若千年以后，就会出现让人意想不到的奇迹。

那么，就让我们向着岁月许下一个承诺吧！

温馨提示：

1. 请您读一读《一个德国母亲的四个教育细节》，这个故事给了您怎样的启示或帮助呢？请您也动手写一写吧，可发在网上，也可写在一张精美的信纸上。当然，您也可以写一写看这第二封信后的感想。

2. 英语老师盛老师希望您能督促孩子们按时完成作业，不拖拉，养成每天听磁带的习惯。

3. 数学老师周老师希望您能提醒孩子们认真按时完成家庭作业，书写工整，独立思考，写完后仔细检查，自己订正，尽量不问家长。做好复习，有选择地做一些思考性的课外习题。

孩子，你的进步就是我们最大的快乐。

这一周中，在语数英三门功课中表现特别好的孩子分别是——(学生姓名略)

您的朋友：陈美丽　周正峰　盛文凤

2008 年 2 月 28 日

给家长看的绘本故事及反馈

《等一会儿，聪聪》

《等一会儿，聪聪》与其说是给孩子们看的绘本读物，不如说是每个家长应看的亲子教育专著。

大卫·麦基是创造幽默的高手，“花格子大象艾玛”系列通篇弥漫着明朗鲜亮的色彩，洋溢着热烈欢快的气息，阅读时产生的快乐就如同刚打开瓶盖的可乐一样，透明的色彩缤纷的泡泡争先恐后冒上来。可是在这本书里，我却更多地感受到了一个孩子的孤独与隔离，恍若夜晚清冷的月光下，一只小小的狐狸的幼崽发出的哀鸣。

故事从蝴蝶页就已经开始了。

小小的聪聪走在黑白格的地板上，看得出，他很快乐，小手还很酷地插在裤兜里，高高昂起的脸蛋上，一双大眼睛格外明亮，他向前走去，他看见了什么？

翻过一页，原来是爸爸啊。他好高大，像一座山，正抡起一把锤子在墙上钉一颗钉子。聪聪小手背在后面，无限崇拜地看着爸爸，充满欢喜地叫：“嘿，老爸。”

可是爸爸的回答却是：“等一会儿，聪聪。老爸现在没空。”

聪聪又看见了什么？

原来是妈妈啊。她好厉害，站在高高的凳子上，高跟鞋的后跟都离开凳子了。妈妈正在从橱柜里拿下一个漂亮的黑白色容器。聪聪小手背在后面，无限崇拜地看着妈妈，充满欢喜地叫：“嗨，妈妈。”

可是妈妈的回答却是：“等一会儿，聪聪。妈妈现在没空。”

“等一会儿，聪聪。”

“等一会儿，聪聪。”

……

聪聪的眼睛黯淡下来了，同所有孩子一样，他想出了一个办法，他告诉妈妈：“妈妈，花园里有一只怪兽要吃我。”可是妈妈在忙着给花浇水，不耐烦地回答：“等一会儿，聪聪。妈妈现在没空。”

聪聪一个人来到花园。

画面和故事在这里进入了“超现实主义”风格，以怪兽来演说聪聪的心理变化。

花园里的树下真有一只红毛怪兽，它张着大嘴，露出两排尖尖的牙齿，瞪着三角眼。

聪聪对怪兽说：“嘿，你好，怪兽。”

怪兽一口就把聪聪吃掉了。然后怪兽走进了聪聪的家。其实怪兽就是聪聪，在“等一会儿，聪聪”不断的拒绝和压抑下，聪聪的内心世界终于发生了巨大的裂变，他内心积聚了一股巨大的力量，想要发泄，想要破坏，想要撕碎这个世界。而这一切，爸爸妈妈知道吗？

怪兽走到了聪聪妈妈的背后，大叫了一声。妈妈正在往墙上刷着绿色的油漆，她依然这样回答：“等一会儿，聪聪。妈妈现在没空。”

怪兽张大嘴巴，咬了聪聪爸爸一口。爸爸正坐在沙发上，厚厚的一叠报纸把他埋住了。他虽然痛得大叫，却依然说：“等一会儿，聪聪。爸爸现在没空。”

终于，吃晚饭的时间到了。这一下，爸爸、妈妈该和聪聪一起了吧。

没想到，妈妈把饭菜给聪聪端来，放在电视机前，和聪聪怪兽在一起的就是电视里“嚓嚓嚓嚓”的声音了，那里面也是一只怪兽。

该睡觉了，聪聪怪兽喝了一口牛奶，大声说：“喂，我可是一只怪兽啊。”

可是声音听上去却那么微弱，那么无力，那么悲哀。

故事中的聪聪还是个学龄前的幼儿，即使变成了怪兽，也不过是一个小小的怪兽。所以它的力量，还不足以伤害到爸爸妈妈。可是把时空的线团再往后伸展一下呢？

“等一会儿，聪聪”，由这一句，我却听到了更多的声音：

“等一会儿，强强。”

“等一会儿，兵兵。”

“等一会儿，红红。”

……

爸爸妈妈们都在忙着。大卫内心对儿童还是充满了悲悯的，因此，他没有把生活中更加丑陋真实的东西指给孩子看。聪聪的爸爸妈妈忙的不过是钉钉子、洗碗、浇花、看报纸等日常的事情。可是透过这些的背后还有什么呢？我不止一次听到一年级的小孩子很单纯地告诉我：

“我有一个爱睡懒觉的爸爸。”

“我妈妈就喜欢打麻将。”

不再列举更多的了，作为现代社会的人，父母们每天一睁眼就面临激烈的竞争与淘汰也成为不争的事实，每天像蚂蚁一样为了事业、房子、车子、股票等等奔波不停。面对生活，他们也有很多的无奈。但是我们还是要追问一句，难道生命的全部就是那些吗？难道当初孕育小生命的欣喜就这么轻易地被这些所替换吗？

“我是从哪儿来的，你在哪儿把我捡起来的？”孩子问他的妈妈。

“你曾被我当做心愿藏在我的心里，我的宝贝。”

“你曾活在我所有的希望和爱情里，活在我的生命里，我母亲的生命里。”

“在主宰着我们家庭的不死的精灵的膝上，你已经被抚育了好多代了。”

——泰戈尔《新月集·开始》

重温这生命的开始，再凝视聪聪们的脸蛋儿，让那神秘的感觉再一次淹没父母的心，让生命绽放那一刻的惊喜伴随在孩子成长的每一刻。

家长反馈

下面是濮阳油田第一小学一（3）班侯长缨老师在把这个故事讲给家长听后家长的反馈和孩子们的写绘作品。

从聪聪父母的身上，我看到了我们平时的影子：工作的繁忙、家务的劳累，夺去了我们太多的精力和耐心，我们能够安静地与孩子交流、陪孩子玩的时间太少了！就连睡前半小时的讲故事时间也经常保证不了，只能让孩子自己看书。

现在的孩子多是独生子女，他们本身就很孤单，他们多么希望爸爸妈妈能够陪自己，多和自己做游戏呀！可每次喊爸爸妈妈时，时常听到的一句话就是："孩子，等一会，爸爸（妈妈）在干活呢！"这时孩子是多么的失望呀！没有人陪，孩子只能一个人玩，即使他们变成了怪兽，父母仍然只关心他们的衣食，而对孩子的心理变化和需求却没有丝毫的察觉。

这虽然仅是一个简单的故事，但它却给我们敲响了警钟！多关心孩子，特别是在孩子吃饱穿暖之后的心理需求。放下手中的杂事，多陪孩子，做孩子的知心朋友。这样才能及时了解和帮助孩子，为孩子的生活、学习、发展做好我们应做的，尽好我们为人父母应尽的义务。

——徐尚志的家长

聪聪的爸爸妈妈忙着做他们认为该做的家务，而总是让“聪聪，等一会儿”，直到孩子最后被怪兽吃了都浑然不知，聪聪的心里该是多么的难过！

想想是啊，现在的爸爸妈妈实在是太“忙”了。忙着工作，忙着家务，忙着交往，忙着自己娱乐，忙着……却忽略了孩子的需要——他希望他的爸爸妈妈能够和他尽情地一起读书，一起做事，一起玩游戏，一起活动，一起说说笑笑，而这些小小的心愿对一些孩子来说却可能是一种奢求。“繁忙而又聪明”的爸爸妈妈会想出更多的办法来替代他们陪伴孩子——电视、书、玩具，甚至爷爷奶奶。

于是，我们常常会看到这样的景象：孩子仰着他那天真可爱的小脸，满怀希望地、兴冲冲地跑来对着你说：“爸爸妈妈，你们听我说……”

“哎，你别打岔，爸爸妈妈正忙着说话呢！”（没时间听孩子要说的话。）

“你先别说，爸爸妈妈正忙着工作呢！”（工作肯定比孩子想说的话重要。）

“去去去，先一边玩去，爸爸正看书呢，等一会你再说！”（兴致正浓，岂容他人打扰。）

“儿子，你先玩玩具，妈妈收拾完家务再陪你玩！”（家务事太多，不干不行，哪有闲情听孩子啰嗦。）

“宝贝，有什么事自己先想办法解决，不明白了再来问爸爸妈妈！”（可孩子已经有不明白的事了！）

……

接下来会怎么样呢？

孩子或垂头丧气，或无聊难过，或赌气不语，或掷地有声地说出一句“哼，你们都不理我，光忙你们的”；甚至像聪聪那样孤独一人而身处危险之中，无法自救；再或者从此封闭自我，不再向爸爸妈妈诉说。于是，长久下去，在这样缺乏爱和关注的环境中长大的孩子，性格可能孤僻而敏感，情绪低沉或烦躁，心里充满叛逆和矛盾，人际交往会慢慢变得冷漠而困难。

这的确不是危言耸听！

这一切又是谁造成的呢？难道这不足以引起我们为人父母者的警醒吗？

当孩子想与我们交流的时候，当孩子需要我们帮助的时候，当孩子想和我们嬉戏玩闹的时候，当孩子想帮我们做事的时候，我们还会说“等一会儿，聪聪”吗？

爸爸妈妈，你们等会！停下来，把你繁忙的节奏放慢，多一些与孩子共处的时间，享受快乐时光，全神贯注听孩子说话，尊重孩子，打开他的内心世界，听听他心里的话，相信聪明的爸爸妈妈会明白一个道理：你在孩子心目中的位置无人能够替代！孩子在成长的路途中需要我们的引导和帮扶，而倾听是我们使孩子敞开心扉的最有效手段。只有倾听，我们才能了解孩子内心的渴求、愿望、疑惑、烦忧、欢乐……只有这样，才能知道下一步我们该如何做。

爸爸妈妈们，我们一起努力，为了孩子健康快乐地成长，我们要学会让自己“等会儿”，听听我们的孩子想说些什么……

——边兆琪的家长

附录：儿童成长阶段理论摘录

史代纳（华德福教育）的儿童发展观点

我们如何能够将那上天所赐本来具足的自性导向光明?

人类对身体知识的研究高度发展。经由生物学、生理学、解剖学，关于人类肉体的知识已非常地先进，但如果谈到人类灵魂（soul）的知识，则是一片完全未开的僵局，每一次与灵魂有关的事件都只有一个名词，完全不知真相。就连思考、感觉、意愿这些事件，今日的心理学也是完全不知其所以然。

我们自然会觉得今天的教育是不行的，必须要改进。没错，但是如果你完全不了解人类，你要如何去改进呢？所以，这些长久以来有最佳动机的教育改革理念都是在缺乏对人类了解的知识下完成的。

教师的工作必定要以对人类的了解为基础。

生命是一个整体，前后相连，不是只了解这个孩子就好，我一定要了解人的整体性。

只有当你将人类的生命视为一个相连的整体时，你才会了解到人生的每一阶段都大不相同。

不能仅想着要如何去教育儿童，却忘了观察生命本身。你得随时注意才能帮助孩子正确地拿笔，你一定要记住人是一个整体，人的每一部分都要灵巧才能整体完善运作，所以教师必须要能够仔细地观察生命的每一个细节。

当儿童换牙了，进入 7 岁到 14 岁这一阶段，你要注意观察儿童是如何渐渐地显现出求知欲及好奇心，你要细心地、老练地去注意好奇心是如何渐渐地融入儿童的生命的。

幼小的儿童还是小小笨笨的生物，他不会问问题，要让他对任何事物有一个印象，你就得让自己成为那一件事物，儿童此时就像一袋面粉一样，不会对周遭环境提出任何问题。但是他也像一袋面粉一样，你在它上面印了一个什么样子，它就会保留这个印痕，这并不是因为好奇心所造成，而是因为你真正地与儿童共为一体，并造了一个印象，就像你用手在面粉上做了一个印痕一样。

而在换牙时，这种情形就完全改观了。你要去注意儿童现在会开始问问题了。“那是什么？”“星星有眼睛吗？”“星星为什么在天上？”“婆婆，你的鼻子为什么是弯的？”现在儿童开始问各种问题，并且对周遭事物产生好奇心。你要有一颗细腻的心去感受去注意到换牙时儿童渐渐升起的好奇心及注意力。你要准备好去配合他所新升起的这些特质。你要让儿童的内在本性来决定你要教他什么；我的意思是说，你一定要以最敏锐的心去注意儿童在换牙时所升起的这些特质。

许许多多的特质都在此时升起。不过，儿童虽然有了好奇心，但并不是知性（intellectual）的好奇心，因为此时儿童还没有推理的能力。任何人在儿童7岁时就想诉诸智力方面能力的培养，可以说都是搞错了方向。儿童在此时有幻想，这个幻想的国度要靠你来建造，这项工程其实来自所谓的“灵魂之乳”（milk of the soul）的观念。我们都知道，其实儿童出生后要喂母乳，这就是他的食物，也包含了有其他必需的物质。而当儿童在换牙期开始上学时，你又得给他另一种乳了，但是这一次，是给灵魂饮用的乳。“乳”的含义是说你所教的内容不能是各个分离的，而必须是浑然一体的。在换牙后，儿童就必须吸收这种“灵魂之乳”。如果你分开教他们读和写，就好像你喂他们奶时先用化学方法将奶分离成为两样不同的东西再分别地喂他们。读与写一定要以整体性的方式来教他们。你一定要本着这种“灵魂之乳”的观念来教育这些刚入学的孩子。

这个观念必须靠艺术性的教育法才能达成。这种艺术的气质必须涵容于每一项教学中。以后我将会讲如何由绘画发展写字的技巧，由此将艺术性融入其中，以及你如何再以艺术性的方式教他读书认字，如何接连这些艺术性的读写技巧，以艺术性的方式导入简单的初级算术，所有的这些教育都必须融为一体。在儿童入学时，你必须渐进地导入这种“灵魂之乳”。

而当儿童进入青春期时，他们还将需要“灵性之乳”（spiritual milk）。这是一项非常困难的工作，因为在今日这个全然物质化、现实化的年代，灵性几乎已荡然无存。造“灵性之乳”是很困难，但若你无法达成任务，这些孩子们在困难的青春期就得完全靠自力度过，因为在今日社会上已完全没有“灵性之乳”了。

你在儿童的换牙期也要以同样的观察心来体验。原本是靠全然感知器官的儿童，现在要发展他们幻想性与象征性这一类的天分了，因此你必须随时考虑到这一特性，就连玩耍、游戏时也不例外。我们这个物质主义的时代，可以说是完全反其道而行的，举例来说，大家今日经常买给孩子玩的所谓“美丽的洋娃娃”，这些洋娃娃有极完美的脸庞、粉红的双颊、躺下来会自动闭上的眼睛，其真实性讲也讲不完！但这些都伤害了儿童的幻想力，因为这些产品已经没有留下任何想象的空间了，儿童完全无法享受那想象的快乐。而如果你的洋娃娃是用手帕或毛巾做的，只点两个黑点表示眼睛，再点一点表示嘴巴，有两只也许似是而非的手臂，那么儿童便可大大地运用他的想象力加之于这个洋娃娃之上。

对儿童而言，玩具最好是能给他们机会尽量发挥想象力的。这会让儿童发展表达象征力的能力，儿童的玩具最好是没有一般人所谓“漂亮的”、已经完成的玩具。像我前面所讲那种有真头发的娃娃只是表面漂亮，事实上可以说是很丑，因为那完全没有艺术气息可言。

别忘了！换牙期儿童进入想象与幻想的这个时期是充满了幻想性而非智识性的，身为教师，你自己一定得生起这种幻想的生命，真正了解人类本质的人便可以做到这一点。事实上，真正了解人类的本质就会放松内在的灵魂生命而展露笑容，不了解人类的本质才会露出不悦与愤怒的脸色。当然，如果一个人是因为内部器官有病而外形于脸色是没有关系的，这种情形并不会影响儿童。当一个人的内在充满了对人类本质真正的了解时，这种光彩必会散发在他的脸上，而他必定能做一名优秀的教师。

所以在儿童由换牙至青春期，你一定要以想象力来教导儿童。因为在此时，令儿童拥有全然感知器官的力量已渐渐内敛，进入灵魂层次的生命。感官不会思考，它们只接收讯息，或者也可以说它们依外界物体造出印象，当孩子的感官在体验时已经是一种灵魂性的反应，当这种印象升起时不是一种思考而是一个影像，一个灵魂的影像，一个想象的图片。因此你的教法必须是以图片、影像为本。

有了这些观念后你知道在教儿童一些外界的事物时应该尽量用图形来表达。例如，今日的文字写法，不论是手写体或印刷体，对儿童而言可以说是纯属外界的事物，他们完全没办法联想 A 为什么叫做 A，他们如何与 A 产生关联性？他们为什么会对 A 有兴趣？这些 A 或 L 对他们而言，可以说是完全无关，纯属外界的事物，虽然明知如此，儿童来上学，学校就教他们这些东西，结果就是他们感觉这些东西与他们完全无关；而如果在换牙以前就教他们这些东西，或者教他们如何做字母拼图等等，这些都是教了他们一些完全与他们本性无关的事物的例子。

在这段时间，艺术感这种创造想象性图片的能力，才是你应该向儿童诉求的能力。不过，你要避免直接使用传统用于写字印刷的字母，你应该用鲜活的、有想象力的方式，也可以说是人类发展出文化的过程中所经历的方式。

在古早以前，人类就用画字了；也就是说，人们用画来做类似备忘录的东西。你并不需去研究人类文化史，但你要将人类用画来表达意思的这种精神表现给儿童看，如此儿童便能轻松自在地学习。

因此，若你的创造力丰富，每一个子音你都可以找到适用的图形。这些都可用一种“涂—画”或“画—涂”的方法表现出来，这种方法当然比时下一般的方法麻烦。因为在小孩画完后你得清理。但这是必需的、唯一的方法。

所以你见到了字母是如何由图形发展出来，而图形又是如何直接由生命发展出来。这就是你必须使用的教学方式。千万不能先教阅读，要由“涂—画”、“画—涂”的方式升起文字的印象，然后才由之进入阅读。

你一定要用图形来教，图形不是有魔力的符号，而是真真实实的事物，所以你一定要以图形为起始。

有的人会反对说，这样孩子们太晚才学读和写。他们之所以这样说，是因为今日大家都不知道太早学读、写对儿童的伤害有多大，太早就会写字是很糟糕的事情。现代的读与写已经不适合人类过早学习，大约要 11 岁或 12 岁后再学，在这之前不需要学读、写的孩子都是命好的孩子，这对他们往后的岁月有较好的影响。在 13—14 岁时都没办法好好写作的孩子，在未来岁月的灵性发展上要比 7—8 岁就能读写流畅的孩子障碍少（我自己的经历就是，我在 13—14 岁时都不能流畅地读写)，这些都是身为老师的人必须注意的。

一般而言，你恐怕没有办法依照这些应该遵循的原则去做，因为孩子们终究必须经由你们的学校进入一般大众的生活环境。但是，当你有了这些知识，你便能对儿童教育有极大的影响力，这完全决定于你有没有这方面的知识，你的知识必然会让你见到在教儿童写字前就教他们认字是大错特错的。在写字时，特别是如果用我说过的"涂—画"、"画—涂"的方式教他们时，他们整个人都是活动的，他们的手指、身体、整个人都参与这件事，而在读书认字时，只有头部参与这件事，任何只有身体一部分运作，其他部分皆不动的事情是愈迟教儿童愈好，先教让整个人运作的事，再教单一特定的部分运作，这是非常重要的原则。

我们的教育及教学方法乃是建筑在"想象"上的。你一定要清楚明白儿童在 9 至 10 岁以前还不知道如何分别"自己"与周遭的环境。儿童虽然出于某些习惯性的本能称自己为"我"，但事实上，他们真正的感觉是自己与世界浑然一体，因此，有些人就有一种奇特的说法，他们说原始人类觉得全世界都是"活的"，也就是说，他们认为无生命的物体也有灵魂，是活的；要了解儿童就要想象儿童和原始人类一样，因为儿童确实会敲敲某些东西，就好像那件东西有生命一样，但实情并不完全是这样，儿童并不会认为无生命的东西有灵魂，但他们并不去区分有生命与无生命的东西，对儿童而言，每一件东西都是浑然一体无有分别的，他们自己也处于这浑然一体之中，一直到 9 至 10 岁他们都不会分别自己与周遭环境，若要适切地教育孩子，这是你在教学时一定要考虑到的。

因此，在你讲到儿童周遭的一切事物时，不论是植物、动物或石头，你都要讲起来好像它们会互相交谈、互相动作，就像人类一样，它们也会讲话，也会互相爱或互相恨。你要有创造性地将人类智能学的理念融入其中，在谈到动物或植物时就像谈到人类一样。但你并不是要刻意地、理论性地把它们讲成有魂有魄，你只要很自然地以儿童能了解的方式对待它们，让儿童在未能区分自我与周遭环境以前也能了解你在讲些什么，因为，在此时儿童哪里有理由去认为石头没有灵魂而狗却有灵魂呢？我们大人会马上分别出来狗会动而石头不会动，但是儿童并不会将“会动”这个特性与“有灵魂”相连在一起。

没错，你可以将所有的东西都当做它们是人一样，会想、有感情、会互相交谈、会讨厌或同情对方，所以当儿童在这个年纪时，你要教给孩子的一切都要以神话、传奇或故事的方式传给他们，当然，在这些故事中，每一个角色都被赋予了生命，注入了情感。你一定要记着，以这种方式滋养儿童灵魂深处的想象力，就是儿童未来一生心灵生命的最佳基石。

如果你在儿童这个年纪时，塞给他们一大堆智识性的教材（如果你不将要教他们的东西先“转化”一下，就会造成这样的结果），孩子将来就会有血管及循环系统的疾病。

我们必须一再地重复这一点，你一定要随时注意到，儿童是肉体、灵魂及灵性合一的一个整体。

肩负教师的责任，在心灵上，你必须有艺术的情感并具备艺术的气质，教导学生时，不是只将你的思想传达给学生，而是如何在教学中表达自己。不自觉中，老师传达了许许多多的意念给孩子们。在诉说着充满感情的神话、传奇或故事时，老师一定要自觉到这一点，在我们这个唯物主义的时代，很容易见到老师们在讲这些故事时根本不相信这些事情，并认为是幼稚可笑的。人类智能学在此时便能作为一种真知的向导。经由人类智能学，我们了解到，我们若将一件事情用图形来表达，会比我们去讲一个抽象的概念丰富千万倍，一个健康的孩子会很自然地感受到他需要以图形来表达一切事物，并以图形的方式接受、学习一切事物。

经由人类智能学，你再度学到了要相信传奇、童话与神话故事，因为它们是以想象性的图形表达了高层次的真理，于是，经由你，这些童话、传奇与神话再度有了灵魂与生命。当你在诉说这些故事时，你的一字一句散发着你对这些故事的虔诚、相信之心，便将真理带入了儿童的心，真理便在你与儿童之间交流。

而一般的教学经常都是非真理在老师与儿童之间交流，只要老师这样想，“小孩们很笨，我很聪明，因为小孩相信童话故事，所以我得讲童话故事给他们听，这就是适合他们听的东西。”非真理就会立刻掌控了全局，当老师这样想时，所讲的故事就会立刻有一种知识性的能量注入其中。

但是，儿童们，尤其是在换牙期至青春期之间的儿童们对老师究竟是智识性强还是想象力强特别地敏感，智识性对儿童有毁坏及阻碍性的影响，想象力则给予儿童生命及动力。

身为他们的老师，除非你有绝对的权威，否则你没办法带这个年纪的孩子。也就是说，除非你能让儿童觉得“这是真的，因为你认为这是真的；这是善的，是好的，因为你认为这是善的；这是美的，因为你觉得这是美的”。因此，你指出了什么是真，是善，是美。为了孩子，你必须就是真、善、美的代言人。于是，向着你的儿童也必定向着真，向着善，向着美！

在儿童换牙期和9、10岁之间要用描述性、想象性的图形影像来教孩子，因为这样，孩子们从你身上所学到的将会活在他们的心中和灵魂中，成为他们一生中一种自然发展的方式。

当然，这唯有在你所唤醒儿童的观念及感受，是鲜明活跃的而非僵化死板的情形下，才有可能，要做到这一点，你自己必须要能够感受到自己内在的灵魂生命。教学、教育家都必须耐心于自我教育，耐心于唤醒那些必定会发芽、成长的灵魂，而从此以后，也许你便能够有许多绝妙的发现，但要达到这种境界，你一定要有勇气努力精进。

今天我们会讲到在换牙期到青春期间教育的一些原则，在下一讲则会讲到一些特别状况和特别主题的处理方式。

当儿童成长至9到10岁时，他们便开始会分别自己与周遭的环境了。于是，这是他们的一生中第一次有了主、客的分别，主体就是属于自己的一切，客体就是其他的人或物，现在你就可以和他们讲一般所谓的“外在”的事物了，而在这段时间以前，当你讲这些外在的事物时，你得把它们当做是与儿童的身体浑然为一体的。我已经在前面讲过，你们可以如何讲动、植物，讲得好像它们就像人一样会互相交谈。这样孩子就可以感受到外在的世界就是他们本身的一种延续。

如果你拿几棵植物放在孩子面前，然后讲解它的不同处，你这样做是与现实脱节的！植物本身并不是一种现实。如果你拔一根头发来做检验，就好像这根头发是完全独立自主的一件东西，这也是与现实不符的！在日常生活中，我们认为所有眼睛所见、有外形的东西都是实际的，都是现实，但是你要知道，当我们讲一颗石头的长短时，这与我们讲一根头发或一朵玫瑰是不一样的！因为十年以后，这颗石头将会与你现在所见完全一样，而这朵玫瑰两天后就完全不一样了；这朵玫瑰必须与整丛玫瑰树在一起才是一种实际的状况，而这根头发也不是独立自主的，要当它在头上，当它与整个人身一起考量时，才是一种实际的状况。如果你到田里，拔起一棵植物，这就好像你从头上拔了一根头发一样，因为植物是属于地球的一部分，就像头发是人身的一部分是一样的道理。所以，独立地检验一根头发就好像它是凭空长出来的，是完全没有意义的！

因此，若我们拿一个花盆，带一些植物回家去检验，也同样是件傻事。这与现实完全脱节，这种教学方法无法让学生了解到正确的自然或人类知识的。

因此，地理学、地质学和植物学绝对不能分开来教，这样教是很荒唐的，地理学必须将对当地的描述与对当地植物的观察一起教，因为地球是一个有机体，植物就像是这个有机体上的头发。儿童一定要能够明白地球与植物是一体的，每一片土都背负着属于它的植物。

所以，要讲植物必与土地相连一起讲才是正确的，你要让孩子们清楚明白地感受到地球是一个生命体，上面是长了许多头发。植物就是地球的头发。人们讲地球有重力，讲起来好像重力是属于地球的，而植物的生长力是属于地球的，与重力属于地球是一样的情形。地球与植物之不可分就像人与其头发之不可分，它们的相互归属就像人头与头发之相互归属是一样的道理。

如果你拿一盆盆栽向孩子们讲这些植物的名称，这样教就是非常不真实的。这种教法对他们一生有极大的影响，因为这种教法绝对不会让他们了解到，例如，应该如何对待土地，还有该如何施肥——土地的活力是来自自然的施肥，儿童只有经由了解植物是土地的一部分才能了解要如何的耕种。

（潘定凯译）

埃里克森的心理社会发展“八阶段”理论

埃里克森认为生命是由出生到死亡八个阶段所组成的。

前面五个阶段与弗洛伊德的心理性欲发展阶段假定发生的时间几乎完全相同。至于这些阶段中要发生什么事情，埃里克森与弗洛伊德却持不同看法。后面三个阶段是埃里克森自己提出来的，它体现了他对心理学重大贡献的一个方面。

根据埃里克森的理论，八个阶段的顺序是由遗传来决定的，因而是不可变更的。这种由遗传决定的发展顺序被认为是遵循渐成原理的，这是埃里克森从生物学中借用来的术语。他对这一原理描述如下：

无论何时我们要试图了解生长的含义，最好记住有机体的生长从子宫内就获得了的渐成原理。笼统说来，这个原理说明任何生物都有一个大体的生长方案。由于有了这个方案，机体的各部分才得到生长，每一部分都具有它特殊的优势，只有各个部分都能获得生长才能形成一个有机的整体。

危机是划分每个发展阶段的特征。埃里克森使用“危机”一词就像医生使用它一样，也就是说，是为了表示一个重要的转折点。因而，作为每个发展阶段特征的危机就同时兼有一个积极的解决办法和消极的解决办法。积极的解决办法有助于自我的加强，因而有助于形成较好的顺应能力。消极的解决办法削弱了自我，阻碍了顺应能力的形成。更进一步说，在某个阶段中积极的危机解决办法增加了使作为下个阶段特征的危机得到积极解决的可能性。而在某个阶段中消极的危机解决办法降低了使作为下一阶段特征的危机得到有效解决的可能性。

虽然生物基础决定了这些阶段产生的时间，因为成熟过程决定了可能获得各种经验的时间，但正是社会环境决定了与任何特定阶段相联系的危机能否得到积极的解决。由于这一原因，埃里克森提议把八个阶段称为心理社会发展阶段，以此同弗洛伊德心理性欲发展阶段相区别。

最后，在列出八个阶段前我们需说明一点。埃里克森并不认为解决危机的办法要么是完全积极的，要么是完全消极的。相反，他认为危机的解决办法中兼有积极和消极两种因素。只有在有利于积极解决的因素比消极因素所占的比率高时才能说危机被积极地解决了。

（一）基本信任对基本不信任（0—1 岁）

这个阶段的儿童对父母和成人的依赖性最大，如果能够得到他们的足够的爱和有规律的照料，满足基本的需要，就能对周围人产生一种基本的信任感，反之则会产生不信任感和不安全感。儿童的这种基本信任感的形成是以后人格健康发展的基础。

（二）自主对羞怯和疑虑（1—3 岁）

这个阶段儿童学会了爬行、走路、推拉和说话等。他们不仅能在一定程度上自主控制外界事物而且能够控制自身的大小便的排泄。因此，儿童有了自己的行动的自主意愿。而这常常和父母的意愿构成冲突。在这一阶段，如果父母能有足够的理智和耐心，对儿童的行为既给予必要的限制又给予一定的自由，就会使危机得到积极解决，使儿童形成自我控制和意志的品质，反之则会形成自我疑虑。

（三）主动对内疚（3—5 岁）

这个阶段的儿童的活动能力更进一步增强，语言和思维能力也得到了很大的发展，表现出积极的幻想和对未来事件的规划。在这一阶段如果父母能经常肯定和鼓励儿童的自主行为和想象，儿童就会获得主动性，反之儿童就会缺乏主动性并感到内疚。如果这一阶段的危机得到积极解决，儿童就会形成方向和目的的品质；反之则会形成自卑感。

（四）勤奋对自卑（5—12 岁）

这一阶段的儿童大多数正式进入学校，接受小学教育，学习成为他们的主要活动。如果儿童能够从需要稳定的注意力和一定努力的学习活动中获得满足，他们就能发展勤奋感，对未来自己能成为一个对社会有用的人有信心，反之则产生自卑感。如果这一阶段的危机得到积极解决，就会形成能力品质；消极解决，就会形成无能。

（五）同一性对角色混乱（12—20 岁）

这一阶段儿童接受了更多的关于自己和社会的信息，并要对它们进行全面深入地思考，为自己确定未来生活的策略。如果能做到这一点，儿童就获得了自我同一性，反之会产生角色混乱和消极同一性。埃里克森强调了同一性及其反面都是和社会的要求和儿童对社会环境的适应有关的。他认为，同一性的形成对个体健康人格的发展十分重要，它标志着儿童期的结束和成年期的开始。

（六）亲密对孤独（20—24 岁）

这一阶段属于成年早期。只有建立了牢固的自我同一性的人才敢于与人发生爱的关系，热烈追求与他人建立亲密的关系。因为与他人发生深刻的爱的人际关系，要求把自己的同一性和他人的同一性融合为一体，这就需要个体作出某种程度的自我牺牲。而没有建立牢固的自我同一性的人，会担心因与他人的亲密关系而丧失自我，他们会寻求逃避，从而产生孤独感。

（七）繁殖对停滞（25—65 岁）

这一阶段个体通常已建立了家庭和自己的事业。如果个体已经形成了积极的自我同一性，就会试图把这一切传递给下一代，或为了下一代创造更多的精神和物质财富。如果这一阶段的危机得到积极解决，就会形成关心的品质；如果危机是消极解决的，就会形成自私自利。

（八）自我整合对失望（65 岁—死亡）

这一阶段属于成年期或老年期。通常大多数人都停止了工作，处于对往事的回忆之中。如果个体能顺利度过前面七个阶段，就会具有完善感，不惧怕死亡。而在过去生活中有挫折的人，因已处于人生的终结阶段，无力再实现过去未完成的生活目标，所以对死亡感到惧怕。如果这一阶段的危机得到积极解决，就会形成智慧的品质；消极解决，就会形成失望和无意义感。

皮亚杰智力发展的阶段理论

皮亚杰认为，根据儿童智力发展的主要特征和变化的规律可把儿童智力的发展划分为几个主要的发展阶段，即感知运动阶段、前运算阶段、具体运算阶段和形式运算阶段。在讨论这些阶段中儿童智力发展的主要特点之前，我们先来看看皮亚杰对阶段划分的几点说明。

第一，智力发展阶段的划分是相对的。每一个儿童的智力发展都是一种平衡——不平衡——再平衡的连续发展过程，呈现出智力发展的连续性。但在不同的年龄阶段，智力发展又有不同的特点，呈现出阶段性。这种不同年龄阶段出现的心智特点是阶段划分的依据。

第二，阶段的先后顺序是恒定不变的。儿童的智力随年龄的增加，由低到高，从一个阶段进入下一个阶段，逐步达到最高水平。但是发展阶段同年龄之间的联系并不是固定不变的。由于社会环境、文化教育和活动范围的不同，有些儿童可能发展得快些，有些儿童可能发展得慢些，但智力发展的次序是不变的，即不能跨越某个阶段，也不能颠倒阶段的次序。

第三，每一阶段的发展都为下一阶段打下基础，而且前一阶段发展所形成的认知结构都被归入到下一阶段形成的认知结构中，成为其中的一个基本成分。

第四，每一阶段都有一个准备期和完成期。在准备期内，智力发展的特点同上一阶段有着明显的联系，还不能形成本阶段应有的智力特点。在进入完成期后，该阶段所应具备的认知结构才达到平衡状态，并为进入下一阶段做好准备。

前运算阶段智力活动的特点

前运算阶段指2—7岁这段时期。在这个时期，儿童的智力活动呈现以下特点：

（一）以表象思维为主。事实上，在感知运动阶段的后期，表象思维已开始出现，但还没有占据统治地位。进入这一阶段之后，在上一阶段感知运动智力活动的基础上，儿童能利用实际生活中获得的表象进行思维，且这种思维成为智力活动的主要方式。依靠这种思维，儿童可以回忆他过去曾接触过的人和事物，并利用这种记忆表象进行各种象征性的活动，例如，用一根竹竿当马骑；还可以进行延迟模仿，如模仿以前看过的电影中某个人物的动作等等。但是，此时儿童的表象思维缺乏逻辑性。儿童的大脑中充斥着一大堆具体的、杂乱的表象，缺乏概括性。

（二）自我中心主义。在感知运动阶段，儿童便处在极端的自我中心状态中，此时儿童根本不能把自己的身体与外部世界分离开来。进入前运算阶段后，儿童能区别自己和其他物体，但此时儿童还无法从他人的角度考虑问题。他只能以自我为中心，从自己的角度观察和描述事物。因此，他深信他人的想法与自己相同，不愿采纳同自己观点不一致的意见。他也深信自己的观点是正确的，即使遇到同自己观点相矛盾的事实，他也会毫不犹豫地宣称事实是错误的。这一特点并不能说明儿童的本性是自私的，而只是表明了儿童思维发展过程中的一个过渡性特点，随着人际交往的增加，这一现象会逐步得到改善。

（三）中心片面性。所谓中心片面性是指儿童在观察事物时，仅仅把注意力集中在他最感兴趣的，或事物最突出、最显著的方面，而对其他方面却视而不见，听而不闻。由于智力活动的这一特点，就使得他的判断和推理缺乏全面性，显得鲁莽和幼稚可笑。例如一个6岁的孩子对一个5岁的孩子说："我今年6岁，你才5岁，你怎么能打过我呢？"这个孩子只看到年龄大小，而没有想到身高、力气和勇气在打斗能力中的作用，故而得出年龄大的一定能打过年龄小的片面结论，让人感到幼稚可笑。随着儿童智力的发展，这种片面性逐步改善。到7岁左右时，儿童开始学会全面观察事物，判断和推理能力也相应趋于完善。

（四）不可逆性。若要了解不可逆性，首先要了解可逆性。在皮亚杰的理论中，可逆性指思维反向进行的过程。例如，在内心想象这样一组动作：把一个瓶子里的水倒入另外一个瓶子里，然后把这一过程逆向进行，把这个瓶子里的水倒回原来那个瓶子。若能进行这种思维，则说明思维具有可逆性。

前运算阶段儿童的思维还不具备可逆性，思维还只能沿着单一的方向进行。例如，把两杯同量的水当着儿童的面倒入一个瓶身较宽的容器，然后询问儿童两个容器的水是否相等。此阶段的儿童大多数都认为不相等。因为他们不能在头脑中把水倒回原来的杯中，因而无法理解两个容器中的水相等这个道理。皮亚杰认为，由于缺乏可逆性，这阶段的儿童还不能形成"守恒"的概念。

（五）非变换性。事物在从一种状态向另一种状态发展的过程中，要经过许多中间状态，若能理解事物这一演变的过程，就说明思维具有了变换性。皮亚杰认为，这一阶段的儿童还缺乏这种变换性，即在观察事物时，只注意到事物的开始状态和终结状态，完全忽视过渡状态。例如，实验者把一只球从桌上抛到地下，要儿童画下这一过程。大多数儿童只画出球在桌上和地下的位置，球的中间状态却被忽视了，这说明儿童还不能形成一个系列表象，缺乏变换性。

前运算阶段从2岁至7岁，历时5年。这5年又可粗略地分成准备期和完成期两个小阶段。2—4岁为准备期，此时儿童的智力活动还具有感知运动阶段的一些特点，但由于语言的发展，认知和思维活动迅速进步，使得儿童的智力活动迅速摆脱前一阶段的特点，形成这一阶段的各种心理能力。从5岁开始进入完成期，各种心理能力进一步完善，为进入具体运算阶段打下了坚实的基础。

具体运算阶段智力活动的特点

具体运算阶段相当于儿童的小学阶段，时间大致从7岁到12岁左右。在这一阶段，智力活动具有了守恒性、可逆性，儿童掌握了群体运算、空间关系、分类和序列等逻辑运算能力，较之前一阶段，智力活动的性质有了本质上的改变。但由于这一阶段的儿童运算还离不开具体事物的支持，只能把逻辑运算应用于具体的或观察所及的事物，而不能把逻辑运算扩展到抽象概念中，因此称为“具体运算”。具体运算阶段儿童的智力活动有以下特点：

（一）守恒。守恒是一种认知格式，它意指儿童认识到物体不会因形状和位置的变化而导致质量改变的道理。换句话说，儿童能不为事物的各种具体的、表面的变化所迷惑，在变幻中把握事物的本质，就是建立了守恒的格式。

（二）分类。分类是根据事物的性质或关系对事物进行不同的组合。儿童从感知运动阶段的末期起就已经能进行简单的分类活动。到前运算阶段，幼儿可依据事物的颜色或形状给事物明确分类。但这时的分类只是在同一级的单一维度进行，复杂的、等级性的分类能力要到具体运算阶段才能出现。

根据儿童智力发展阶段理论，幼儿期的儿童思维结构正处于从前运算阶段向运算阶段发展的时期，幼儿的思维主要是表象思维，思维的过程主要是象征性符号系统的形成和应用过程，而不是概念的运算过程。

皮亚杰的儿童道德认知发展理论

皮亚杰早在20世纪30年代就对儿童道德判断和道德观念的发展进行了研究。他认为，一个人道德上的成熟主要表现在尊重准则和社会公正感这两个方面。一个有道德的人能按社会规定的准则公平地、公道地对待别人。他采用对偶故事法研究儿童道德判断发展的水平。他认为，儿童道德判断的发展与儿童认知发展的阶段相平行，儿童道德发展的进程可以在他们的认知进程中找到证据。他设计了一些包含道德价值内容的对偶故事让儿童回答，要求儿童辨认是非对错，从他们对特定行为情境的评价中投射并推测出儿童现有的道德认知和道德判断水平。通过大量的研究，他发现并总结出了儿童道德认知发展的总规律，即儿童道德的发展经历了一个从他律到自律的认识、转化发展过程。所谓他律，是指早期儿童的道德判断只注意行为的客观效果，不关心主观动机，是受自身以外的价值标准所支配的道德判断，具有客体性。所谓自律，则是指儿童自己的主观价值主观标准所支配的道德判断，具有主体性。他律水平和自律水平是儿童道德判断的两级水平。在此基础上皮亚杰还提出了儿童道德发展的年龄阶段。他认为，10岁是儿童从他律道德向自律道德转化的分水岭，即10岁前，儿童对道德行为的思维判断主要依据他人设定的外在标准，也就是他律道德；10岁以后，儿童对道德行为的思维判断大多依据自己的内在标准，也就是自律道德。

儿童的道德发展具体表现为以下几个阶段。

1. 自我中心阶段（2—5岁）。这一阶段的儿童由于认识的局限性，还不理解、不重视成人或周围环境对他们的要求，在游戏时，规则或成人的要求对他们还没有约束力，只按照自己的意愿去执行游戏规则，所以这一阶段又称为单纯的个人规则阶段。皮亚杰认为，促进儿童和同伴之间形成合作关系，是使儿童摆脱这种自我中心的唯一方法。

2．权威阶段（6—8岁）。这个阶段的儿童认为，应该尊重权威和尊重年长者的命令。一方面，他们绝对遵从成人、权威者的命令；另一方面，他们也服从周围环境对他们所规定的规则或提出的要求。皮亚杰把儿童绝对驯服地服从规则要求的倾向称为道德实在论。他指出，此阶段成人的约束和滥用权威对儿童的道德发展是极其有害的。

3．可逆阶段（8—10岁）。这个阶段的儿童不再认为成人的命令是应该绝对服从的，道德规则是固定不变的。他们认为，道德行为的准则只不过是同伴之间共同约定的用来保障共同利益的一种社会产物。因此，规则已经具有了一种保证相互行动和相互给予的可逆特征，规则面前、同伴之间是一种可逆关系，我要你遵守，我也得遵守。不是以权威而是以是否公平作为判断行为好坏的标准，认为公平的行为就是好的，反之就是坏的。由此可见，儿童的道德判断已经开始摆脱外界的约束，并具有自律道德水平的初步萌芽。

4．公正阶段（11—12岁）。这个阶段，儿童的道德观念开始倾向于公正。皮亚杰认为，当可逆的道德观念从利他主义角度去考虑时，就产生了关于公正的观念。公正观念不是一种判断是或非的单纯的规则关系，而是一种出于关心与同情的真正的道德关系。也就是说，儿童不再刻板地按固定的规则去判断，在依据规则判断时隐含考虑到同伴的一些具体情况，从关心和同情出发去判断。皮亚杰认为公正观念是一种高级的平等关系，这种道德观念已经能够从内部对儿童的道德判断起着决定性的作用。

科尔伯格的道德发展阶段理论

科尔伯格继皮亚杰之后对儿童品德发展问题进行了大量的、卓有成效的研究，提出了系统的道德发展阶段理论。

科尔伯格对皮亚杰的研究方法进行了改进，应用道德两难论的方法研究道德的发展问题。这种方法也称两难故事法。故事包含一个在道德价值上具有矛盾冲突的情境，让被试听完故事后对故事中的人物行为进行评论，从而了解被试进行道德判断所依据的原则及其道德发展水平。代表性的道德两难故事是“海因茨偷药的故事”。这个故事的大意是：欧洲有一位妇女患了癌症，生命危在旦夕。医生告诉她的丈夫海因茨，只有本城一个药剂师最近发明的一种药可以救他的妻子。但该药价钱十分昂贵，要卖到成本价的十倍。海因茨四处求人，尽全力也只借到了购药所需钱数的一半。万般无奈之下，海因茨只得请求药剂师便宜一点儿卖给他，或允许他赊账。但药剂师坚决不答应他的请求，并说他发明这种药就是为了赚钱。海因茨在走投无路的情况下，为了挽救妻子的生命，在夜间闯入药店偷了药，治好了妻子的病。但海因茨因此被警察抓了起来。

科尔伯格围绕这个故事提出了一系列问题，让被试参加讨论，如：海因茨该不该偷药？为什么该？为什么不该？海因茨犯了法，从道义上看，这种行为好不好？为什么？通过大量的研究，科尔伯格提出了三水平六阶段理论。三水平是指前习俗水平、习俗水平、后习俗水平。六阶段是指每个水平中又可划分为两个不同的阶段。

1. 前习俗水平（0—9岁）：处在这一水平的儿童，其道德观念的特点是纯外在的。他们为了免受惩罚或获得奖励而顺从权威人物规定的行为准则。根据行为的直接后果和自身的利害关系判断好坏是非。这一水平包括两个阶段。

第一阶段：惩罚与服从定向阶段。在这一阶段儿童根据行为的后果来判断行为是好是坏及严重程度，他们服从权威或规则只是为了避免惩罚，认为受赞扬的行为就是好的，受惩罚的行为就是坏的。他们还没有真正的道德概念。处在这一阶段的儿童对海因茨偷药的故事可能会作出这样两种不同的反应：赞成者认为，他可以偷药，因为他先提出请求，又不偷大的东西，不该受罚；反对者则会说，偷药会受到惩罚。

第二阶段：相对功利取向阶段。这一阶段的儿童道德价值来自对自己需要的满足，他们不再把规则看成是绝对的、固定不变的，评定行为的好坏主要看是否符合自己的利益。如他们对海因茨偷药的故事可能会有这样的说法：赞成者会说，他的妻子需要这种药，他需要同他的妻子共同生活；反对者则会说，他的妻子在他出狱前可能会死，因而对他没有好处。

科尔伯格认为，大多数9岁以下的儿童和许多犯罪的青少年在道德认识上都处于前习俗水平。

2．习俗水平（9—15 岁）：处在这一水平的儿童，能够着眼于社会的希望与要求，并从社会成员的角度思考道德问题，已经开始意识到个体的行为必须符合社会的准则，能够了解社会规范，并遵守和执行社会规范。规则已被内化，按规则行动被认为是正确的。习俗水平包括两个阶段。

第三阶段：寻求认可定向阶段，也称“好孩子”定向阶段。处在该阶段的儿童，个体的道德价值以人际关系的和谐为导向，顺从传统的要求，符合大家的意见，谋求大家的赞赏和认可。总是考虑到他人和社会对“好孩子”的要求，并总是尽量按这种要求去思考。他们认为好的行为是使人喜欢或被人赞赏的行为。这一阶段的儿童听了海因茨偷药的故事，赞成者会说，他做的是好丈夫应做的事；反对者则说，他这样做会给家庭带来苦恼和丧失名誉。

第四阶段：遵守法规和秩序定向阶段。处于该阶段的儿童其道德价值以服从权威为导向，他们服从社会规范，遵守公共秩序，尊重法律的权威，以法制观念判断是非，知法懂法。认为准则和法律是维护社会秩序的。因此，应当遵循权威和有关规范去行动。该阶段的儿童听了海因茨偷药的故事，赞成者会说，不这么做，他要为妻子的死负责；反对者会说，他要救妻子的命是应该的，但偷东西犯法。

科尔伯格认为大多数青少年和成人的道德认识处于习俗水平。

3．后习俗水平（15 岁以后）：又称原则水平，达到这一道德水平的人，其道德判断已超出世俗的法律与权威的标准，而有了更普遍的认识，想到的是人类的正义和个人的尊严，并已将此内化为自己内部的道德命令。后习俗水平包括两个阶段。

第五阶段：社会契约定向阶段。处于这一水平阶段的人认为法律和规范是大家商定的，是一种社会契约。他们看重法律的效力，认为法律可以帮助人维持公正。但同时认为契约和法律的规定并不是绝对的，可以应大多数人的要求而改变。在强调按契约和法律的规定享受权利的同时，认识到个人应尽义务和责任的重要性。对于海因茨偷药的故事。赞成者认为，法律没有考虑到这种情况；反对者认为，不论情况多么危险，总不能采用偷的手段。

第六阶段：原则或良心定向阶段。这是进行道德判断的最高阶段，表现为能以公正、平等、尊严这些最一般的原则为标准进行思考。在根据自己选择的原则进行某些活动时，认为只要动机是好的，行为就是正确的。在这个阶段上，他们认为人类普遍的道义高于一切。对于海因茨偷药的故事，赞成者认为，尊重生命、保存生命的原则高于一切；反对者认为，别人说不定也像他妻子一样急需这药，要考虑所有人生命的价值。

弗洛姆《爱的艺术》："父性之爱"和"母性之爱"

如果不是命运之神在保护婴儿，不让他感觉到离开子宫、离开母体时的恐惧的话，那么在他诞生的那一瞬间，婴儿就会感到极度的恐惧。婴儿在出生后的一段时间里，同出生以前并无多大差别，他还是不能辨别物体，还意识不到自己的存在以及他身体之外的世界的存在。他只需要食物和温暖，但他不知道什么是食物、温暖，什么是给了他食物和温暖的母亲。对于婴儿来说，母亲就是温暖，就是食物，母亲就是婴儿的满足和安全。用弗洛伊德的观点来说，这一阶段属于自恋阶段。周围的现实——包括人和物体——对于婴儿的意义，只是在于是否能够引起他身体内部的满足和不适。婴儿只能意识到他身体内的要求，外界的事物只有同他的需要有关对他来说才是存在的，而那些与他的需要无关的外界事物则没有任何意义。

随着儿童的成长和发育，他渐渐地能够感觉、接受事物的客观存在。母亲的乳房不再是他唯一的食物来源。之后，他开始能够辨别什么是自己口渴的感觉，什么是让他解渴的乳汁，什么是提供乳汁的乳房，谁是给他这些的妈妈。他变得能够懂得那些与自己无关的事物各有它们自身的存在状态。在这个阶段，孩子学会各个事物的名称，同时学会触摸事物，知道火又热又烫人，木头又硬又重，纸张又轻又容易撕碎。他也开始学习同人打交道：我吃饭时，妈妈会笑；我哭，妈妈就把我抱起来；我正常地排便，她就会夸奖我。所有这一切感知汇聚到一起成为婴儿的人生体验，那就是我被人爱。我之所以被爱，是因为我是妈妈的孩子；我被爱是因为弱小可怜；我被爱是因为我可爱并能赢得别人的喜爱。概括地说，就是我被人爱是因为我能够得到爱；或者更准确地说：我是我，我才被人爱。这种母爱的体验是一种被动的体验。我什么也不用做就可以得到母亲的爱，母亲的爱是无条件的，只要我是妈妈的孩子就能够得到她的爱。母亲的爱是幸福，是祥和，不需要去赢得，也不需要为之付出努力。但无条件的母爱有其消极的一面。这种爱不仅不需要用努力去换取，而且也根本无法创造。如果有母爱，就有幸福；没有母爱，生活就会变得空虚——我用任何办法也不能为自己创造出母爱，我根本无从弥补。

对于大多数 8 岁到 10 岁的儿童来说，他们的主要问题仍然是要被人爱，无条件地被人爱。在 8 岁之前，儿童还不会去爱，但他会对自己感受的爱表示感谢和喜悦。发育到这一阶段，儿童就会出现一种新的情感和新的要求，就是要通过自己的努力去唤起爱。孩子第一次想到送给妈妈或爸爸一点什么东西，或者是写一首歌，或者是画一幅画，或者为他们做点什么。在儿童的生活里，对爱的认识第一次从“被人爱”变成了“爱别人”，从接受他人的爱变成创造对别人的爱。儿童成长到少年期，就会结束他的以自我为中心的阶段，他开始认识到，别人不再是满足自己需要的工具，别人的需要同自己的需要同等重要——事实上，别人的需要更为重要，给予比接收更能带来满足感，更能够使自己快乐，爱人比被爱更重要。通过爱人，他可以从自恋、自我为中心所造成的孤独中解脱出来。在爱人的过程中，他体验到了一种崭新的与人结合的感觉，体验到与他人的统一。他还能够体验到在爱人的过程中爱所唤起的力量。他不再依赖于单纯地接收爱，不再满足于为了得到爱而让自己显得年幼、体弱、无助或者乖巧顺从。婴儿时期的爱的原则是：“我爱，因为我被人爱。”成人的爱的原则是：“我被人爱，因为我爱别人”。幼稚的、不成熟的爱是：“我爱你，因为我需要你。”而成熟的爱是：“我需要你，因为我爱你。”

随着爱的能力的发展，爱的对象也在相应地不断发展、变化。在最初的时间里，人同自己的母亲的关系最为密切。在出生以前，当母亲和孩子共存一体的时候，这种密切的关系就已经开始。出生以后，母子间密切的关系似乎有了变化，但这种变化并不像看上去那么大。

婴儿虽然已经离开了母亲的子宫，但仍然完全依赖母亲。后来，婴儿渐渐长大，开始学会走路、说话、自己去认识周围的世界，变得越来越独立，他同母亲的关系就慢慢地失去了那种休戚相关的重要性，而同父亲的关系则变得越来越重要。

为了了解从母亲到父亲的过渡，我们必须区分开母爱同父爱本质上的差别。在前面，我们已经谈到过母爱，就其本质而言，母爱是无条件的。母亲对刚出生的婴儿的爱，并不是因为这个孩子满足了自身某种愿望，或者是符合自己的标准，而是因为这个婴儿是自己十月怀胎得来的（请注意，并不是每一位父亲或母亲都是按照上面所说的方式来爱自己的子女，这里所说的母爱和父爱更接近马克思·韦伯所说的“理想型”或者荣格使用的“原型”之意，我使用“母爱”和“父爱”指在母亲和父亲身上体现出的爱的本质）。无条件的母爱不仅是孩子的强烈的愿望，而且也是每一位成年人内心最深的渴望。从另一个角度来看，那种通过努力才得到的爱往往令人心存疑虑。因为，如果我没有使我要取悦的那个人满意，如果出现了意外，对方还会爱我吗——人们害怕这种爱会消失。而且，通过努力得到的爱往往叫人有心底的隐痛：我之所以被人爱是因为我使对方快乐，而不是因为我是我，也就是说，我不是被人爱，而是别人需要而已。理解了这一点就会明白：为什么我们所有的人，无论是儿童还是成年人都保持着对母爱的强烈渴求。大多数孩子是幸运的，他们能够得到母爱（后面我们还要讨论不同程度的母爱）。对于成年人来说，这种愿望就难以满足了。在理想的人格发展过程中，这种对母爱的渴望始终是正常的性爱的一个部分。人们也会把这种渴望寄托在宗教中，甚至可以在精神疾病中找到更多的例子。

与父亲的关系不同于与母亲的关系。母亲是我们的故乡，是大自然，是大地，是海洋。而父亲不代表任何一种自然渊源。在最初的几年里，孩子同父亲几乎没有什么联系，父亲对儿女的重要性根本无法同母亲相比。但是，父亲虽然不代表自然世界，可是他代表了人类生存的另一个环境：即思想的世界，人类所创造的由法律、秩序和冲突构成的世界。父亲是教育孩子，为孩子指出通向人类社会之路的引导者。

父亲的作用更多地体现在社会性方面，这也与人类社会不断发展的经济制度有关。私有财产出现后，财产的继承权往往只属于一个儿子，父亲就开始在子女中选择究竟谁是自己的继承人。父亲总是挑选他认为最合适、最满意的儿子，也就是与他最相仿，因而也最讨他高兴的那个儿子。父亲的爱是有条件的爱。父亲的原则是："我爱你，因为你令我满意；我爱你，因为你尽到了你的职责；我爱你，因为你很像我。"与无条件的母爱相比，有条件的父爱既有积极的一面，也有消极的一面。消极的一面是，父爱必须通过努力来争取。如果辜负了父亲的期望，就会失去父爱。对于父亲来说，顺从是最大的美德，不顺从是最大的过失，不顺从者将会受到失去父爱的惩罚。父爱的积极一面也非常重要，因为父爱是有条件的，所以我可以通过自己的努力去争取。与可遇而不可求的母爱相比，父爱可以按照自己的意愿去努力获得。

父母对待孩子的态度要符合孩子自身的需要。在婴儿期，不管是身体还是心理，孩子都需要母亲无条件的爱和关心。在6岁左右，孩子开始需要来自父亲的爱，需要父亲的权威和指导。母亲的作用是给予孩子一种生活上的安全感，而父亲的任务是教育和指导孩子怎样为人处世，怎样面对将来可能遇到的种种困难。一个好母亲的爱不应该成为孩子成长的障碍，也不应该助长孩子的依赖性。母亲应该相信生活，不应该惶恐不安并把这种情绪传染给孩子。她应该希望孩子独立并鼓励孩子最终能够离开自己。父亲的爱应该坚持某些原则并对孩子提出要求，应该是宽容的、耐心的，不应该专横而粗暴。父爱应该帮助孩子认识自身的力量和能力，建立自信，最终让孩子成为自己的主人，从而能够摆脱父亲的影响。

最终，一个成熟的人获得了独立，此时的他既是自己的父亲又是自己的母亲。在他身上即具备母爱赋予他的宽容，又体现了父爱教给他的责任。母爱赋予的宽容是："无论你做了什么，犯了什么样的错误，都不会失去我对你的爱，失去我对你的生命、你的欢乐的祝福。"而父爱给予的责任是："如果你做错了，你就要勇于承担责任和后果；最重要的是你要改正自己的错误，这样你才能得到我给你的爱。"一个成熟的人，在外在表现上已经离开了父亲和母亲获得了独立，但在内心却为自己塑造了一个母亲形象和一个父亲形象。并不是像弗洛伊德的“超我”理论所说，父母亲影响的综合形成了自己的人格；而是把对自己母亲式的关心建立在自己的爱的能力上，把对自己的父爱建立在自己的理智和判断力上。成熟的人身上既体现了无条件的母爱，也体现了有条件的父爱。如果一个人内心只有母亲式的爱的话，他会失去理智和判断力，就会阻碍自己和他人的发展。

想要成为一个心理健康的人、一个成熟的人，就需要由以母爱为中心的阶段发展到以父爱为中心的阶段，最后完成母爱和父爱的综合。否则的话，就容易导致精神方面的疾病。限于篇幅，我不可能在这里详细解释我的这个观点，只能简单地加以阐述。

比如，导致某种精神疾病的一个原因就是：一个男孩有位非常慈爱但又过分溺爱他的母亲，同时又有一位性格懦弱或者对孩子漠不关心的父亲。在这种情况下，孩子就会紧紧地抓住同母亲的联系，养成对母亲的过分依赖。这样的孩子容易形成接受型人格，他觉得自己弱小、无助，需要受到保护和照顾。可以很清楚地看出，在他身上缺少父爱的影响，缺少自我控制、独立性和驾驭生活的能力。这样，他就会妄图在所有的人身上寻找“母亲”的影子，寻找的对象可能是某位女性，也可能是某位位尊权重的男性。如果是另一种情况，母亲性情冷淡或者十分专横，孩子就会把母爱的渴求转移到父亲身上，变成片面以父亲为中心的人。这样的人往往只服从于法律、秩序、权威的原则，却对母亲式的无条件的爱非常反感和抵触。如果他的父亲专横、强悍，同时又非常关心他的话，他的这种倾向就会愈加严重。精神病学的研究结果表明，父爱或母爱的缺失会使人到外界去寻找补偿，容易导致精神疾病。某些精神疾病，如强迫性精神病同过分地以父亲为中心、缺少母爱有关；而其他类型的精神疾病，如歇斯底里、酗酒、逃避现实生活、厌世等则和过分以母亲为中心、缺少父爱有关。

苏霍姆林斯基《给教师的建议》

教师感到时间不够用，首先是因为儿童学习有困难。我多年间都在思考，怎样才能减轻儿童的劳动。把实际技能作为掌握知识的基础，这还只是这个问题的开端。知识的识记和把知识保持在记忆里——是这个问题的继续。我建议每一位教师：请你分析一下知识的内容，把其中那些要求学生牢牢记住和长远保持在记忆里的知识明确地划分出来。教学大纲里有一些“关键”的知识，学生思维和智力的发展，运用知识的能力，就取决于这些“关键”知识是否牢固。因此教师正确地确定这些知识的能力就十分重要。这里所说的“关键”，就是指反映本门学科特点的、重要的结论和概括、公式、规则、定理和规律性。在有经验的教师那里，学生都备有专门的本子，用来抄录那些必须熟记和牢固地保持在记忆里的材料。

必须识记的材料越复杂，必须保持在记忆里的概括、结论、规则越多，学习过程的“智力背景”就应当越广阔。换句话说，学生要能牢固地识记公式、规则、结论及其他概括，他就必须阅读和思考过许多并不需要识记的材料。阅读应当跟学习紧密地联系起来。如果通过阅读能深入思考各种事实、现象和事物，它们又是应当保持在记忆里的那些概括的基础，那么这种阅读就有助于识记。这种阅读就可以称之为给学习和识记创造必要的智力背景的阅读。学生从对材料本身的兴趣出发，从求知、思考和理解的愿望出发而阅读的东西越多，他再去识记那些必须记熟和保持在记忆里的材料就越容易。考虑到这一条非常重要的规律性，我在自己的实际工作中始终把握住两套教学大纲：第一套大纲是指学生必须熟记和保持在记忆里的材料；第二套大纲是指课外阅读和其他的资料来源。

物理是一门对识记和在记忆中保持来说令人最感困难的学科之一，特别是六至八年级的物理。这一教学阶段的大纲里包含着大量的概念。我教这门学科教了 6 年，我总是尽量设法让课外阅读跟新学的每一个新概括相配合。在某一时期所学的概念越复杂，我推荐给学生阅读的书籍就应当越有趣，越有吸引力。在教电流定则这一部分教材时，我搜集了一个专题的图书架，供学生们个人在课外时间阅读。这个图书架有 55 种图书，都是讲自然现象的，而这些自然现象的原理都跟物质的各种电的性能有关系。

我使学生们的思维积极性高涨起来了。他们向我提的问题简直多极了：是什么？怎么样？为什么？在他们所提的全部问题中，约有

80%的问题是用“为什么”这个词开头的。他们有许多不懂的东西。他们对周围世界中不懂的东西越多，他们求知的愿望就表现得越鲜明，他们对知识的感受性就越敏锐。孩子们对我所讲的一切东西，简直是“一听就明白”。当第一次讲到电流是自由电子的流动这一科学概念时，我发现学生们正是对这一复杂的物理现象有许多问题。可是学生们在阅读的基础上和以前所获得的知识的基础上，好像脑子里已经构成了一幅世界地图，我对这些问题的回答好像只要用小块的积木放在图上空白的地方就行了。

我在高年级教过3年生物学。这门课程里有大量很难理解的、因而也是很难识记和在记忆里保持的理论概念。当学生第一次学习如生命、生物、遗传、新陈代谢、有机体等科学概念时，我先从科学和科普性杂志、书籍和小册子里给他们专门挑选一些（课外）阅读材料。这个“第二套教学大纲”里，就包括阅读这一类小册子、书籍和文章，读这些材料，激发起学生对一系列科学上的复杂问题以及对新的书籍的极大兴趣。青年学生们通过学习生物学，引起了对周围自然现象（特别是各种各样的代谢现象）的兴趣。我的学生们提出的疑问越多，他们获得的知识就越深刻。他们中没有一个人所得的评分是低于“4分”的。

我想建议所有的教师们：尽力为你们的学生识记、记熟和在记忆里保持教学大纲规定的教材而创造一个智力背景吧。只有当学生进行思考的时候，他才能掌握教材。请你们考虑一下，怎样才能把现在学习和即将学习的东西，变成学生乐于思考、分析和观察的对象吧！

感谢与说明

感谢所有关注、参与新教育实验儿童课程项目的老师们。

尤其是感谢参与“低段读写绘”实验的“毛虫们”，本书中的许多课例，就是从大家共同生活、共同研究的大量案例中择取出来的。

感谢苏州工业园区娄葑二小，感谢顾舟群、周素芳、杜红芳三位老师的勤勉与付出，不但为其他参与实验的老师提供了成功的、可直接借鉴模仿的成功经验，而且还一直身体力行地帮助有需要的老师们，为他们提供课程资源，解惑答疑。

感谢新教育小学的实验老师们，感谢读写绘主持史桂华老师的倾心付出，使项目在实践层面上有了更大的进展。

感谢海门“毛虫”张颖、徐子晶、倪颖娟，感谢濮阳油田第一小学侯长缨老师，感谢四川师范大学附属小学的实验老师们，感谢焦作的“毛虫”团队，也感谢遍及全国各地，在不同的教室里，用故事和蜡笔，让孩子们去自由书写生命的所有实验老师，那里有太多太多感人的故事和精彩的作品，是用再多的页码也无法纳入的。

新教育实验儿童课程（晨诵、午读、暮省）是新教育实验第二阶段的三大项目之一，它和“教师专业发展”、“构筑理想课堂”一道构成了本阶段实验的主体内容，并和“六大行动”、“每月一事”等项目，共同构成了新教育实验的课程探索。就本项目来说，也才是刚刚对“低段读写绘”进行三年来的阶段总结，而对晨诵课程和整本书共读课程的总结，也正在进行中。

因为实验是一个永无止境的不断探索的过程，再加上编者能力有限，还不能把课程的核心魅力全部揭示，所以，本书仅仅只是三年来项目研究的一次小结，而不是一个完备的终点。因此，本项目书确定为2009年版，意在未来的两三年内，通过在新教育基础学校和实验区更深入地推进、反思、修正，有了突破之后，再进行版本的修订。